TEMPORA

# Deutschland und Europa in der Weltwirtschaft bis 1945

## Quellen zur Geschichte und Politik

**Texte und Quellen in Auswahl**

zusammengestellt und herausgegeben
von Prof. Dr. Reinhard Neebe und Prof. Dr. Werner Abelshauser

W0180948

Ernst Klett Verlag
Stuttgart · Leipzig

# Bildnachweis

1. Auflage    1 5 4 3 2 1    |    2011  2010  2009  2008  2007

Alle Drucke dieser Auflage sind unverändert und können im Unterricht nebeneinander verwendet werden. Die letzten Zahlen bezeichnen jeweils die Auflage und das Jahr des Druckes.

**Autoren und Herausgeber:** Prof. Dr. Reinhard Neebe, Prof. Dr. Werner Abelshauser
Die Herausgeber danken Tristan Graefen für die Hilfe bei der Digitalisierung von Quellentexten.

**Redaktion:** Tobias Stankowski, Bonn
**Herstellung:** Krystyna Müller
**Satz:** 2 women production, Leipzig
**Repro:** Meyle + Müller, Medien-Management, Pforzheim
**Druck:** Gulde Druck GmbH, Tübingen

Printed in Germany

**ISBN:** 978-3-12-430050-8

# Inhalt

**Leitfragen und Schlüsselprobleme** . . . . . . . . . . . . . . . . . . . . . 7

**1  Wege der Globalisierung vor 1914** . . . . . . . . . . . . . . . . . 8

**1.1  Vom Zollverein zur korporativen Marktwirtschaft der Bismarckzeit 1878/79** . . . . . . . . . . . . . . . . . . . . . . . . . . . . . . . . . . 8

> **M 1** John Komlos, Ein Überblick über die Konzeptionen der Industriellen Revolution, 1997 **9**;   **M 2** Friedrich List, Aufhebung der Zollgrenzen innerhalb Deutschlands. Bittschrift an die Bundesversammlung, 14. April 1819 **11**;   **M 3** „Gränzverlegenheit", Karikatur 1848 **12**;   **M 4** Klemens von Metternichs Kritik am preußischen Zollverein. Aus einem Bericht Metternichs an Kaiser Franz I. vom Juni 1833 **12**;   **M 5** Der deutsche Zollverein und der wirtschaftliche Zusammenschluss Deutschlands bis zur Reichseinigung 1871 **13**   **M 6** Wie werden Industrie und Eisenbahnen am schnellsten gefördert? Aufruf des „Bundes der Völker für Gewerbe und Handel", Kassel, 24. Februar 1833 **14**;   **M 7** „Ist die Eisenbahn in ihrem Lauf, Hält sie kein Bär und kein Ochs mehr auf", Karikatur 1844 auf die Gegner des Eisenbahnbaus **16**;   **M 8** Friedrich List über die Bedeutung der Verkehrsrevolution: Beitrag zu dem von Carl von Rotteck und Karl Welcker herausgegebenen Staatslexikon (Bd. 4), Altona 1835 **16**;   **M 9** Deutschlands Eisenbahnen, Entwurf von H. Reuße 1838 **19**   **M 10** Giuseppe Mazzini, Das „Junge Europa", 1834 **19**;   **M 11** Alexis de Tocqueville, Amerika und Rußland, 1835 **20**;   **M 12** Die Anti-Corn-Law-League. Petition der Handelskammer Manchester vom 20. Dezember 1838 **21**;   **M 13** Karl Marx und Friedrich Engels, Manifest der Kommunistischen Partei, 1848 **22**;   **M 14** Der Anteil der wichtigsten Länder an der Weltindustrieproduktion 1830–1913 **25**;   **M 15** Paul de Lagard, Über die gegenwärtigen Aufgaben der deutschen Politik, 1853 **25**;   **M 16** Nachruf auf den Deutschen Bund und Mahnung an Preußen. Aus einem Artikel der Augsburger „Allgemeinen Zeitung" vom 26. August 1866 **26**;   **M 17** Der britische Oppositionsführer Benjamin Disraeli über das veränderte europäische Gleichgewicht nach dem deutsch-französischen Krieg von 1870/71, Rede vom 9. Februar 1871 **27**;   **M 18** Hans Rosenberg, Die Große Depression der Bismarckzeit, 1967 **27**;   **M 19** Werner Abelshauser, Korporative Marktwirtschaft im Kaiserreich, 2005 **28**;   **M 20** Aus den Erinnerungen August Bebels: Der Übergang zum Schutzzoll vom 12. Juli 1879 **29**

**1.2  Mitteleuropa im Zeitalter des Imperialismus – Positionen und Theorien** . . . . . . . . . . . . . . . . . . . . . . . . . . . . . . . . . . 30

> **M 1** Schematische Darstellung des britischen Weltreiches **31**;   **M 2** Die Pax Britannica: Joseph Chamberlain, britischer Kolonialminister 1895 bis 1903, vor dem Royal Colonial Institute am 31. März 1897 **30**;   **M 3** So viele neue Frankreichs wie möglich schaffen: Der Politiker und Historiker Gabriel Hanotaux (Außenminister 1894–1898) in einem öffentlichen Vortrag im Institut de France am 25. Oktober 1901 **32**;   **M 4** Der amerikanische Finanzexperte Charles A. Conant über den Eintritt der Vereinigten Staaten in den Wettbewerb um die Märkte der Welt, 1900 **33**;   **M 5** Die Notwendigkeit einer deutschen Flotte: Erklärung des Reichskanzlers Bernhard

von Bülow im Reichstag bei der Einbringung der zweiten Flottenvorlage am 11. Dezember 1899 **34**;   **M 6** Wille zur Weltmacht. Kaiser Wilhelm II. an den Prinzen Rupprecht von Bayern, 3. Juli 1900 **35**;   **M 7** John A. Hobson, Der Imperialismus, 1902 **35**;   **M 8** Wladimir I. Lenin, Der Imperialismus als höchstes Stadium des Kapitalismus, 1916 **36**;   **M 9** Joseph Alois Schumpeter, Zur Soziologie der Imperialismen, 1919 **37**;   **M 10** Hans-Ulrich Wehler, Der Sozialimperialismus als Strategie der innenpolitischen Krisenbewältigung, 1995 **38**;   **M 11** Karte: Die Weltwirtschaft 1870–1914 **39**

## 1.3   Globalisierung vor 1914 – Industrie- und Handelsstaat oder Agrarstaat? . . . . . . . . . . . . . . . . . . . . . . 39

**M 1** Knut Borchardt, Globalisierung in historischer Perspektive, 2001 **41**; **M 2** Michael North, „Goldstandard", Lexikonartikel, 1995 **42**;   **M 3** Daten zur Weltwirschaft **43**;   **M 4** Für Deutschland eine Weltstellung gewinnen. Gründungsaufruf des Allgemeinen Deutschen Verbandes (später Alldeutscher Verband) vom April 1891 **46**;   **M 5** Neuorientierung der Handels- und Zollpolitik: Aus der Rede des Reichskanzlers Georg Leo von Caprivi bei der ersten Beratung der Verträge mit Österreich-Ungarn, Italien und Belgien am 10. Dezember 1891 **46**;   **M 6** Außenhandel der Großmächte 1913 und regionale Verteilung des Außenhandels der Großmächte 1913 **49**;   **M 7** Alfred Weber, Die volkswirtschaftliche Aufgabe der Hausindustrie, 1901 **49**;   **M 8** Adolph Wagner, Agrar und Industriestaat, 1902 **50**;   **M 9** Ludwig Pohle, Deutschland am Scheidewege, 1902 **51**;   **M 10** Industriestaat oder Agrarstaat? Der Volksverein für das katholische Deutschland über die Bedeutung des Welt- und des Binnenmarktes für die deutsche Wirtschaftsentwicklung, 1911 **52**;   **M 11** Max Roscher, Die Kabel des Weltverkehrs, 1911 **53**;   **M 12** „Das achte Weltwunder", Werbeillustration **54**;   **M 13** Aus dem unter dem Pseudonym Daniel Frymann erschienenen Buch des Vorsitzenden des Alldeutschen Verbandes, Heinrich Claß, „Wenn ich der Kaiser wär", 1912 **54**;   **M 14** Walther Rathenau, Deutsche Gefahren und neue Ziele, 1913 **56**;   **M 15** Mobilität internationalen Kapitals 1860–2000 **58**

## 2   Zerfall der Weltwirtschaft in der Weltkriegsepoche 1914–1945 . . . 58

## 2.1   Der Erste Weltkrieg und das Versailler System . . . . . . . . . . . . 59

**M 1** Septemberprogramm des Reichskanzlers Theobald von Bethmann Hollweg vom 9. September 1914 **60**;   **M 2** Bewertungen des „Septemberprogramms", a) Fritz Fischer, Griff nach der Weltmacht, 1961 und b) Georges-Henri Soutou, L'or et le sang, 1989 **60**;   **M 3** Niall Ferguson, Der falsche Krieg, 1999 **61**;   **M 4** Die Auswirkungen des Krieges auf die Weltwirtschaft. Flugblatt der Potsdamer Handelskammer zu den Aussichten des Handelskrieges, September 1914 **63**;   **M 5** Kriegszielprogramm deutscher Wirtschaftsverbände: Aus einer Petition von sechs Wirtschaftsverbänden an den Reichskanzler Theobald von Bethmann Hollweg vom 20. Mai 1915 **64**;   **M 6** Friedrich Naumann, Mitteleuropa, 1915 **65**;   **M 7** Wladimir I. Lenin, Die Vereinigten Staaten von Europa – eine falsche Losung, 1915 **67**;   **M 8** „Peace Without Victory": Rede des US-Präsidenten Woodrow Wilson vor dem Senat am 22. Januar 1917 **68**;   **M 9** Verteidigung der atlantischen Welt: Aus einem Artikel von

Walter Lippmann, 17. Februar 1917 **68;** **M 10** Die Friedensresolution des Deutschen Reichstages vom 19. Juli 1917 **69;** **M 11** Die 14 Punkte der Botschaft des Präsidenten der Vereinigten Staaten von Amerika Woodrow Wilson an den US-Kongreß, 8. Januar 1918 **70;** **M 12** Der Vertrag von Versailles, 28. Juni 1919 **71;** **M 13** „Wir wollen Wilsons 14 Punkte", Demonstration gegen den Versailler Vertrag 1919 **73**

## 2.2 Amerikanische Stabilisierungspolitik, „Dollarsonne" und Europa-Pläne . . . . . . . . . . . . . . . . . . . . . . . . . . . . . . 74

**M 1** Aus einem Schreiben von Unterstaatssekretär Norman Davis an den Secretary of State Charles E. Hughes, 12. März 1921 **75;** **M 2** Die Bedrohung der amerikanischen Interessen in Europa. Aufzeichnung von Stephan Porter, 7. Oktober 1923 **75;** **M 3** Gründe für die Annahme des Dawes-Plans. Reichsaußenminister Gustav Stresemann vor der Arbeitsgemeinschaft deutscher Landsmannschaften in Berlin am 14. Dezember 1925 **75;** **M 4** Reparationsforderungen und Inflation 1920–1923 **76;** **M 5** Weltmarktorientierung der deutschen Industrie: Der SPD-Politiker Rudolf Hilferding zum Strukturwandel und der veränderten weltpolitischen Stellung der deutschen Großindustrie, Oktober 1926 **77;** **M 6** Richard Nicolas Coudenhove-Kalergi, Das Pan-Europa-Programm, 1924 **78;** **M 7** Gesamtzahlungsplan nach Dawes-Abkommen und Schuldenabkommen mit den Vereinigten Staaten 1924/25–1928/29 **79;** **M 8** Internationaler Finanzkreislauf 1924–1931/32 **79;** **M 9** Gustav Stresemann über das Ergebnis der 1. Haager Konferenz. Unterhaltung mit dem Chefredakteur des „Berliner Tageblattes" Theodor Wolff am 11. September 1929 **80;** **M 10** Schlussabstimmung im Reichstag über den Young-Plan. Aus der Rede des Abgeordneten Stoecker (KPD) am 12. März 1930. **80;** **M 11** Gustav Stresemanns letzte Rede vor dem Völkerbund am 9. September 1929 **81;** **M 12** Aristide Briand, Für eine politische Union Europas, Memorandum vom 1. Mai 1930 **82**

## 2.3 Weltwirtschaftskrise: Autarkie oder Weltwirtschaft? . . . . . . . . . 83

**M 1** Der amerikanische Präsident Herbert Hoover in seinen Erinnerungen über den Beginn der Weltwirtschaftskrise im Winter 1928/29 **83;** **M 2** James P. Warburg über den „Schwarzen Freitag" am 25. Oktober 1929 **83;** **M 3** Der „Schwarze Freitag" an der New Yorker Börse vom 25. Oktober 1929. Presseberichte über die Auswirkungen in der deutschen Bankenwelt, Oktober bis Dezember 1929 **84;** **M 4** Friedrich Stampfer, Weltwirtschaftskrise und Bankenkrach, 1929–1931 **85;** **M 5** Kurse an der New Yorker Aktienbörse 1926–1939 **86;** **M 6** Schrumpfung des Welthandels Januar 1929 bis März 1933 **87;** **M 7** Das zyklische Wachstum der Industrieproduktion in Deutschland 1901–1938 **87;** **M 8** Industrieproduktion der Welt 1929–1937 **88;** **M 9** Smoot-Hawley Tariff Act von 1930 **88;** **M 10** US Tariff Rates 1821–1981 **89;** **M 11** Das Hoover-Moratorium: Erklärung des Präsidenten Herbert Hoover vom 20. Juni 1931 **89;** **M 12** Deutsche Antwort auf das Hoover-Moratorium: Aus der Rede des Reichskanzlers Dr. Heinrich Brüning im Deutschlandsender vom 23. Juni 1931 **90;** **M 13** Carl Driever, Die Irrrlehre von der Autarkie, Kölnische Volkszeitung vom 20. März 1932 **91;** **M 14** Max Victor, Ende der Weltwirtschaft, 1932 **92;** **M 15** Ludwig Erhard, Herrn Schachts „Grundsätze", 1932 **93;** **M 16** Aus der Rede des Reichsbankpräsidenten Dr. Hjalmar Schacht auf der Schlusstagung der Londoner Weltwirtschaftkonferenz am 27. Juli 1933 **94**   **M17** Charles P. Kindleberger, Eine Erklärung der Depression von 1929 **95**


## 2.4   NS-Großraumwirtschaft und Zweiter Weltkrieg . . . . . . . . . . . . 97

**M1** Aus Adolf Hitlers geheimer Broschüre für Industrielle, 1927 **98**;   **M2** Die Hoßbach-Niederschrift vom 10. November 1937 **99**;   **M3** Werner Abelshauser, Der Mythos „Mitteleuropa", 1994 **101**;   **M4** Arno Sölter, Das Großraumkartell, 1941 **102**; **M5** Der„Generalplan Ost" 1940–1943: Aus einer Ausstellung der Deutschen Forschungsgemeinschaft, 2006 **103**;   **M6** Karte Generalplan Ost: Die Ostplanungen der verschiedenen SS-Ämter im Überblick **105**;   **M7** Die Atlantik-Charta: Gemeinsame Erklärung von Winston S. Churchill und Franklin D. Roosevelt bei ihrer Zusammenkunft auf dem Atlantik vom 14. August 1941 **105**;   **M8** Wendell L. Willkee, „One World"-Konzeption der USA, 1943 **106**;   **M9** Der Widerstand gegen Hitler muß zu einer Europäischen Föderation führen. Genfer Deklaration europäischer Widerstandsbewegungen vom 20. Mai 1944 **107**


Sach- und Ortsregister . . . . . . . . . . . . . . . . . . . . . . . . . . . . . 110
Personenregister. . . . . . . . . . . . . . . . . . . . . . . . . . . . . . . . . 111
Literaturtipps. . . . . . . . . . . . . . . . . . . . . . . . . . . . . . . . . . . 112

# Leitfragen und Schlüsselprobleme

Das wirtschaftliche Weltbild, in dem Deutschland und Europa ihren Platz haben, hat sich in der jüngsten Vergangenheit dramatisch verändert. Die Forschung relativierte die Bedeutung der Industriellen Revolution des späten 18. Jahrhunderts für die Erklärung der gegenwärtigen wirtschaftlichen Entwicklung und setzte eine andere Zäsur an ihre Stelle. Sie sieht eine Umwälzung epochalen Ausmaßes in der Verwissenschaftlichung der Produktion und der damit einhergehenden Weltmarktorientierung, die in der zweiten Hälfte des 19. Jahrhunderts einsetzte und einen neuen institutionellen Rahmen schuf, der bis heute die Spielregeln der Wirtschaft bestimmt. Vor diesem Hintergrund wundert es nicht, dass beide Grundzüge der gegenwärtigen Wirtschaftsentwicklung, die Durchsetzung der immateriellen Produktionsweise (Neue Wirtschaft/new economy) und die „Globalisierung" ihren Ausgangspunkt im 19. Jahrhundert haben. Beide Entwicklungsstränge wurden zwar von den Katastrophen der ersten Hälfte des 20. Jahrhunderts gehemmt bzw. unterbrochen, doch lässt sich die Geburt der nachindustriellen Welt und der Beginn des gegenwärtigen Globalisierungsprozesses bis weit ins 19. Jahrhundert zurückverfolgen.

Vor diesem Hintergrund konzentriert sich diese Quellensammlung im Wesentlichen auf die Entstehungsgeschichte dieses neuen Weltbildes. Deutschland und die USA waren Pioniere der Neuen Wirtschaft, ihre Konsequenzen haben aber ganz Europa erfasst und immer wieder die Frage nach einem einheitlichen europäischen Großwirtschaftsraum aufgeworfen, wie er nach dem Zweiten Weltkrieg in den europäischen Gemeinschaften und schließlich in der Europäischen Union ein großes Stück realisiert werden konnte. Die Integration des europäischen Marktes hat aber auch ohne eigene politische Institutionen schon vor dem Ersten Weltkrieg eine Intensität erreicht, wie sie erst wieder seit den 1970er-Jahren aufgenommen werden konnte. Es gab in weiten Teilen Europas (und der Welt) keine Grenzen für Waren, Dienstleistungen, Kapital und Arbeit. Die wirtschaftliche Integration der europäischen Märkte und die Weltmarktorientierung der europäischen Wirtschaft wurde gefördert von einem Netzwerk umfassender Handelsverträge und mehr noch durch Spielregeln der internationalen und transnationalen Beziehungen, die bis zum Ersten Weltkrieg vor allem von privaten Akteuren (Unternehmen, Verbänden, Kammern etc.) aufgestellt, akzeptiert und eingehalten wurden. So beruhte das „Weltgeld" der globalisierten Märkte vor dem Ersten Weltkrieg, der Goldstandard, auf freiwilligen Vereinbarungen der wichtigsten Notenbanken, deren bedeutendste, die Bank of England, noch immer privat verfasst war. Der Ausbruch des Ersten Weltkrieges ließ diese erste Phase der Globalisierung scheitern und alle Anstrengungen, seine Voraussetzungen, wie etwa den Goldstandard, wieder voll herzustellen, blieben in der Zwischenkriegszeit im Interessenstreit der Nationalstaaten vergeblich. Erst am Ende des Zweiten Weltkrieges nahmen die „Vereinten Nationen" auf der Konferenz von Bretton Woods die Fäden wieder auf, doch dauerte es lange, bis der schon einmal erreichte Stand unter amerikanischer Hegemonie wieder hergestellt war.

# 1    Wege der Globalisierung vor 1914

Niemand hat die Dynamik einer sich immer stärker vernetzenden Weltwirtschaft besser und sprachlich brillanter zum Ausdruck gebracht als Karl Marx und Friedrich Engels in ihrem Kommunistischen Manifest von 1848. Sie haben damit eindrucksvoll einen der Wege beschrieben, den die Globalisierung vor 1914 nahm. Es war der industrielle Kapitalismus, der um die Jahrhundertmitte in Großbritannien seinen Durchbruch feierte und weltweit seine Märkte suchte. Auf dem europäischen Kontinent stand diese Entwicklung noch bevor. Als sie schließlich einsetzte, bediente sie sich der Eisenbahn als Führungssektor der Industrialisierung, der weitere Schlüsselbranchen, wie die Eisen- und Stahlindustrie und den Kohlenbergbau, mit sich zog. Am Ende dieses Siegeslaufs der Industrialisierung stand aber gerade in Deutschland der Aufstieg der „Neuen Industrien", deren Schwerpunkt sich immer mehr von der materiellen zur immateriellen Produktionsweise verlagerte. In der chemischen Industrie, im Maschinenbau und in der Elektrotechnik, die von jetzt an die Dynamik des wirtschaftlichen Wachstums bestimmten, rückte das in Universitäten und Großlaboratorien wissenschaftlich produzierte Wissen in den Vordergrund und löste materielle Faktoren in ihrer Bedeutung für die wirtschaftliche Wertschöpfung ab. Die „Neuen Industrien" waren aber auch von Anfang an auf den Weltmarkt orientiert, wo sie in der Regel die Hälfte ihrer Produkte absetzten. Von ihnen ging daher ein weiterer Weg in die Globalisierung aus.

Beide Globalisierungsstrategien unterschieden sich in wesentlichen Inhalten. Während es dem Industriekapitalismus in der Tradition des Merkantilismus des 17. und 18. Jahrhunderts vor allem um die Sicherung von Rohstoffen und privilegierten Absatzmärkten ging, setzten die Unternehmen der nachindustriellen Epoche stärker auf die freiwillige Akzeptanz von Spielregeln unter gleichberechtigten Partnern. Während die einen ihre Perspektive im Kolonialismus und Imperialismus sahen, setzten die anderen auf den lukrativen Handel zwischen den hoch entwickelten Märkten innerhalb Europas und in der weltwirtschaftlichen Triade (Europa, USA, Japan), wie dies noch heute charakteristisch für den Globalisierungsprozess ist. Während Erstere Gewaltanwendung nicht scheuten und die militärischen Ressourcen des Staates in ihre Strategie einbezogen, waren Letztere an der Offenhaltung der Verkehrswege und an der Freiheit der Handelsbeziehungen innerhalb der Weltwirtschaft interessiert, ja auf sie angewiesen. Eine der Voraussetzungen für die erfolgreiche Fortsetzung des Globalisierungskurses war zweifellos die Bereitschaft der Akteure, im eigenen wirtschaftlichen Interesse, Konflikte friedlich zu lösen und Vertrauen zu akkumulieren, das als Grundlage für die „global governance" der Weltwirtschaft dienen konnte. Diese Bereitschaft ließ sich freilich nicht bei allen wirtschaftlichen und schon gar nicht bei allen politischen Akteuren voraussetzen.

## 1.1 Vom Zollverein zur korporativen Marktwirtschaft der Bismarckzeit 1878/79

Die wirtschaftliche Einigung Deutschlands stand vom preußisch-deutschen Zollverein bis zur kleindeutschen Reichsgründung unter liberalen Vorzeichen. Die Beispiele Großbritanniens und Frankreichs legten dies nahe. Großbritannien beeindruckte nicht nur die Deutschen durch seine überlegene Wettbewerbsfähigkeit auf nahezu allen Märkten der gewerblichen Produktion, der wirtschaftlichen Infrastruktur und der Weltmarktorientierung. Das französische Kaiserreich Napoleons I. hatte den meisten Kontinentaleuropäern einen Vorgeschmack auf die Vorzüge eines großen einheitlichen Binnenmarktes vermittelt. Bald kamen auch geopolitische Überlegungen hinzu, die in einem europäischen Großwirtschaftsraum die Voraussetzung sahen, die Souveränität und historische Perspektive des Kontinents zu behaupten. So ging es beispielsweise Friedrich List darum, die Unabhängigkeit des alten Kontinents angesichts der machtpolitischen Dynamik der aufkommenden „Riesenreiche" USA und Russland zu bewahren. Mit dieser Einschätzung und Prognose stand er nicht allein. Auch Alexis de Tocqueville, der wie List die Vereinigten Staaten von Nordamerika aus eigener Anschauung kannte, sah 1835 Europas Gefährdung durch seine Flankenmächte voraus.

Mit der wirtschaftlichen Reichsgründung änderte sich die Perspektive. Wirtschaftliche Entwicklung war nicht länger die Angelegenheit von Individuen, sondern zählte aus funktionalen Gründen zu den wesentlichen Aufgaben des Staates, denn durch die „Konföderation der produktiven Kräfte" und durch ihre „harmonische Ausbildung im Staate und in der Nation" empfange – so List – die Masse der Individuen großenteils ihre produktive Kraft. Otto von Bismarcks Wende zu einer nationalen Wirtschaftspolitik bedeutete zwar nicht die Abkehr von der weltwirtschaftlichen Orientierung des Reiches – sie setzte sich unvermindert fort –, sondern legte das Schwergewicht der Wirtschaftspolitik auf eine bewusste Strategie der Mobilisierung der produktiven Kräfte durch korporative Akteure der Zivilgesellschaft, die sich in Verbänden, Kartellen, Kammern, Konzernen, Syndikaten, Genossenschaften oder Wirtschaftsräten zusammenschlossen.

## M1 John Komlos, Ein Überblick über die Konzeptionen der Industriellen Revolution, 1997

Mit der Überwindung der Malthusianischen Falle [Widerspruch zwischen dem linearen Wachstum der Ernährungsbasis und der progressiven Entwicklung des Bevölkerungswachs-
5 tums] wurde ein permanentes Wirtschaftswachstum möglich. Die Bevölkerung wuchs ungehindert an und das Wirtschaftswachstum folgte in ihrem Kielwasser. Die positiven Kräfte des Wachstums waren schon früher
10 vorhanden gewesen. Sie waren jedoch durch die negativen Kräfte von Unterernährung und Krankheit überkompensiert worden. Sobald diese negativen Kräfte schwanden, wurde es möglich, dem ernährungsbedingten „homöo-
15 statischen Gleichgewicht" zu entkommen, das seit ewigen Zeiten geherrscht hatte; der Prozeß der wirtschaftlichen Entwicklung konnte im 19. Jh. ungehindert voranschreiten. Die Ernährungslage spielte also in der Industriellen
20 Revolution eine eminent wichtige Rolle.

### Die Industrielle Revolution war sowohl revolutionär als auch evolutionär

Obwohl die Industrielle Revolution den Hö-
25 hepunkt eines evolutionären Wachstumsprozesses darstellte, der Jahrtausende zuvor be-

gonnen hatte, war sie doch in gewissem Sinne revolutionär, da sie auch einen Bruch mit dem früheren ökonomisch-demographischen System bedeutete. Wirtschaftswachstum wurde 30 ein permanenter statt periodischer Bestandteil der europäischen Entwicklung. Es war eine Periode steigender Marktaktivität und beschleunigten Bevölkerungswachstums in einer Folge ähnlicher Perioden, aber sie unterschied sich 35 grundlegend von früheren derartigen Konjunkturabläufen. Der Aufschwung des späten 18. Jahrhunderts begann von einer höheren wirtschaftlichen Basis aus und war stark genug, um ein Entrinnen aus der Malthusiani- 40 schen Falle zu ermöglichen: das Wachstum des Pro-Kopf-Outputs wurde von der Ausnahme zur Regel. Dies stellt eine bedeutende Diskontinuität zum bisherigen Geschehen dar, eine einmalige Erscheinung des 18. und frühen 19. 45 Jahrhunderts. Eine Diskontinuität im demographischen System überlagerte den kontinuierlichen ökonomischen Prozeß. Das ökonomische System, das Produktion und Investitionen bestimmte, blieb dabei unverändert. Die ent- 50 scheidende Veränderung bestand darin, daß keine demographischen Katastrophen, die im 14. und im 17. Jahrhundert ein kontinuierliches Wirtschaftswachstum verhindert hatten, auftraten. 55

**9**

Diese Sichtweise ermöglicht es uns, die Industrielle Revolution weiterhin als wichtigen Meilenstein in der Menschheitsgeschichte aufzufassen, ohne daß ein bestimmtes Wachstumsminimum von Input und Output zu realisieren wäre. Entscheidend für unsere Einschätzung ist die historische Perspektive, d.h., man muß die quantitativ geschätzte Wirtschaftsleistung während der Industrielle Revolution in Relation zu vorhergehenden Wirtschaftszuständen betrachten. Daß die Arbeitsproduktivität im letzten Drittel des 18. Jahrhunderts offensichtlich nicht so schnell wuchs wie ursprünglich angenommen, ist für diese Auffassung unerheblich: Wichtig ist, daß sie schnell genug wuchs, um permanentes Wachstum zu ermöglichen. [...] Das späte 18. Jahrhundert war jener historische Moment, in dem die Bevölkerung Europas ihr schwerwiegendstes Problem zu einer Lösung führte, das Problem der Nahrungsbeschaffung. Zum ersten Mal waren die Europäer und ihre Verwandten in Übersee imstande, sich dauerhaft mit ausreichend Nährstoffen zu versorgen. Das halbe Jahrhundert, in dem dieser Kampf zwischen biologischen Notwendigkeiten und der Verfügbarkeit von Nahrungsmitteln entschieden wurde, kann als Übergangsphase angesehen werden.

Obwohl das Bevölkerungswachstum ein unmittelbarer Grund für den Aufschwung im 18. Jahrhundert war, war es doch auf keinen Fall seine zugrundeliegende, fundamentale Ursache. Es löste eine Nachfragesteigerung aus und führte damit zu weiterer Arbeitsteilung und zu Produktionszuwächsen, die wiederum als ein Anreiz für weitere Spezialisierung fungierten. Außerdem führte dieses Bevölkerungswachstum zur Realisierung von Skalenerträgen [Kostenvorteile der Massenproduktion] in der Industrie sowie zur Urbanisierung, beides Prozesse, die der Marktexpansion und der Produktivitätsverbesserung förderlich sind.

**Die Industrielle Revolution war ein Aufschwung der wirtschaftlichen Aktivitäten.**
Die Industrielle Revolution kann als Boomphase der wirtschaftlichen Aktivitäten in einer Reihe ökonomisch-demographischer Zyklen angesehen werden. Die Expansion des 18. Jahrhunderts war insofern ein Ausnahmefall, als die beschleunigte Rate des ökonomisch-demographischen Wachstums nicht einen jener größeren Rückschläge nach sich zog, die jahrhundertelang weitere Fortschritte verhindert hatten. Doch obwohl die Industrielle Revolution ein neues demographisches System mit sich brachte, brachte sie kein vollkommen neues Wirtschaftssystem hervor. Viele der institutionellen und anreizbezogenen Strukturen des Kapitalismus waren schon geraume Zeit vorher vorhanden. Der Kapitalismus war kein Kind der Industriellen Revolution: Es gab ihn in Westeuropa schon lange. In der einen oder anderen Form ist er so alt wie die Zivilisation. Die Preise der meisten Güter wurden durch den Markt determiniert, nicht durch Erlasse. Fast auf dem gesamten europäischen Kontinent konnte wirtschaftliche Tätigkeit ohne restriktive Staatseingriffe organisiert werden, obwohl z.B. durch Zunftzwänge der Zugang zu vielen Berufszweigen beschränkt wurde. Diese Beschränkungen bezogen sich jedoch mehr auf die Standortwahl von Unternehmen und übten keinen dauerhaften Druck auf ihre Aktivitäten aus. Darüber hinaus waren die Eigentumsrechte gemeinhin gesichert und die Kapitalmärkte weitgehend integriert. Versicherungswesen, Papiergeld, finanzielles Know-how, Maßnahmen zur Durchsetzung von Vertragsverpflichtungen, Handelsrecht und Buchführungstechniken waren vorhanden, getestet und verbessert worden. Kurz gesagt waren die meisten, wenn auch nicht alle, grundsätzlichen Attribute, die wir mit dem System des Kapitalismus in Verbindung bringen, im 18. Jahrhundert ein integrierter Bestandteil der europäischen Geschäftswelt. Über die Jahrhunderte hatte sich ein Wirtschaftssystem entwickelt, das hinreichende Effizienz aufwies, um weitere Hindernisse auf dem Weg zu dauerhaftem Wachstum zu überwinden.

John Komlos, Ein Überblick über die Konzepte der Industriellen Revolution, in: Vierteljahrschrift für Sozial- und Wirtschaftsgeschichte (VSWG) 84 (1997), S. 493 ff.

**M2** Friedrich List, Aufhebung der Zollgrenzen innerhalb Deutschlands. Bittschrift an die Bundesversammlung, 14. April 1819

In einem Lande, wo notorisch die Mehrzahl der Fabriken entweder eingegangen ist oder ein sieches Leben kümmerlich dahinschleppt, wo die Messen und Märkte mit
5 Waren fremder Nationen überschwemmt sind, wo die Mehrzahl der Kaufleute fast untätig geworden ist, bedarf es da noch näheren Beweises, daß das Übel den höchsten Grad erreicht habe? [...] Einzig in den
10 Mängeln der gesellschaftlichen Ordnung in Deutschland suchen und finden wir die Ursache des Übels.
Vernünftige Freiheit ist die Bedingung aller physischen und geistigen Entwicklung des
15 Menschen. Wie der menschliche Geist niedergehalten wird durch Bande des Gedankenverkehrs, so wird der Wohlstand der Völker gebeugt durch Fesseln, welche der Produktion und dem Verkehr materieller Gü-
20 ter angelegt werden. Nur alsdann werden die Völker der Erde den höchsten Grad des physischen Wohlstandes erreichen, wenn sie allgemeinen, freien, unbeschränkten Handelsverkehr unter sich festsetzen. Wollen sie sich
25 aber gegenseitig recht schwächen, so müssen sie nicht nur die Ein- und Ausfuhr und den Durchgang fremder Güter durch Verbote, Auflagen, Sperrung der Schiffahrt usw. erschweren, sondern die gegenseitige Kommu-
30 nikation ganz aufheben. [...]
Achtunddreißig Zoll- und Mautlinien in Deutschland lähmen den Verkehr im Innern und bringen ungefähr dieselbe Wirkung hervor, wie wenn jedes Glied des menschlichen
35 Körpers unterbunden wird, damit das Blut ja nicht in ein anderes überfließe. Um von Hamburg nach Österreich, von Berlin in die Schweiz zu handeln, hat man zehn Staaten zu durchschneiden, zehn Zoll- und Mautord-
40 nungen zu studieren, zehnmal Durchgangszoll zu bezahlen. Wer aber das Unglück hat, auf einer Grenze zu wohnen, wo drei oder vier Staaten zusammenstoßen, der verlebt sein ganzes Leben mitten unter feindlich ge-
45 sinnten Zöllnern und Mautnern, der hat kein Vaterland.

Trostlos ist dieser Zustand für Männer, welche wirken und handeln möchten; mit neidischen Blicken sehen sie hinüber über den Rhein, wo ein großes Volk vom Kanal bis an 50 das Mittelländische Meer, vom Rhein bis an die Pyrenäen, von der Grenze Hollands bis Italien auf freien Flüssen und offenen Landstraßen Handel treibt, ohne einem Mautner zu begegnen. Zoll und Maut können, wie 55 der Krieg, nur als Verteidigung gerechtfertigt werden. Je kleiner aber der Staat ist, welcher eine Maut errichtet, desto größer das Übel, desto mehr würgt sie die Regsamkeit des Volkes, desto größer die Erhebungskosten; denn 60 kleine Staaten liegen überall an der Grenze. Daher sind diese 38 Mautlinien dem Volke Deutschlands ungleich schädlicher als eine Douanenlinie [Zollgrenze] an Deutschlands Grenzen, wenn auch die Zollsätze dort drei- 65 mal höher wären. Und so geht denn die Kraft derselben Deutschen, die zur Zeit der Hansa, unter dem Schutze eigener Kriegsschiffe, den Welthandel trieben, durch 38 Maut- und Zollsysteme zugrunde. Wir glauben Gründe 70 genug angeführt zu haben, um diese erhabene Bundesversammlung zu überzeugen, daß nur die Aufhebung der Zölle und Mauten im Inneren Deutschlands und die Errichtung einer allgemeinen Zollinie des ganzen Bundes dem 75 deutschen Handels- und Gewerbestand und somit dem Nahrungsstande überhaupt wieder aufhelfen zu können. [...]
Die alleruntertänigst Unterzeichneten erkennen hierin einen bedeutsamen Wink, welcher 80 sie aufmerksam macht auf das, was ihnen not tut, und sie wagen es demnach, einer hohen Bundesversammlung die alleruntertänigste Bitte vorzutragen:
1. Daß die Zölle und Mauten im Innern 85 Deutschlands aufgehoben, dagegen aber
2. ein auf dem Grundsatz der Retorsion [Vergeltungsmaßregeln] beruhendes Zollsystem gegen fremde Nationen aufgestellt werden möchte, bis auch sie den Grundsatz der 90 europäischen Handelsfreiheit anerkennen.

Friedrich List, Werke, (Bd. I, 2), Berlin 1933, S. 491–495.

## M3 „Gränzverlegenheit", Karikatur auf die Zollgrenzen in Deutschland, 1848

Der Fuhrmann sagt zum Grenzer: „Sie sehen, Herr Gränzwächter, daß ich nix zu verzolle hab', denn was hinte auf'm Wagen ist, hat die Lippi'sche Gränz noch nit überschritten, in der Mitt' ist nix, und was vorn drauf is', ist schon wieder über der Lippischen Gränze drüben."

Fliegende Blätter, Bd. IX, München 1848, Nr. 198, S. 45.

## M4 Klemens von Metternichs Kritik am preußischen Zollverein. Aus einem Bericht des österreichischen Staatskanzlers an Kaiser Franz I. vom Juni 1833

Die Grundidee ist in allen diesen Verträgen dieselbe, wenngleich die Details der Ausführung nach den Lokalitäten durch die einzelnen Konventionen verschieden geregelt sind.
5 Sie besteht in vollkommener gegenseitiger Freiheit des Handels zwischen den Vereinsstaaten, einem übereinstimmenden Zollsystem nach gleichen Tarifsätzen; endlich in Gemeinschaftlichkeit der Schutzmaßregeln für
10 die einheimische Produktion der im Vereine begriffenen Länder gegen die Konkurrenz der dem Vereine fremden Gebiete: Alles dieses aber unter preußischem Schutze und preußischer Präponderanz [Übermacht]. [...]
15 Es kann aber auch dem uneingeweihten Blicke nicht zweifelhaft bleiben, daß eine und dieselbe fremde Zollinie, die die Grenze der Monarchie von Krakau bis Salzburg und Bregenz umfaßt, unseren ganzen westlichen Ein- und
20 Ausfuhrhandel [...] unbedingt beherrscht;

und wenn man bedenkt, daß diese Herrschaft in die Hände eines Staates wie Preußen gelegt ist, welcher in Natur- wie in Industrieprodukten auf den Märkten Europas als einer unserer vorzüglichsten Nebenbuhler betrach- 25 tet werden kann, so läßt sich von dessen neu erworbenem Einflusse auf alle unsere Kommunikationswege durch und mit Deutschland nur eine sehr ungünstige Rückwirkung auf Produktion und Industrie im Kaiserstaate er- 30 warten. Allein noch viel bedenklicher dürfte diese Rückwirkung auf dem politischen Felde sich für uns gestalten. [...]
Der Deutsche Bund kann nur dann als eine wahrhaft wohltätige politische Stiftung be- 35 trachtet werden und nur dann seine hohe Stellung in dem europäischen Staatensysteme behaupten, wenn er unverbrüchlich dem Grundcharakter des Vereines, Gleichheit der Rechte und der Pflichten der Glieder dessel- 40 ben, treu bleibt. Jede Präponderanz, jedes Vorrecht irgendeiner Macht (mit Ausnahme des lediglich formellen Präsidiums Österreichs am Bundestage) ist dem Bundesver-

eine, wie ihn die Wiener Congreß-Acte schuf, gänzlich fremd; alle Mitglieder desselben sollen das ihnen verfassungsmäßig zukommende Stimmrecht am Bundestage und den daraus hervorgehenden Anteil an der obersten Leitung der Bundesgeschäfte gleichmäßig frei und ungehindert ausüben. [...]

Eine Reihe bisher unabhängiger Staaten verpflichtet sich gegen einen übermächtigen Nachbar in einem überaus wichtigen Zweige der öffentlichen Besteuerung seinen Gesetzen zu folgen, sich seinen Administrativ- und Controll-Maßregeln zu unterwerfen. Die in der Bundes-Acte stipulierte und bisher bestandene Rechtsgleichheit der Bundesglieder hört nun, wenigstens in Bezug auf diesen speciellen Theil der Staatshoheit, auf, um dem Verhältniß zwischen Patron und Clienten, zwischen Beschützer und Schutzbefohlenen Platz zu machen. In dem großen Bundesverein entsteht ein kleinerer Nebenbund, in dem vollsten Sinne des Wortes ein status in statu, welcher nur zu bald sich daran gewöhnen wird, seine Zwecke mit seinen Mitteln in erster Linie zu verfolgen und die Bundeszwecke und Bundesmittel nur in zweiter Linie, insofern sie mit den ersteren sich vereinbaren lassen, zu berücksichtigen. Nach und nach werden die Vereinsstaaten unter der thätigen preußischen Leitung und bei den sich notwendig bildenden gemeinschaftlichen Interessen in einen mehr oder weniger kompakten Körper zusammenfließen, welcher bei jeder am Bundestage zur Verhandlung kommenden Frage (und dies nicht bloß in den den Handel betreffenden Angelegenheiten) nach gemeinschaftlich verabredeten Grundsätzen vorangehen und in demselben Sinne abstimmen wird.

Richard Fuerst von Metternich-Winneburg (Hg.), Aus Metternich's nachgelassenen Papieren, Bd. 5/3, Wien 1882, S. 502–520.

**M5** Der deutsche Zollverein und der wirtschaftliche Zusammenschluss Deutschlands bis zur Reichseinigung 1871

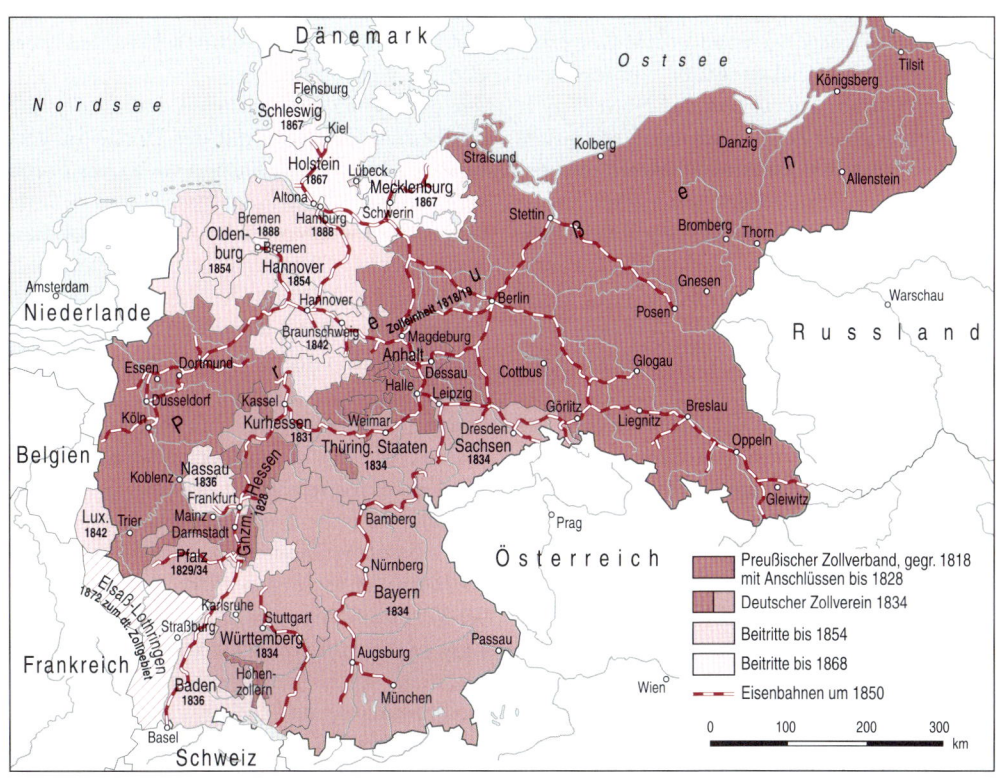

**M6** Wie werden Industrie und Eisenbahnen am schnellsten gefördert? Aufruf des „Bundes der Völker für Gewerbe und Handel", Kassel, 24. Februar 1833

Der 1833 in Kassel gegründete Verein war bestrebt, die kurhessische Residenz zu einem Zentralpunkt der deutschen Eisenbahnen und damit zu einem Handels- und Industrie-
5 zentrum werden zu lassen.

Eine neue Aera beginnt für Deutschland. Durch alte Gewohnheiten von Gewinn bringenden Unternehmungen abgehalten, durch politischen Streit ermüdet, erwacht jetzt
10 Deutschlands Genius der Gewerbsthätigkeit. – Einsichtsvolle Männer aller Stände richten ihre Aufmerksamkeiten auf die Industrie, weil diese solche Fortschritte gemacht hat, daß Geschäfte, die man sonst ge-
15 ringfügig Handel und Gewerbe nannte, jetzt das ganze Völkerleben ausfüllen.

Gegenwärtig streiten die Völker und ihre Regierungen sich um etwas mehr oder weniger Abgabe. – Wenn aber erst Handel und Ge-
20 werbe blühen, wird jeder genug haben.

Die Menge der neuern Schriften über staatswirthschaftliche Gegenstände und Gewerbs-Angelegenheiten haben große Verbesserungen vorbereitet. Die allgemeine Noth fordert
25 neue Nahrungszweige und die Fortschritte der mechanischen Künste erleichtern und beleben den Verkehr, nähern die Völker einander an, und geben Gewerben und Handel einen mächtigen Impuls. Aber die Kräfte und
30 Mittel sind zerstreut, denn die politischen Abtheilungen Deutschlands werden irrig auch auf die industriellen Unternehmungen ausgedehnt.

Wenn aber erst Alle zu der Ueberzeugung ge-
35 langen, daß nur in der Vereinigung die Kraft zu finden ist, womit dem mächtigen Ausland die Spitze geboten werden kann, so wird auch die Gewerbsthätigkeit keine Grenzen mehr haben. [...]
40 Die Eisenbahnen sind jetzt das dringendste Bedürfniß zur Rettung der niedergedrückten Gewerbsthätigkeit, die Grundlage einer besseren Zukunft, ja die Bedingung der fernern Existenz des Handels und der Gewerbe.
45 Die Richtung, welche sichtbar der Welthan-

del durch die Erfindung der Eisenbahnen und Dampftransporte nehmen wird, verknüpft das Schicksal ganzer Länder und Städte mit diesen Anlagen. Ein Blick in die nächste Zu-
50 kunft zeigt uns schon, daß der Handel, der sich zu Wasser um das Festland herumzog, sich über Eisenbahnen durch die Binnenländer hinziehen wird. In der Mitte der europäischen Länder, in Deutschland, wird zwischen
55 allen Nationen ein fortwährender Durchzug von Waaren und Reisenden Statt haben, den keine Gefahren der Seefahrt, keine Stürme der Meere unterbrechen; hier wird sich der ganze Verkehr von Frankreich nach Rußland,
60 von der Nord- und Ostsee nach den südlichen Ländern durchkreuzen, und besonders wird das mittlere Deutschland den größten Antheil an dem neuen Gebiete der Gewerbsthätigkeit erhalten.

65 Dieses große Glück zu erreichen, darf Deutschland keine Zeit verlieren; es kann einen unfehlbar blühenden Zustand um so viel Jahre und Tage mehr heranrücken, als es rascher mit der Erbauung von Eisenbahnen,
70 welche ihm die ungeheurn Transittransporte der übrigen Länder reichlich bezahlen werden, zu Werke geht.

Die Anlegung einer großen Bahn, um die nördlichen Gewässer mit der Donau in Ver-
75 bindung zu setzen, ist schon soviel, als durch schriftliche Mittheilung geschehen konnte, besprochen werden. Es ist Zeit, daß die Betheiligten sich näher die Hand bieten; die südlichen und nördlichen Deutschen müssen nun
80 zusammen treten, um einen Vertrag über dieses Unternehmen, welches das Vaterland gleichwie um einen neuen großen schiffbaren Strom bereichert, abzuschließen.

Die zu große Entfernung der beiden Endpuncte
85 wird es wünschenswerth machen, einen Mittelpunct zu haben, wo sich solche begegnen, und dieser verbindenden Entfernungen erleichtern. – Cassel ist der Ort, welcher zu dieser Versammlung gewählt werden durfte.

90 Eine Eisenbahn von Westen nach Osten und Norden, welche Frankreich mit Rußland in Verbindung setzen soll, wird das jetzt geschäftsleere Deutschland, zu einem großen Stapelplatz machen, und ihm die Vermitt-

95 lung zwischen jenen zwei großen Ländern zusichern; denn der sämmtliche Verkehr zwischen diesen zwei mächtigsten Staaten des Continents, wird die nördlichen und südlichen Meere verlassen und sich über diese 100 Bahn hinziehen. Die Schiffahrt auf der Ostsee ist im Winter unterbrochen. Der Fruchthandel verfehlt hierdurch oft seinen Zweck, indem die russischen und polnischen Getreide zum Verderben der Kaufleute zuwei- 105 len erst, nachdem die Hungersnoth schon überstanden ist, in die südlichen Länder anlangen. Die Weine, welche von Süden nach Norden gehen, sind zu Wasser dem Verderben unterworfen. Wenn man nun berechnet, 110 welche Massen von Frucht aus den Häfen der Ostsee, auf diesem im Winter unfahrbaren Meere auf dem Umwege der Nordsee, den südlichen Ländern jährlich zugeführt werden, und wie viel Weine der süd- und westli- 115 chen Länder die nördlichen consumiren, und bedenkt, daß diese Unmassen von Frucht und Weinen zu Lande transportiert werden, sobald eine Continental-Eisenbahn über Königsberg, Berlin, Leipzig, Cassel, Frankfurt, 120 Straßburg, Lyon, und von Cassel über Cöln, Brüssel und Paris, Frankreich und Rußland verbindet, so ist leicht vorher zu sehen, dass über eine solche Eisenbahn mehr Waaren und Reisende mit des Feuers Schnelle und Kraft 125 dahin rollen werden, als je die Schiffahrt auf dem größten Strome der Erde ein Beispiel dargeboten hat.

Für diese Bahn scheint Cassel wieder der zur gemeinschaftlichen Berathung geeignete Ort zu sein. Cassel ist auch wegen seiner merk- 130 würdigen Naturschönheiten eine Stadt, welche das Vaterland seinen Söhnen, sowie den Fremden, mit Stolz zeigen kann.

Durch die Wahl eines gemeinschaftlichen Centrums für alle Eisenbahnen kann es mög- 135 lich gemacht werden, jede Stadt, mittelst einer einzigen, auf das Centrum hinlaufenden Bahn, sogleich mit allen übrigen gewerbereichen Städten und Ländern in Eilverbindung zu setzen. 140

Es muß in dieser Hinsicht ein Entschluß gefasst werden, bevor die Richtung einzelner Bahnen bestimmt wird und dieß ist ein dritter wichtiger Gegenstand der gemeinschaftlichen Berathung. [...] 145

Der jetzt entstehende Bund muß auch seinen nahen und fernen Theilnehmern Gelegenheit geben, ihre Verbindung durch schnellen Austausch und Einigung der Gesinnungen zu befestigen und alle Angelegenheiten der In- 150 dustrie an ein zu bestimmendes Centrum zu knüpfen.

Die Versammlung, die wir zu Anfang des Monats Mai vorgeschlagen, sei denn der Erbauung der Eisenbahnen und allen übrigen 155 Angelegenheiten der Gewerbe und des Handels gewidmet.

Cassel, den 24. Februar 1833

Die Central-Verwaltung des Bundes der Völker für Gewerbe und Handel.

http://www.digam.net/?dok=2931

**M 7** „Ist die Eisenbahn in ihrem Lauf, Hält sie kein Bär und kein Ochs mehr auf", Karikatur auf die Gegner des Eisenbahnbaus, 1844

Die Abgeordneten Bähr und von Ochs hatten am 11. November 1843 in der kurhessischen Ständeversammlung vor den Kosten und Gefahren des Eisenbahnbaus gewarnt.

Ist die Eisenbahn in ihrem Lauf,
Hält sie kein Bär und kein Ochs mehr auf.

StAMR Best. 16 Ministerium des Innern Nr. 7290. http://www.digam.net./?dok=2938

**M 8** Friedrich List über die Bedeutung der Verkehrsrevolution: Beitrag zu dem von Carl von Rotteck und Karl Welcker herausgegebenen Staatslexikon (Bd. 4), Altona 1835

Die „Verkehrsrevolution" schuf mit dem Bau von Straßen und Kanälen wesentliche Voraussetzungen für die „Industrielle Revolution". Einen neuen, entscheidenden Anstoß
5 erhielt die Industrialisierung durch den Eisenbahnbau. Am Anfang stand die Errichtung der Strecke von Nürnberg nach Fürth im Jahr 1835. Rasch folgten weitere Strecken.
Es ist eine beschränkte Ansicht, wenn man
10 bloß den Umstand ins Auge faßt, daß der Ei-

senbahntransport die Preise der Produktion und Waren vermindert und folglich dem Konsumenten wie dem Produzenten materiellen Vorteil bringt.
Schon die geringe Erfahrung, die man wäh- 15
rend der kurzen Zeit ihrer Existenz gemacht hat, beweist erstens, daß sie hauptsächlich zu schleuniger, wohlfeiler und bequemer Fortschaffung der Menschen Dienste leisten und hauptsächlich wegen dieses Vorzugs sich die 20
Gunst aller Klassen erworben haben; zweitens, daß sie in dieser Beziehung der mittleren und unteren Klasse quantitativ 10- bis 20mal mehr Dienste leisten als der oberen und höchsten Klasse; drittens, daß sie durch 25

schleunige Beförderung von Briefen, Journalen und Büchern wohltätiger auf die Gesellschaft wirken als durch jeden anderen Warentransport.

30 Hieraus geht hervor, daß der Eisenbahntransport mehr geistig als materiell, mehr durch die Menschen als durch die Sachen, mehr auf die produktiven Kräfte als auf die Verbreitung der Produkte, endlich quantita-
35 tiv mehr auf die Bildung, das Wohlsein und die Genüsse der produzierenden Klassen als der konsumierenden zu wirken bestimmt ist.

Um diese Wirkung in ihrem ganzen Um-
40 fange antizipieren zu können, stelle man sich vor, alle Länder und alle angesehenen Städte von Europa seien durch Eisenbahnen und Dampfboote unter sich verbunden. [...] Nun gehe man alle Klassen der Gesellschaft
45 durch und man wird erstaunen über den Einfluß, den ein solches Transportsystem auf die Verbesserung des Zustandes und der produktiven Kräfte jedes einzelnen haben muß. Der Arzt, der Advokat, der Gelehrte, der
50 Künstler wird nun seinen Wirkungskreis auf weitentfernte Städte und Länder ausdehnen können. Ein großer Schauspieler z. B. wird imstande sein, heute in Berlin, morgen in Hamburg, übermorgen in Hannover aufzu-
55 treten. Ein sächsischer Fabrikant, der von Erfindungen hört, die in seinem Fach in Paris und London gemacht worden sind, wird für eine unbedeutende Summe diese beiden Hauptstädte besuchen können und auf der
60 Reise hin und zurück höchstens 5 bis 6 Tage zubringen.

Dem Kaufmann und Fabrikanten wird es unendlich leichter sein wie bisher, durch Reisen seinen Geschäftskreis und seine Kundschaft
65 zu erweitern, seine Kenntnisse und Begriffe von Sachen und Verhältnissen auszudehnen oder zu berichtigen, gemeinschaftliche Unternehmungen mit Menschen, die an entfernten Orten wohnen, zu verabreden und auszu-
70 führen, Differenzen persönlich zu schlichten und sich passende Gehilfen zu verschaffen. Der Bewohner des nördlichen Deutschlands wird sich nun ganz bequem jedes Jahr nach dem südlichen Deutschland begeben kön-
75 nen, um dort einen Teil des Sommers zuzubringen. Diese Reisen werden Ankäufe und neue Anlagen, neue Geschäftsverbindungen und Unternehmungen zur Folge haben. Tausende von Geschäftsleuten werden sich ein-
80 fallen lassen, an verschiedenen voneinander entfernten Orten Fabriken und andere Geschäfte zu betreiben. Neue Bücher und Hefte werden mit größerer Schnelligkeit als jetzt die Zeitungen sich über ganz Deutschland
85 verbreiten, und der deutsche Buchhandel wird dadurch an Lebhaftigkeit unermeßlich gewinnen. Landwirte, die in ihrer Heimat keine vorteilhaften Einkäufe oder Pachtungen zu realisieren vermögen, werden sich mit
90 verhältnismäßig geringem Zeit- und Kostenaufwande in ganz Deutschland nach passenden Ansiedlungen umsehen können. Der Assoziationsgeist, der in der neuesten Zeit bei uns so kräftig ins Leben getreten ist, wird,
95 nachdem den Kapitalisten und Geschäftsmännern der entferntesten Städte Deutschlands Versammlungen zur Verabredung und Kontrollierung gemeinschaftlicher Unternehmungen so sehr erleichtert sein werden,
100 einen Aufschwung nehmen, von dem man jetzt keine Vorstellung hat.

Ohne Vergleichung wichtiger als in den angegebenen Fällen erscheint aber der Eisenbahntransport, wenn man seine Wirkungen auf
105 die Bildung aller Klassen und Stände in Betrachtung zieht. Auch der minderbemittelte Student wird durch denselben in den Stand gesetzt, die berühmtesten Universitäten des In- und Auslandes zu besuchen und die In-
110 stitutionen fremder Länder durch eigene Anschauung kennenzulernen. Der Handelsdiener wird sich in Person auf den angesehensten Handelsplätzen nach einer Anstellung umsehen können. In der Technik und der Land-
115 wirtschaft, wobei soviel auf eigene Anschauung und Beobachtung ankommt, werden die Deutschen Riesenschritte machen, wenn auch der minderbemittelte Techniker diejenigen Länder und Städte des In- und Auslan-
120 des besuchen kann, wo jene Industriezweige, denen er sich besonders gewidmet hat, am vorteilhaftesten betrieben werden. Die Techniker und Landwirte Deutschlands werden,

wie jetzt die deutschen Naturforscher, jähr-
liche Versammlungen halten, und es ist nicht
unwahrscheinlich, daß infolge des erleichterten Verkehrs sich Nationalvereine und Versammlungen für spezielle Zweige der Litera-
tur, der Künste und der Industrie bilden, wie
z.B. Versammlungen der deutschen Rechts-
gelehrten, der Historiker, Nationalökonomen und Staatsgelehrten, der Theologen,
Sprachforscher und Erzieher, der Ästhetiker
und Schauspieler, der bildenden Künstler, der
Tonkünstler, der Mechaniker und mechanischen Fabrikanten, der Chemiker und chemischen Fabrikanten, der Bergleute und Eisen-
werksbesitzer, der gelehrten und praktischen
Ökonomen, der Forstmänner, der Schafzüch-
ter, der Seidenzüchter usw. Einer großen gemeinschaftlichen Hauptstadt ermangelnd,
worin alle eminenten Talente und Intelli-
genzen der Nation einen gemeinschaftlichen
Vereinigungspunkt finden könnten, fühlt das
Bedürfnis derartiger Versammlungen und
Vereine keine Nation so sehr als die deutsche. Dieselben werden sich daher auch hier
viel großartiger ausbilden als in England und
Frankreich und sowohl aus diesem Grunde
als wegen der geographischen Lage Deutschlands nach und nach europäische Wichtigkeit
erlangen. [...]
Der erleichterte und wohlfeilere Transport
vermindert die Preise zum Vorteile des Konsumenten sowohl als des Produzenten, die

sich nun in die Ersparnisse teilen. Dadurch
entsteht größere Nachfrage und Konsumtion,
und alle Zweige der Industrie entfalten sich in
gleichem Verhältnis.
Beobachten wir, um die Sache anschaulicher
zu machen, die wechselseitigen Verhältnisse
zwischen Produzenten und Konsumenten in
Stadt und Land, Gebirg und Tal, Provinz und
Provinz.
Die Gewerbsleute in der Stadt leben von den
Produkten, die ihnen das umliegende Land
zuführt, und bezahlen mit ihren Fabrikaten. Wird nun dieser Tausch durch wohlfeilere Frachten befördert, so gewinnen nicht
nur die in dem Verkehrskreis der Stadt lebenden Landwirte, sondern dieser Verkehrskreis wird auch nach Maßgabe der Transport-
erleichterungen erweitert. Man wird mehr
Lebensmittel und Rohstoffe in die Stadt zu
Markte bringen, und die Nachfrage nach Fabrikaten wird in gleichem Verhältnis steigen.
Stadt und Land werden sich also wechselsei-
tig durch Vermehrung ihrer Zufuhr und ihres
Absatzes bereichern. [..]
Aus diesem Grunde und wegen seiner Lage
im Zentrum von Europa wird Deutschlands
Handel und Industrie durch ein Kontinen-
tal-Transportsystem unermeßlich gewinnen.
[...]

Friedrich List, Schriften, Reden, Briefe. Bd. 3: Schriften zum
Verkehrswesen. T1.1: Einleitung und Text, hg. von Erwin v.
Beckerath und Otto Stühler, Berlin 1929, S. 39–45, 53 f.

**M9** Deutschlands Eisenbahnen. Entwurf von H. Reuße, 1838

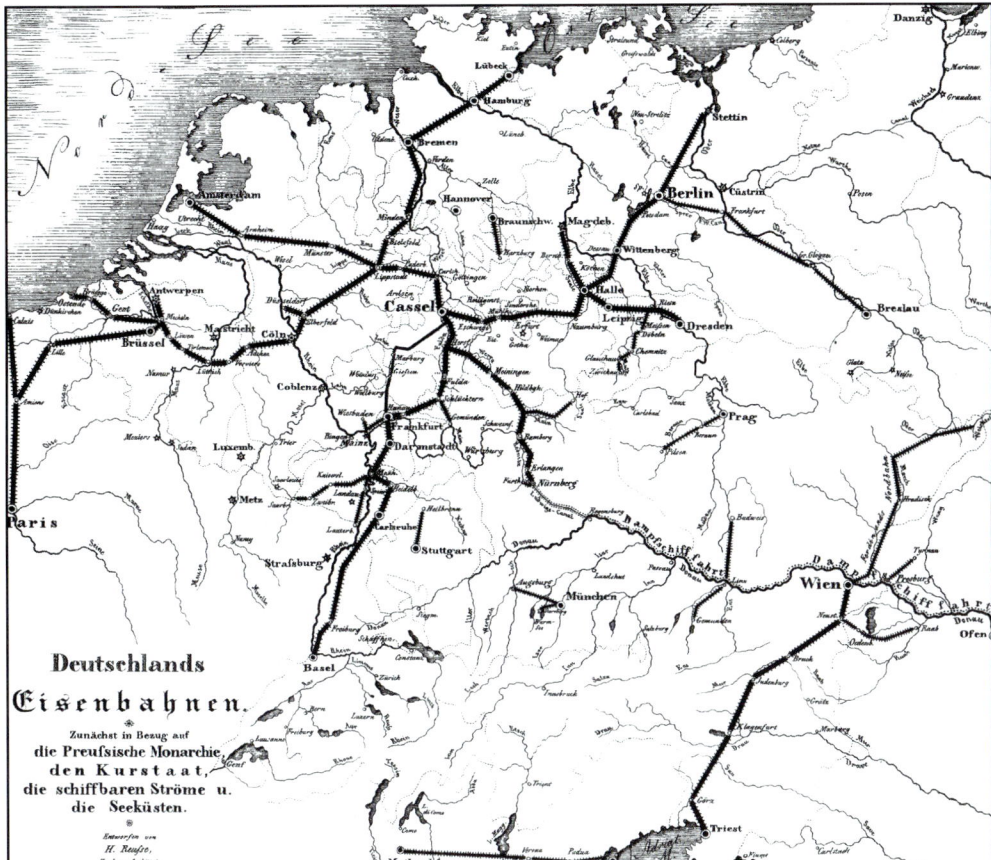

Friedrich Fick, Dritter Beitrag zur Constructions-Verbesserung der Eisenbahnen als Fortsetzung des Vortrags vom 31. Januar 1838, Kassel im September 1838, Beilage II.

**M10** Giuseppe Mazzini, Das „Junge Europa", 1834

Der italienische Freiheitskämpfer Giuseppe Mazzini (1805–1872) hatte 1831 den nationalistischen Geheimbund „Giovine Italia" gegründet, den er 1834 mit deutschen und
5 polnischen Parallelgründungen zum „Jungen Europa" vereinte.

I.

Das Junge Europa ist die Verbindung derer, welche, an eine Zukunft der Freiheit, der
10 Gleichheit und der Verbrüderung aller Menschen glaubend, ihr Denken und Handeln der Verwirklichung dieser Zukunft widmen wollen.

II. Glaubensartikel.

Ein einziger Gott. Ein einziger Herrscher: 15 sein Gesetz. Ein einziger Ausleger dieses Gesetzes: die Menschheit. […]

§ 7. Nur unter Freien und Gleichen gibt es eine wahre Verbindung. […]

§ 13. Jedes Vorrecht ist ein Eingriff in die 20 Gleichheit. Jede Willkür ist ein Eingriff in die Freiheit. Jede Handlung des Eigennutzes ist ein Eingriff in die Brüderschaft. […]

§ 16. Nach dem Gesetze Gottes und der Menschheit sind alle Völker frei – alle Völker 25 gleich, alle Völker Brüder.

§ 17. Jedes Volk hat eine besondere Bestimmung, welche zur Erreichung der allgemein

menschheitlichen Bestimmung beiträgt. Diese
30 Bestimmung bildet sein Volkstum (Nationalität). – Das Volkstum ist heilig.

§ 18. Jede ungerechte Herrschaft, jede Ge-
walttätigkeit, jede Handlung des Eigennutzes
gegen ein Volk ausgeübt, ist eine Verletzung
35 der Freiheit, der Gleichheit und der Brüderschaft der Völker. Alle Völker müssen sich zu
deren Entfernung Beistand leisten.

§ 19. Die Menschheit wird nur dann erst in
Wahrheit gegründet sein, wenn alle Völker,
40 welche sich bilden, ihre natürliche Souveränität erlangt und einen republikanischen
Bund geschlossen haben werden, um unter
der Macht einer Erklärung ihre Prinzipien
und einer gemeinschaftlichen Bundesverfas-
45 sung demselben Ziele zuzuschreiten: nämlich
der Entdeckung und Anwendung des allgemeinen Sittengesetzes.

III. Definitive Organisation.
§ 20. Die Verbindung des Jungen Europa stellt
50 in ihrer definitiven Organisation die Europäische Zukunft dar; Die Europäische Zukunft
wird die zwei Grundideen der neuen Epoche:
Vaterland und Menschheit, vereinigen. […]
§ 21. Alle Völker, welche sich zu verjüngen
55 streben, werden sich als National-Verbin-
dungen konstituieren, welche alle diejenigen
umfassen, die, an eine Zukunft der Freiheit,
der Gleichheit und der Brüderschaft für alle
Menschen glaubend, ihr Denken und Han-
60 deln der Verwirklichung dieser Zukunft wei-
hen wollen. […]
§ 35. Jeder Aufgenommene, dem es seine Mittel erlauben, ist gehalten, in möglichst kurzer
Frist sich zu bewaffnen, um im vorkommen-
65 den Fall zum Kampf gegen die Unterdrücker
und für die heilige Sache des Rechts und des
Jungen Europa bereit zu sein. […]

VIII. Allgemeine Bestimmungen.
§ 50. Niemand ist als Mitglied des Jungen
70 Europa zu betrachten, bevor er folgenden
Schwur geleistet hat: „Im Namen Gottes und
der Menschheit; Im Namen aller Märtyrer,
die ihr Blut für die heilige Freiheit, für die
heilige Gleichheit und für die Befreiung des
75 Menschengeschlechtes vergossen haben; Im

Namen aller unterdrückten Völker oder Einzelner, in welchem Winkel der Erde sie immer wohnen mögen; Ich (NN) glaubend: Daß
nach dem Gesetze Gottes und der Menschheit alle Menschen gleich sind – alle Men- 80
schen Brüder sind – […] So schwöre ich und
bin bereit, mein Wort im Notfalle mit meinem Blute zu besiegeln.“ […]

A. Breidenstein, Bildung und Organisation in den deutschen
Handwerksgesellen-und Arbeitervereinen in der Schweiz;
Texte u. Dokumente zur Kultur d. deutschen Handwerker u.
Arbeiter, 1834–1845, hg. von Hans-Joachim Ruckhäberle,
Tübingen 1983, S. 41–48.

**M11** Alexis de Tocqueville, Amerika und
Rußland, 1835
Alexis Comte de Tocqueville (1805–1859)
bereiste 1831/1832 im Auftrag der französischen Regierung die USA, um ein Gutachten
über das dortige Justizsystem anzufertigen.
Nach der Reise verfasste er 1835/1840 das 5
Werk „De la Democratie en Amerique“.
Es wird eine Zeit kommen, zu der Nord-
Amerika einhundertfünfzig Millionen unter-
einander gleiche Menschen zählen wird, die
alle einer Familie angehören, ihre Laufbahn 10
unter den gleichen Bedingungen antreten, die
gleiche Zivilisation, Sprache und Religion,
die gleichen Gewohnheiten, die gleichen Sitten haben werden und bei denen jeder Gedanke sich in der gleichen Form und gleichen 15
Färbung verbreiten wird. Alles übrige ist un-
gewiß, dies aber ist sicher. Damit aber tritt
ein ganz neues Element in die Welt, dessen
Tragweite selbst die Phantasie nicht zu ermes-
sen vermag. 20
Es gibt heute zwei große Völker auf der Erde,
die, bei verschiedenem Ausgangspunkt, dem
gleichen Ziel zuzuschreiten scheinen: die Russen und die Anglo-Amerikaner. Beide sind
im Verborgenen herangewachsen, und wäh- 25
rend die Aufmerksamkeit der Menschen anderswo beschäftigt war, haben sie sich plötzlich in die erste Reihe der Nationen gestellt,
und die Welt hat fast gleichzeitig von ihrer
Entstehung und ihrer Größe erfahren. 30
Alle anderen Völker scheinen ungefähr die
von der Natur gesteckte Grenze erreicht und
nur noch die Aufgabe der Bewahrung zu ha-

ben; jene aber sind im Wachsen: alle anderen
35 haben einen Stillstand erreicht oder kommen
nur unter tausend Anstrengungen weiter; sie
allein schreiten mit leichtem und raschem
Schritt in eine Bahn, deren Ende das Auge
noch nicht zu erkennen vermag. Der Ame-
40 rikaner kämpft gegen Hindernisse, die ihm
die Natur entgegenstellt; der Russe hat mit
den Menschen zu ringen. Der eine führt einen Kampf gegen Wüste und Barbarei, der
andere gegen die mit allen Waffen ausgerüs-
45 tete Zivilisation: daher vollziehen sich die
Eroberungen des Amerikaners mit der Pflug-
schar des Landmannes, die des Russen mit
dem Schwert des Soldaten. In der Verfolgung
seines Ziels stützt sich jener [der Amerika-
50 ner] auf das persönliche Interesse und läßt
die Kraft und Vernunft des einzelnen wirken,
ohne sie zu dirigieren.
Dieser [der Russe] zieht gewissermaßen
alle Macht der Gesellschaft in einen Men-
55 schen zusammen. Dem einen ist die Freiheit
der Hauptantrieb, dem anderen die Knechtschaft. Ihr Ausgangs-Punkt ist verschieden,
ihre Wege sind es auch; und dennoch scheint
nach einem geheimen Plan göttlicher Bestim-
60 mung jeder von ihnen berufen, eines Tages
die Geschicke einer Hälfte der Welt in den
Händen zu haben.

Alexis de Tocqueville: De la Démocratie en Amérique,
Band 1 (1835), (œuvres complets I), Paris 1951, S. 430f.

## M12 Die Anti-Corn-Law-League. Petition der Handelskammer Manchester vom 20. Dezember 1838

Supplikanten halten es für ihre gebieterische
Pflicht, die Aufmerksamkeit des Hohen Hauses auf Erwägung der bestehenden Gesetze
gegen die freie Einfuhr von Nahrungsmitteln
5 zu lenken. [...]
Supplikanten blicken mit großer Besorg-
nis auf die reißende Zunahme der Fabriken
im Auslande und beklagen insbesondere die
daraus folgende Abnahme eines einträglichen
10 Handels mit dem europäischen Kontinent.
Ungeachtet der großen Zunahme der Bevölkerung seit Beendigung des Krieges ist die
Ausfuhr dorthin während der letzten 5 Jahre

nach dem Friedensschlusse geringer geworden. Und während die Nachfrage nach den 15
Artikeln, in denen der größte Teil der Arbeits-
kraft steckt, beständig abgenommen hat, hat
die Ausfuhr von Rohstoffen ebenso schnell
zugenommen.
Verschiedene Nationen des Kontinents pro- 20
duzieren nicht nur ausreichend Fabrikate für
ihren eigenen Bedarf, sondern konkurrieren
bereits erfolgreich mit uns auf neutralen auswärtigen Märkten. Unter anderen Beispielen,
die dafür gegeben werden könnten, weisen 25
wir auf die furchtbare Zunahme der Baum-
wollwirkerei Sachsens hin, wovon in folge ihrer überlegenen Billigkeit beinahe viermal so
viel ausgeführt wird als aus England. Nach
den Vereinigten Staaten allein hat Sachsen so 30
viel ausgeführt wie England nach allen Teilen
der Welt zusammengenommen. Dazu kommt
die noch wichtigere Tatsache, daß sächsische
Wirkware, hergestellt aus englischen Garnen,
trotz des Zolles von 20% bereits anfängt, 35
nach England eingeführt und dort für unsern
heimischen Gebrauch zu niedrigeren Preisen
verkauft zu werden, als sie irgendein englischer Fabrikant herstellen kann.
Für den reißenden Fortschritt der Fabrikati- 40
onsindustrie auf dem Kontinent liegt ein fernerer Beweis in der Tatsache, daß Fabriken
zur Herstellung jeder Art von Maschinen
für Baumwoll-, Flachs- und Wollspinnerei
und -weberei neuerdings in fast allen gro- 45
ßen Städten Europas errichtet worden sind.
Gegenwärtig sind daselbst gelernte Arbeiter aus England angestellt, um die einheimi-
schen Mechaniker darin zu unterrichten, wie
sie nach Modellen neuester englischer Erfin- 50
dung Maschinen herstellen können. Es ver-
geht keine Woche, ohne daß Arbeiter dieser
Art die Werkstätten von Manchester, Leeds
und Birmingham verlassen, um ähnliche Stel-
lungen im Auslande anzunehmen. 55
Unsere frühere Überlegenheit in einem Stra-
ßen- und Kanalsystem ohnegleichen ist heutzutage keine englische Eigentümlichkeit
mehr. In großer Ausdehnung, und billiger als
in England, machen die Eisenbahnen in allen 60
Teilen Europas und der Vereinigten Staaten
Amerikas Fortschritte, während unser Kapi-

tal aus Mangel an gewinnreicher Anlage im Inlande ständig in fremden Ländern Beschäf-
65 tigung sucht und so dem großen Mangel ab-hilft, unter dem unsere Konkurrenten früher zu leiden hatten.

Die Aufmerksamkeit des Hohen Hauses auf die für unsere Industrie höchst unangenehmen
70 Tatsachen hinlenkend, können Supplikanten gar nicht ernst genug darauf hinweisen, daß diese Übelstände durch unsere unkluge und ungerechte Gesetzgebung veranlaßt sind, die den britischen Fabrikanten daran hindert, ge-
75 gen seine Erzeugnisse das Getreide anderer Länder einzutauschen und gerade dadurch unsere ausländischen Konkurrenten instand setzt, ihre Nahrungsmittel halb so billig ein-zukaufen, wie sie auf dem englischen Markte
80 bezahlt werden müssen. Supplikanten erklä-ren es für ihre heilige Überzeugung, daß dies der Anfang eines Zustandes der Dinge ist, der, wenn ihm nicht durch Aufhebung aller Schutzzölle auf Getreide und sonstige Nah-
85 rungsmittel rechtzeitig Einhalt getan wird, am letzten Ende unsere Industrie auf die Kon-kurrenzländer übertragen muß.

Unter dem tiefen Eindruck dieser Befürch-tungen können Supplikanten die gefahr-
90 drohende Lage der uns umgebenden Volks-massen, deren Ernährung von Tag zu Tag mehr vom Gedeihen der Baumwollindust-rie abhängt, weder mit Gleichgültigkeit be-trachten, noch dem Hohen Hause verbergen.
95 Schon hat sich der Millionenschrei nach Nah-rungsmitteln erhoben. Vernunft, Mitgefühl und gesunde Politik verlangen, daß etwas ge-schehe, um die erregten Leidenschaften zu besänftigen, wenn nicht üble Folgen eintre-
100 ten sollen. Treue Anhänglichkeit eines Volkes an die gesetzlichen Institutionen des Landes kann dauernd auf keinem andern Grunde ge-sichert werden als dem der Gerechtigkeit in Handel und Wandel. Durchdrungen von der
110 Überzeugung, daß zu diesen ewigen Grund-sätzen auch das unveräußerliche Recht jedes Menschen gehört, die Ergebnisse seiner Ar-beit gegen die Erzeugnisse anderer in Tausch zu bringen, und den Schutz eines Teiles der
115 Allgemeinheit auf Kosten aller anderen Klas-sen für ungesund und unverantwortlich er-

klärend, sprechen Supplikanten an das Hohe Haus die ernste Bitte aus: alle Gesetze, die sich auf die Einfuhr ausländischen Kornes und anderer ausländischer Nahrungsmittel 120 beziehen, aufzuheben und auf die Landwirt-schaft wie auf die Fabrikation die wahren und friedlichen Grundsätze freien Handels in weitestem Maße auszudehnen durch Beseiti-gung aller Hindernisse, die der unbeschränk- 125 ten Beschäftigung von Industrie und Kapital entgegenstehen.

Ignaz Jastrow, Handelspolitik, 5. Aufl., Berlin 1923, S. 53 ff.

### M13 Karl Marx und 3Friedrich Engels, Manifest der Kommunistischen Partei, 1848

Das „Manifest" wurde von Karl Marx und Friedrich Engels in der Zeit von Dezember 1847 bis Januar 1848 geschrieben und im Fe-bruar 1848 in London veröffentlicht.

Die Entdeckung Amerikas, die Umschiffung 5 Afrikas schufen der aufkommenden Bour-geoisie ein neues Terrain. Der ostindische und chinesische Markt, die Kolonisierung von Amerika, der Austausch mit den Kolo-nien, die Vermehrung der Tauschmittel und 10 der Waren überhaupt gaben dem Handel, der Schiffahrt, der Industrie einen nie gekannten Aufschwung und damit dem revolutionären Element in der zerfallenden feudalen Gesell-schaft eine rasche Entwicklung. 15
Die bisherige feudale oder zünftige Betriebs-weise der Industrie reichte nicht mehr aus für den mit neuen Märkten anwachsenden Be-darf. Die Manufaktur trat an ihre Stelle. Die Zunftmeister wurden verdrängt durch den 20 industriellen Mittelstand; die Teilung der Ar-beit zwischen den verschiedenen Korporatio-nen verschwand vor der Teilung der Arbeit in der einzelnen Werkstatt selbst.
Aber immer wuchsen die Märkte, immer 25 stieg der Bedarf. Auch die Manufaktur reichte nicht mehr aus. Da revolutionierte der Dampf und die Maschinerie die indus-trielle Produktion. An die Stelle der Manu-faktur trat die moderne große Industrie, an 30 die Stelle des industriellen Mittelstandes tra-ten die industriellen Millionäre, die Chefs

ganzer industrieller Armeen, die modernen Bourgeois.

35 Die große Industrie hat den Weltmarkt hergestellt, den die Entdeckung Amerikas vorbereitete. Der Weltmarkt hat dem Handel, der Schiffahrt, den Landkommunikationen eine unermeßliche Entwicklung gegeben. Diese
40 hat wieder auf die Ausdehnung der Industrie zurückgewirkt, und in demselben Maße, worin Industrie, Handel, Schiffahrt, Eisenbahnen sich ausdehnten, in demselben Maße entwickelte sich die Bourgeoisie, vermehrte sie
45 ihre Kapitalien, drängte sie alle vom Mittelalter her überlieferten Klassen in den Hintergrund.

Wir sehen also, wie die moderne Bourgeoisie selbst das Produkt eines langen Entwick-
50 lungsganges, einer Reihe von Umwälzungen in der Produktions- und Verkehrsweise ist. Jede dieser Entwicklungsstufen der Bourgeoisie war begleitet von einem entsprechenden politischen Fortschritt. Unterdrückter
55 Stand unter der Herrschaft der Feudalherren, bewaffnete und sich selbst verwaltende Assoziation in der Kommune, hier unabhängige städtische Republik, dort dritter steuerpflichtiger Stand der Monarchie, dann zur
60 Zeit der Manufaktur Gegengewicht gegen den Adel in der ständischen oder in der absoluten Monarchie und Hauptgrundlage der großen Monarchien überhaupt, erkämpfte sie sich endlich seit der Herstellung der großen
65 Industrie und des Weltmarktes im modernen Repräsentativstaat die ausschließliche politische Herrschaft. Die moderne Staatsgewalt ist nur ein Ausschuß, der die gemeinschaftlichen Geschäfte der ganzen Bourgeoisklasse
70 verwaltet.

Die Bourgeoisie hat in der Geschichte eine höchst revolutionäre Rolle gespielt.

Die Bourgeoisie, wo sie zur Herrschaft gekommen, hat alle feudalen, patriarchali-
75 schen, idyllischen Verhältnisse zerstört. Sie hat die buntscheckigen Feudalbande, die den Menschen an seinen natürlichen Vorgesetzten knüpften, unbarmherzig zerrissen und kein anderes Band zwischen Mensch und Mensch
80 übriggelassen als das nackte Interesse, als die gefühllose „bare Zahlung". Sie hat die hei-

ligen Schauer der frommen Schwärmerei, der ritterlichen Begeisterung, der spießbürgerlichen Wehmut in dem eiskalten Wasser egoistischer Berechnung ertränkt. Sie hat die 85 persönliche Würde in den Tauschwert aufgelöst und an die Stelle der zahllosen verbrieften und wohlerworbenen Freiheiten die eine gewissenlose Handelsfreiheit gesetzt. Sie hat, mit einem Wort, an die Stelle der mit religiö- 90 sen und politischen Illusionen verhüllten Ausbeutung die offene, unverschämte, direkte, dürre Ausbeutung gesetzt.

Die Bourgeoisie hat alle bisher ehrwürdigen und mit frommer Scheu betrachteten 95 Tätigkeiten ihres Heiligenscheins entkleidet. Sie hat den Arzt, den Juristen, den Pfaffen, den Poeten, den Mann der Wissenschaft in ihre bezahlten Lohnarbeiter verwandelt. Die Bourgeoisie hat dem Familienverhältnis sei- 100 nen rührend-sentimentalen Schleier abgerissen und es auf ein reines Geldverhältnis zurückgeführt.

Die Bourgeoisie hat enthüllt, wie die brutale Kraftäußerung, die die Reaktion so sehr am 105 Mittelalter bewunderte, in der trägsten Bärenhäuterei ihre passende Ergänzung fand. Erst sie hat bewiesen, was die Tätigkeit der Menschen zustande bringen kann. Sie hat ganz andere Wunderwerke vollbracht als ägypti- 110 sche Pyramiden, römische Wasserleitungen und gotische Kathedralen, sie hat ganz andere Züge ausgeführt als Völkerwanderungen und Kreuzzüge.

Die Bourgeoisie kann nicht existieren, ohne 115 die Produktionsinstrumente, also die Produktionsverhältnisse, also sämtliche gesellschaftlichen Verhältnisse fortwährend zu revolutionieren. Unveränderte Beibehaltung der alten Produktionsweise war dagegen die erste Exis- 120 tenzbedingung aller früheren industriellen Klassen. Die fortwährende Umwälzung der Produktion, die ununterbrochene Erschütterung aller gesellschaftlichen Zustände, die ewige Unsicherheit und Bewegung zeichnet 125 die Bourgeoisepoche vor allen früheren aus. Alle festen, eingerosteten Verhältnisse mit ihrem Gefolge von altehrwürdigen Vorstellungen und Anschauungen werden aufgelöst, alle neugebildeten veralten, ehe sie verknö- 130

**23**

chern können. Alles Ständische und Stehende verdampft, alles Heilige wird entweiht, und die Menschen sind endlich gezwungen, ihre Lebensstellung, ihre gegenseitigen Beziehun-
135 gen mit nüchternen Augen anzusehen.

Das Bedürfnis nach einem stets ausgedehn-teren Absatz für ihre Produkte jagt die Bour-geoisie über die ganze Erdkugel. Überall muß sie sich einnisten, überall anbauen, überall
140 Verbindungen herstellen.

Die Bourgeoisie hat durch die Exploitation des Weltmarktes die Produktion und Kon-sumtion aller Länder kosmopolitisch gestal-tet. Sie hat zum großen Bedauern der Reaktio-
145 näre den nationalen Boden der Industrie unter den Füßen weggezogen. Die uralten nationalen Industrien sind vernichtet worden und werden noch täglich vernichtet. Sie wer-den verdrängt durch neue Industrien, deren
150 Einführung eine Lebensfrage für alle zivili-sierten Nationen wird, durch Industrien, die nicht mehr einheimische Rohstoffe, sondern den entlegensten Zonen angehörige Rohstoffe verarbeiten und deren Fabrikate nicht nur im
155 Lande selbst, sondern in allen Weltteilen zu-gleich verbraucht werden. An die Stelle der alten, durch Landeserzeugnisse befriedigten Bedürfnisse treten neue, welche die Produkte der entferntesten Länder und Klimate zu ih-
160 rer Befriedigung erheischen. An die Stelle der alten lokalen und nationalen Selbstgenüg-samkeit und Abgeschlossenheit tritt ein all-seitiger Verkehr, eine allseitige Abhängigkeit der Nationen voneinander. Und wie in der
165 materiellen, so auch in der geistigen Produk-tion. Die geistigen Erzeugnisse der einzelnen Nationen werden Gemeingut. Die nationale Einseitigkeit und Beschränktheit wird mehr und mehr unmöglich, und aus den vielen na-
170 tionalen und lokalen Literaturen bildet sich eine Weltliteratur.

Die Bourgeoisie reißt durch die rasche Ver-besserung aller Produktionsinstrumente, durch die unendlich erleichterten Kommuni-
175 kationen alle, auch die barbarischsten Natio-nen in die Zivilisation. Die wohlfeilen Preise ihrer Waren sind die schwere Artillerie, mit der sie alle chinesischen Mauern in den Grund schießt, mit der sie den hartnäckigsten

Fremdenhaß der Barbaren zur Kapitulation 180 zwingt. Sie zwingt alle Nationen, die Produk-tionsweise der Bourgeoisie sich anzueignen, wenn sie nicht zugrunde gehen wollen; sie zwingt sie, die sogenannte Zivilisation bei sich selbst einzuführen, d. h. Bourgeois zu 185 werden. Mit einem Wort, sie schafft sich eine Welt nach ihrem eigenen Bilde.

Die Bourgeoisie hat das Land der Herrschaft der Stadt unterworfen. Sie hat enorme Städte geschaffen, sie hat die Zahl der städtischen 190 Bevölkerung gegenüber der ländlichen in ho-hem Grade vermehrt und so einen bedeuten-den Teil der Bevölkerung dem Idiotismus des Landlebens entrissen. Wie sie das Land von der Stadt, hat sie die barbarischen und halb- 195 barbarischen Länder von den zivilisierten, die Bauernvölker von den Bourgeoisvölkern, den Orient vom Okzident abhängig gemacht.

Die Bourgeoisie hebt mehr und mehr die Zersplitterung der Produktionsmittel, des 200 Besitzes und der Bevölkerung auf. Sie hat die Bevölkerung agglomeriert, die Produkti-onsmittel zentralisiert und das Eigentum in wenigen Händen konzentriert. Die notwen-dige Folge hiervon war die politische Zen- 205 tralisation. Unabhängige, fast nur verbün-dete Provinzen mit verschiedenen Interessen, Gesetzen, Regierungen und Zöllen wurden zusammengedrängt in *eine* Nation, *eine* Re-gierung, *ein* Gesetz, *ein* nationales Klassenin- 210 teresse, *eine* Douanenlinie.

Die Bourgeoisie hat in ihrer kaum hundertjäh-rigen Klassenherrschaft massenhaftere und kolossalere Produktionskräfte geschaffen als alle vergangenen Generationen zusammen. 215 Unterjochung der Naturkräfte, Maschinerie, Anwendung der Chemie auf Industrie und Ackerbau, Dampfschiffahrt, Eisenbahnen, elektrische Telegraphen, Urbarmachung gan-zer Weltteile, Schiffbarmachung der Flüsse, 220 ganze aus dem Boden hervorgestampfte Bevölkerungen – welch früheres Jahrhun-dert ahnte, daß solche Produktionskräfte im Schoß der gesellschaftlichen Arbeit schlum-merten. [...]                                            225

Karl Marx/Friedrich Engels, Manifest der kommunisti-schen Partei, in: Marx Engels Werke, Bd. 4, Berlin 1977, S. 465 ff.

**M14** Der Anteil der wichtigsten Länder an der Weltindustrieproduktion 1830–1913

| | 1830 | 1860 | 1880 | 1900 | 1913 |
|---|---|---|---|---|---|
| **a) Europa** | | | | | |
| Deutschland | 3,5 | 4,9 | 8,5 | 13,2 | 14,8 |
| Vereinigtes Königreich | 9,5 | 19,9 | 22,9 | 18,5 | 13,6 |
| Rußland | 5,6 | 7,0 | 7,6 | 8,8 | 8,2 |
| Frankreich | 5,2 | 7,9 | 7,8 | 6,8 | 6,1 |
| Österreich-Ungarn | 3,2 | 4,2 | 4,4 | 4,7 | 4,4 |
| Italien | 2,3 | 2,5 | 2,5 | 2,5 | 2,4 |
| **b) außereuropäische Länder** | | | | | |
| USA | 2,4 | 7,2 | 14,7 | 23,6 | 32,0 |
| Japan | 2,8 | 2,6 | 2,4 | 2,4 | 2,7 |
| **c) Entwicklungsländer** | | | | | |
| China | 29,8 | 19,7 | 12,5 | 6,2 | 3,6 |
| Indien | 17,6 | 8,6 | 2,8 | 1,7 | 1,4 |

M. Bairoch, International Industrialization Levels from 1750 to 1980, in: Journal of European Economic History, 11, 1982, S. 296.

**M15** Paul de Lagarde, Über die gegenwärtigen Aufgaben der deutschen Politik, 1853

Nur der Ackerbau, die Viehzucht und der Handel können Deutschland reich machen, nicht die Industrie. Getreide und Wein so zu bauen, Schlacht- und Milchvieh so zu ziehen
5 (Wissenschaft und Kunst erwerben nicht viel), daß uns dafür ausländisches Geld in erheblicher Menge zufließt, ist nur möglich, wenn wir die Kolonisation in der von mir vorgeschlagenen Weise betreiben: und darum muß
10 sie so betrieben werden: denn es ist für die Nation unmöglich, in der bisherigen Art weiter von Armuth und Edelsinn zu wirthschaften: Freiheit und Bildung kosten Geld.
Der Handel hinwiederum ist nur denkbar an
15 offnem Meere. Darum nannte ich vorhin Istrien an erster Stelle, weil Triest zu besitzen für Deutschland eine Lebensfrage ist: wenn alle Italiäner zusammen gegen uns stürmen, diesen Hafen dürfen sie niemals in die Hände
20 bekommen. Darum trage ich mich, seit ich den zweiten Theil von Goethes Faust kenne, mit der Hoffnung, daß die ostfriesischen, und, wenn wir erst Schleswig und Holstein besitzen werden, die westschleswigschen

25 Inseln durch Dämme verbunden, das hinter ihnen liegende flache Meer ausgetrocknet, und in die offne See Handelsstädte hineingebaut werden werden, deren jede so viel Umsatz haben müßte, wie alle Emporien an
30 der baltischen Pfütze zusammengenommen. Wie Frankreich, wenn es seinen Vortheil verstünde, in dem jetzt ihm gehörenden Numidien die alten Seen nach Kräften wieder herstellen würde, um die Regenmenge zu ver-
35 mehren und dadurch das Land fruchtbarer zu machen, so hätten wir Meer auszutrocknen, nicht sowohl um Land zu gewinnen, als um die Möglichkeit zu erwerben mit unsern Häfen an die offne See hinausrücken zu können.
40 Das Mindeste, was wir im Süden für unsern Handel verlangen müssen, ist ein Ausgang an der Adria, um den Weg nach allen Häfen des mittelländischen Meeres stets frei zu haben: die Donaumündungen dazu zu besitzen wäre
45 noch besser.
Deutschland hat zur Zeit solche Grenzen, daß es jedem feindlichen Angriffe offen liegt. Im Elsaß kann sich unter unsern Augen ein französisches Heer sammeln, und in dem
50 Winkel bei Weißenburg so vorstoßen, daß die

süddeutschen Streitkräfte sich mit den nord-
deutschen zu vereinigen gehindert werden.
Das Moselthal liegt vollständig offen, und
die Eifel wird nicht einmal wieder bewaldet.
55 Holstein und Lauenburg schieben sich als ein
Keil zwischen den Osten und Westen: wenn
sich eine große Militärmacht mit dem Besitzer von Jütland verbündet, ist ihr von dort
her den Weg in das Herz Deutschlands zu
60 nehmen unverwehrt: sie müßte denn durch
die Veste Dömitz aufgehalten werden. Das
russische Polen drängt sich wie ein Bastion
zwischen Ost- und Westpreußen einer-, Galizien andererseits: ein russisches Heer kann
65 ohne Mühe durch einen Marsch auf Danzig
zwei Provinzen vom Leibe des Reiches trennen.
Hieraus folgt, daß Deutschland suchen muß,
strategisch haltbare Grenzen, das heißt, sol-
70 che Grenzen zu erlangen, welche durch Berge
oder Bergen gleichstehende Hindernisse gebildet, in möglichst geraden Linien laufen. Es
folgt also, daß russisch Polen im Osten und
zwar über die Weichsel hinaus bis an die Pins-
75 ker Sümpfe, Elsaß und das gesammte Lothringen östlich von den Argonnen zu Deutschland zu ziehen sein wird. Und wenn außer
militärischen Gründen auch die nationale
Ehre gebietet letzteres zu verlangen, die Si-
80 cherheit Deutschlands erheischt das erstere
unbedingt.

Paul de Lagarde, Über die gegenwärtigen Aufgaben der deutschen Politik, in: ders., Schriften für das deutsche Volk, Bd.
1, 3. Aufl., München 1937, S. 22–44.

### M16 Nachruf auf den Deutschen Bund und Mahnung an Preußen. Aus einem Artikel der Augsburger „Allgemeinen Zeitung" vom 26. August 1866

Die deutsche Nation strebt nach politischer
Einheit, der Partikularismus will die besonders fortdauernde Herrschaft der Einzelstaaten. Beides sind Gegensätze. Der Deut-
5 sche Bund gewährte für solche partikulare
Selbständigkeit einen schützenden Rück-
halt und versuchte vergeblich eine Ausglei-
chung. Der letzte Krieg hat durch die Auf-
lösung des Bundes, durch die Ausscheidung
Österreichs und durch den Sieg der groß- 10
preußischen Politik dem kleinstaatlichen Leben ein baldiges Ende bereitet. Mit diesem
Ende kann sich der Freund des Vaterlands
dann für befriedigt erklären, wenn der Sieg
als der Anfang einer neuen Ära nationaler 15
Entwicklung erscheint, wenn der gewaltsamen Eroberung die moralische folgt [...] Das
Ende dieses Bundes und der Ausschluß Österreichs von der doppelten neuen Bundes-
einrichtung bezeichnet eine der wichtigsten 20
historischen Entwicklungsperioden des Va-
terlandes; denn fortan, und nach den Siegen
über den mittel- und kleinstaatlichen Partikularismus, steht Preußen fast an dem Ziele
seiner Hegemoniebestrebungen. Der letzte 25
Schritt für reale Einheit Deutschlands hat
noch über den Dualismus der neuesten Föderation hinwegzuschreiten, welcher dadurch,
daß er ganz im französischen Sinn die Nation trennt und schwächt, den Tod so gewiß 30
in sich trägt, als der Dualismus Österreichs
und Preußens im Bund diesem den Untergang bereitete. Die nächste der europäischen
Krisen, welche mit Sicherheit in nicht ferner
Zukunft zu erwarten ist, wird dieses Ergeb- 35
nis herbeiführen. Nach allem und durch die
neuesten militärischen und politischen Erfolge hat der großdeutsche Partikularismus
zwar die deutsche Suprematie erlangt, allein
der weltgeschichtliche Beruf Preußens ruht, 40
wie die bisher gelieferte Skizze zeigt, nicht
in diesem Großpreußentum, sondern darin,
daß der gegenwärtige Zustand nur als Übergang dazu dient, mit Verzichtleistung auf
ein spezifisch preußisches Staatswesen, die 45
deutsch-nationale Zentralgewalt mit Natio-
nalparlament in sich zu vereinigen, und in
solcher Art diejenige Stellung einzunehmen,
zu welcher Österreichs Kaiser mit gleicher
geistiger Spannkraft und Energie seine Auf- 50
gabe für Deutschland erfüllt hätte.

Zit. nach: Geschichte in Quellen, Bd. 5, Das bürgerliche
Zeitalter, München 1980, S. 340.

**M17** Der britische Oppositionsführer Benjamin Disraeli über das veränderte europäische Gleichgewicht nach dem deutsch-französischen Krieg von 1870/71, Rede vom 9. Februar 1871

Ich möchte die Aufmerksamkeit des Unterhauses auf den Charakter dieses Krieges zwischen Frankreich und Deutschland lenken. Es ist keiner der herkömmlichen Kriege, wie es
5 der Krieg zwischen Preußen und Österreich [1866] oder der Italienische Krieg [1859] war, an dem Frankreich vor einigen Jahren beteiligt war; noch ist er dem Krimkrieg [1853 bis 1856] vergleichbar. Dieser Krieg bedeutet die
10 deutsche Revolution, ein größeres politisches Ereignis als die Französische Revolution des vergangenen Jahrhunderts.
Ich sage nicht, daß er ein größeres oder ebenso großes soziales Ereignis ist. Seine so-
15 zialen Auswirkungen werden sich erst in der Zukunft zeigen. Nicht ein einziger Grundsatz unserer Außenpolitik, der noch vor sechs Monaten von allen Staatsmännern als Leitfaden anerkannt wurde, ist weiterhin gültig.
20 Es gibt keine einzige diplomatische Tradition, die nicht hinweggefegt worden ist. Wir haben eine neue Welt, neue Einflüsse am Werk, neue und unbekannte Größen und Gefahren, mit denen wir fertig werden müssen und die zur
25 Zeit, wie alles Neue, noch undurchschaubar sind. Wir haben früher in diesem Haus über das Gleichgewicht der Macht debattiert. Lord Palmerston[1], ein in hohem Maße praktischer Mann, hat das Staatsschiff und seine Poli-
30 tik daraufhin ausgerichtet, daß das Gleichgewicht Europas erhalten bleibe. [...] Aber was ist jetzt wirklich geschehen? Das Gleichgewicht der Macht ist völlig zerstört worden, und das Land, das am meisten darunter lei-
35 det und das die Auswirkungen dieses großen Wandels am meisten spürt, ist England.

---

1 Henry John Temple, 3. Viscount of Palmerston (1784–1865), britischer Staatsmann

Gerhard A. Ritter (Hg.), Das Deutsche Kaiserreich 1871–1914. Ein historisches Lesebuch, 2. Aufl. Göttingen 1975. S. 181.

**M18** Hans Rosenberg, Die Große Depression der Bismarckzeit, 1967

Die Große Depression, die durch eine spezifische, wenn auch auf nationaler Ebene stark variierende Kombination von ökonomischen Aktions- und Reaktionszusammen-
5 hängen, vor allem durch eine sehr erhebliche Erschwerung des langfristigen Wachstums der Gesamtwirtschaft [...] unter vielfach ungünstigen und enttäuschenden Bedingungen gekennzeichnet war, war [...] ein in-
10 ternationales historisches Phänomen. [...] Im Vergleich zu der prosperierenden Hochschwungsperiode von 1849 bis 1878 [war] die vorherrschende Wirtschaftslage zweifellos unbefriedigender, vielfach geradezu kri-
15 tisch geworden, und zwar in England ebenso wie in den Vereinigten Staaten, im Deutschen Reich, in Österreich-Ungarn, Frankreich, Italien, aber auch in Rußland. [...]
Trotz ungeheurer nationaler, regionaler, lo-
20 kaler wie sektoraler Unterschiede in den ökonomischen Struktur- und Marktverhältnissen und Verhaltensweisen zeigte die Wirtschaftsepoche von 1873 bis 1896 in ihrem konjunkturellen Grundcharakter, aber auch in manchen ihrer Besonderheiten einen bemerkenswerten
25 Grad von Einheitlichkeit in den mit weltwirtschaftlichen Bewegungsvorgängen eng verflochtenen Volkswirtschaften. Der Umschlag in den langfristigen sekundären Trend begann mit schweren Kreislaufstörungen. Ein drama-
30 tischer Börsenkrach, stürmische Paniken und höchst akute Absatzkrisen und Produktionsrückschläge leiteten die Große Depression ein [...]. Nirgendwo jedoch war die Entwicklung der Wirtschaft während der Trendperiode
35 von 1873 bis 1896 gekennzeichnet durch eine langfristige Rückschritts- oder auch nur eine beharrliche Stagnationstendenz, abgesehen freilich von der west- und mitteleuropäischen Landwirtschaft. In welchem Sinne ist
40 es also gerechtfertigt, überhaupt von „Großer Depression" zu sprechen? [...]
Negativ definiert war diese Konjunkturepoche jedenfalls nicht etwa eine langwährende zyklische Depression. In bezug auf
45 die langfristige Aufwärtsbewegung des Gesamtumfangs der Industrieerzeugung sowie

der Reallöhne in der Zeit von 1873 bis 1896 kann weder in England noch in den Verei-
50 nigten Staaten oder im Deutschen Reich von „langer Depression" die Rede sein. [...]
Damit eröffnet sich der Ausblick auf einen zweiten, teilweise weniger präzis faßbaren, jedoch bedeutsamen Trend, der auf
55 vorwiegend ungünstige Konjunkturverhältnisse und in diesem Sinne auf „lange Depression" in der objektiven Wirtschaftslage und im subjektiven Bewußtsein der Zeit hindeutet. Nicht nur verlangsamte sich in West- und
60 Mitteleuropa der materielle Fortschritt, er erforderte auch [...] erhöhte Anstrengungen und ein besonderes Maß an Umstellungsfähigkeit, Einfallsreichtum, Mut und schöpferischer Energie. Im Gegensatz zu den florie-
65 renden Hochschwungzeiten von 1849–1873 und 1897–1914, in denen das Leben namentlich für Unternehmer und Investoren so viel leichter, aussichtsreicher und gesicherter war, vollzog sich während der Trendperiode von
70 1873–1896 der Weiteranstieg unter ungünstigeren Bedingungen, erschwerten Absatzverhältnissen, großen Risiken und angesichts schwerer zyklischer Rückschläge von relativ langer Dauer. [...]
75 Die Große Depression von 1873 bis 1896 war nicht nur ein ökonomisches, sondern auch ein psychisches Phänomen. Es ist bezeichnend für das Wirtschaftsbewußtsein in dieser Trendperiode und für die vorwiegend mißtrauische,
80 pessimistische oder gar angsterfüllte Einschätzung der Marktentwicklung durch die Mitlebenden, daß auch nach dem Abflauen der ausgesprochenen Panik- und Krisenstimmung, wie sie in den Jahren 1873 bis 1878 vorge-
85 herrscht hatte, vor allem in Produzenten-, Investoren- und Handelskreisen bis gegen Ende des Jahrhunderts das Gefühl dominierte, „in einer Flaute", im Ungewissen, in ständiger Spannung und Bedrohung, in einer Krisenzeit
90 zu leben. Ein nahezu chronisches, zu starken Übertreibungen neigendes Klagen und Stöhnen über die kurzen Aufschwünge und die langen Niedergangs- und Stockungsspannen, die „geschäftliche Lähmung", den „jämmer-
95 lichen Zustand des Handels", die „schlechten Preise", den „unlauteren Wettbewerb" und die „unverschämten Arbeiter" war nicht nur für die Kleingewerbetreibenden und die Landwirte, die großen wie die kleinen, typisch,
100 sondern vielfach auch für die zu Selbstmitleid neigenden industriellen Großproduzenten, die sich selbst in zyklischen Aufschwungjahren über Geschäftsdruck, unausgenutzte Produktionskapazitäten und „gewinnlose Prosperi-
105 tät" beschwerten.

Hans Rosenberg, Große Depression und Bismarckzeit. Wirtschaftsablauf, Gesellschaft und Politik in Mitteleuropa, Berlin 1967, S. 26–29, S. 42 f. und S. 51.

## M19 Werner Abelshauser, Korporative Marktwirtschaft im Kaiserreich, 2005

Nach der Gründerkrise von 1873 und unter dem Einfluß der beginnenden „Großen Depression" trat der gesellschaftliche Charakter der wirtschaftlichen Prozesse von Produk-
5 tion, Verteilung und Konsum stärker in das allgemeine Bewußtsein. Die Einsicht in die Notwendigkeit, produktive Ressourcen großräumig zu mobilisieren und „die Kraft, Reichtümer zu schaffen" (List), höher zu werten als
10 den Reichtum selbst, ließ gleichzeitig die immateriellen Voraussetzungen für wachsende Produktivität in der Wirtschaft wichtiger erscheinen. Die meisten Neuerungen – und gerade die bedeutenden – setzten auf der Ebene
15 der Einzelstaaten, d. h. der wirtschaftlichen Innenpolitik an. Dazu gehörten zahlreiche Innovationen auf dem Gebiet der produktiven Ordnungspolitik und sektoralen Wirtschaftsförderung, die sich bei aller machter-
20 haltenden Motivation als zukunftsweisende und historisch dauerhafte „post-moderne" Elemente deutscher Wirtschaftspolitik erwiesen. Hier, und nicht in der Außenwirtschaft, vollzog sich die entscheidende Wende in der
25 Ordnungspolitik des Kaiserreichs. Seit dem „Wendejahr" 1879 löste z. B. auf dem Gebiet der Ordnungspolitik das Prinzip der Kooperation das Prinzip der Konkurrenz ab, in der Wirtschaftspolitik staatliche Mobilisierung
30 das laissez faire, in der Sozialpolitik korporative Selbstverwaltung die organisierte Selbsthilfe, in der Interessenpolitik Korporatismus (wenigstens tendenziell) den Parlamentaris-

mus und in der Außenwirtschaftspolitik ein
35 „aufgeklärter" Protektionismus den manches-
terliberalen Freihandel. Zu den institutionellen und ordnungspolitischen Innovationen,
die im Treibhausklima der Wilhelminischen
Gesellschaft ins Kraut schossen, zählt auch
40 Bismarcks Versuch, die Wirtschaftsverfas-
sung des Reiches – von Preußen ausgehend –
in Richtung einer korporativen Marktwirtschaft umzugestalten. [...]
Die großen gesellschaftlichen und wirtschaft-
45 lichen Interessenverbände waren darüber hinaus schon in den 1890er Jahren in der Lage,
ihre eigenen Angelegenheiten autonom zu regeln, andere die Grenzen der eigenen Selbstverwaltung überschreitende Probleme in
50 selbstbestimmter Kooperation mit konkur-
rierenden Verbänden zu lösen und sich nur in
Fragen von nationaler Bedeutung staatlicher
Moderation zu unterstellen. Es mag dieses
schon erreichte hohe Maß an selbstverwalte-
55 ter Autonomie und an Verflechtung zwischen
Staat und Wirtschaft gewesen sein, das einer
weiteren formalen Institutionalisierung des
korporativen Systems im Wege stand. [...]
Das Wilhelminische Deutschland mit sei-
60 nen bürokratischen Traditionen und seinem
umfassenden Verwaltungsaufbau; mit einer kapitalistischen Wirtschaftsordnung, die
durch die Vielfalt ihrer „korporativen" Träger, von Konzernen, Kartellen, Syndikaten,
65 Wirtschaftsverbänden, Gewerkschaften, Genossenschaften, Kammern, Spitzenverbän-
den oder Wirtschaftsräten geprägt war; mit
seinem Nebeneinander von pluralistischer,
staatskorporativer und freiheitlich korpora-
70 tiver Interessenpolitik (wobei letztere immer
stärker in den Vordergrund drängte); dieses
Wilhelminische Deutschland läßt sich nicht
als „spätfeudal" oder als einem vorindustriellen Wertesystem verpflichtet charakteri-
75 sieren. Dies hieße, diese Entwicklung hin zu
einer die wirtschaftliche Ordnung des kommenden Jahrhunderts prägenden korporativen Marktwirtschaft zu übersehen.

Werner Abelshauser, Die Wirtschaft des Deutschen Kaiserreichs: Ein Treibhaus der nachindustriellen Institutionen, in:
Finanzmarkt-Kapitalismus: Analysen zum Wandel von Pro-
duktionsregimen, hg. von Paul Windolf, Wiesbaden 2005,
S. 181–184.

**M 20 Aus den Erinnerungen August Bebels: Der Übergang zum Schutzzoll vom 12. Juli 1879**

Der Umschwung in der Zollpolitik wurde
herbeigeführt durch zwei Umstände. Die
große industrielle Krise, die jetzt schon in
das sechste Jahr währte und eine internationale war, hatte der inländischen Industrie 5
eine starke Auslandskonkurrenz herangezo-
gen. Insbesondere schrieen die Eisenindustriellen über die Aufhebung der Eisenzölle, die
im Januar 1877 beschlossen worden war. Sie
verlangten nicht bloß ihre Aufrechterhaltung, 10
sondern auch ihre Erhöhung. Ebenso fühlten
sich die Baumwollindustriellen durch die englische Konkurrenz bedroht und machten mit
den Eisenindustriellen gemeinsame Sache.
Industrielle anderer Zweige, die sich gleich- 15
falls durch die Auslandskonkurrenz gedrückt
fühlten, schlossen sich ihnen an. Die Industriellen hätten aber ihre Pläne nicht allein
durchgesetzt, wenn ihnen nicht die Agrarier
zu Hilfe kamen. Diese waren bis vor kurzem 20
die Hauptstützen der Freihandelspolitik gewesen, sie hatten ihren Weizen und ihr Vieh
vornehmlich nach England abgesetzt, wobei sie hohe Preise im In- und Ausland erziel-
ten. In der zweiten Hälfte der siebziger Jahre 25
machte sich aber plötzlich die amerikanische
Getreidekonkurrenz bemerkbar. Unterstützt
durch die modernen Transportmittel erschienen enorme Getreidemengen auf dem englischen Markt und verdrängten durch bil- 30
ligere Preise das deutsche Getreide. Damit
nicht genug, das amerikanische Getreide erschien auch auf dem deutschen Markt und
half die damals sehr hohen Getreidepreise
werfen. Jetzt vollzog sich in den Ansichten 35
der Agrarier ein rapider Umschwung, über
Nacht wurden sie ebenso eifrige Schutzzöll-
ner, wie sie vorher Freihändler gewesen waren. Damit aber waren die Berührungspunkte
zwischen Agrariern und Industriellen zu ge- 40
meinsamem Handeln gegeben. Es kam zwischen beiden das große Kartell zustande,
das durch Schaffung des neuen Zolltarifs ihr
Bündnis besiegelte. Das Foyer des Reichstags
glich damals einer Schacherbude. Die Vertre- 45
ter der verschiedensten Industriezweige und

Agrarier bevölkerten zu Hunderten das Foyer und die Fraktionszimmer des Reichstags. Dort wurden die Kompromisse geschlossen, die nachher das Plenum sanktionierte. Erleichtert wurde dieses Schachergeschäft auf Kosten der großen Masse dadurch, daß die

Sozialdemokratie durch das Sozialistengesetz in der Agitation gegen die neue Zollpolitik gelähmt war. [...]

August Bebel, Aus meinem Leben, Berlin(Ost) 1961, S. 691 ff.

## 1.2 Mitteleuropa im Zeitalter des Imperialismus – Imperialismustheorien

Die imperialistische Expansion der führenden Industriestaaten in den Jahren zwischen 1880 und 1914 war das Ergebnis komplexer politischer, wirtschaftlicher und gesellschaftlicher Faktoren. Das Krisenbewusstsein in den Jahre der großen Depression von 1873 bis 1896 beförderte nicht nur die Abkehr vom Freihandel und die Errichtung von Schutzzollmauern um das eigene Wirtschaftsgebiet, sondern verstärkte zugleich die Auffassung, dass der Erwerb von eigenen Kolonien lebensnotwendig für die Rohstoffversorgung der protektionistischen Nationalwirtschaften sei. Es begann ein regelrechter Wettlauf um die Aufteilung der Erde, wobei die spät entstandenen europäischen Nationalstaaten Deutschland und Italien sich mit vergleichsweise geringem Kolonialbesitz zufrieden geben mussten. Ideologisch überhöht wurde der Ausgriff auf die Kolonien durch ein ausgeprägtes Sendungsbewusstsein der imperialistischen Mächte: Während England in der „Pax Britannica" eine nationale Mission erkennen wollte, die zum Glück und Wohlergehen der unterworfenen Völker beitrage, wollten die Franzosen so viele neue Frankreichs wie möglich in Übersee schaffen, um den noch unzivilisierten Ländern die Segnungen der eigenen Zivilisation zu bringen. In den Vereinigten Staaten wurde der Eintritt in Wettbewerb um die Märkte der Welt verlangt und auch das kaiserliche Deutschland erklärte den Willen zur „Weltpolitik", gestützt auf den Ausbau einer eigenen Flotte, um die „vitalsten Interessen" des Landes zu schützen.

Gleichwohl zeigte sich, dass der ökonomische Stellenwert des Imperialismus schon bald kritisch betrachtet wurde. Das Handelsvolumen der Industrieländer mit den Kolonien kam über einen vergleichsweise bescheidenen Anteil nicht hinaus und der wirtschaftliche Output blieb insgesamt weit hinter den Erwartungen zurück. Bereits im Jahre 1902 sah John A. Hobson im Imperialismus eine Fehlentwicklung des Kapitalismus und ein schlechtes Geschäft für die Nation, das nur den Kapitalanlegern nütze und auf der Unterkonsumtion der breiten Bevölkerung beruhe. Den Gegenpol zu Wladimir I. Lenins marxistischer Imperialismustheorie (1916) setzte Josef Alois Schumpeter (1919), der im Imperialismus kein der kapitalistischen Wirtschaftsweise entsprechendes Produkt sah, sondern darin vielmehr einen „Atavismus" überkommener Strukturen und Dispositionen aus der vorindustriellen Welt erkannte. Moderne Interpretationsansätze operieren mit dem Terminus „Sozialimperialismus" (Hans-Ulrich Wehler) und arbeiten vor allem die gesellschaftlich-politische Komponente des Phänomens als einer Strategie zur innenpolitischen Krisenbewältigung heraus.

**M1** Schematische Darstellung des britischen Weltreiches 1840 und 1914

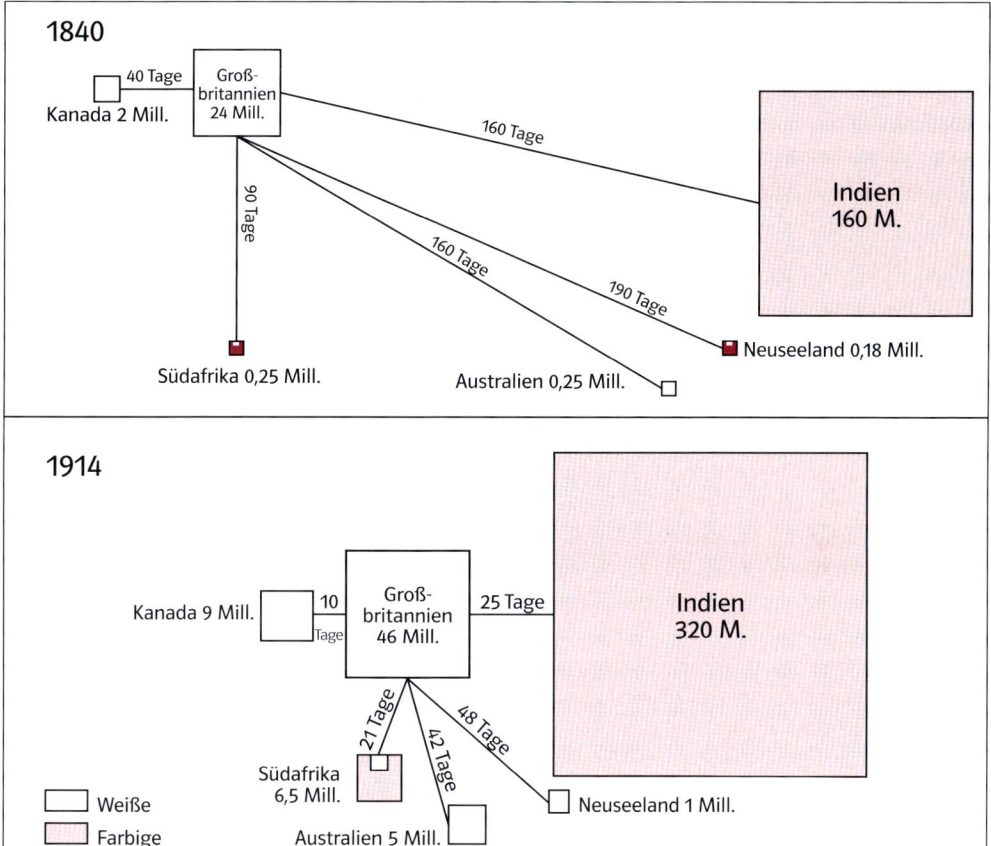

**M2 Die Pax Britannica: Joseph Chamberlain, britischer Kolonialminister 1895 bis 1903, vor dem Royal Colonial Institute am 31. März 1897**

Welches ist dieses Konzept? Was die sich
5 selbstregierenden Kolonien anbelangt, so reden wir von ihnen nicht länger als von abhängigen Gebieten. Das Besitzgefühl hat dem Verwandtschaftsgefühl Platz gemacht. Wir denken und sprechen von ihnen, als wären
10 es Teile von uns selbst, Teile des Britischen Reiches, mit uns vereint, wenn auch über die Welt verstreut, durch Bande der Verwandtschaft, der Religion, der Geschichte und der Sprache. [...]
15 Aber das Britische Reich besteht nicht nur aus den sich selbstregierenden Kolonien und dem Vereinigten Königreich. Es umfaßt ein viel größeres Gebiet und eine viel größere Menschenzahl in tropischen Regionen, wo europäische Ansiedlung nicht möglich ist und 20 die eingeborene Bevölkerung den Weißen an Zahl weit überlegen ist. Doch auch hier hat sich die Reichsidee gewandelt. Das Besitzgefühl ist vom Pflichtgefühl abgelöst worden. Wir fühlen nun, daß unsere Herrschaft über 25 diese Gebiete nur durch den Nachweis gerechtfertigt werden kann, daß sie zum Glück und Wohlergehen der Völker beiträgt. Ich behaupte, daß unsere Herrschaft in der Tat Sicherheit, Frieden und bescheidenen wirtschaft- 30 lichen Wohlstand für Länder gebracht hat und bringt, die solche Segnungen bislang nie gekannt haben.
Indem wir diese Zivilisationsarbeit ausführen, erfüllen wir das, was nach meiner Mei- 35

nung unsere nationale Mission ist. Wir haben Raum gefunden für die Entfaltung jener Fähigkeiten und Qualitäten, die uns zu einer großen Herrschaftsrasse haben werden lassen. Ich sage nicht, daß unser Erfolg in jedem Fall vollkommen war, und ich sage auch nicht, daß unsere Methoden immer einwandfrei waren. Doch ich sage, daß in jedem Fall, in dem die Herrschaft der Königin und die Pax Britannica durchgesetzt wurden, größere Sicherheit für Leben und Eigentum und eine materielle Verbesserung der Lebensbedingungen für die Masse der Bevölkerung die Folge waren. Zweifellos wurde im Anfangsstadium der Eroberungen Blut vergossen, gab es Opfer unter der eingeborenen Bevölkerung und, mehr noch, Opfer unter denen, die ausgesandt wurden, um diese Länder in eine disziplinierte Ordnung zu bringen. Doch man muß immer daran denken, daß das zu den Bedingungen der uns auferlegten Mission gehört. […]
Wir haben eine gigantische Aufgabe übernommen, als wir uns entschlossen, das Zepter des Imperiums in die Hand zu nehmen. Groß ist die Aufgabe, groß ist die Verantwortung, aber groß ist auch die Ehre; und ich bin davon überzeugt, daß das Gewissen und der Geist des Landes den Verpflichtungen voll gerecht werden und wir die Kraft haben werden, die Mission zu erfüllen, die unsere Geschichte und unser Nationalcharakter uns auferlegt haben […] Wir wollen eine engere und stärkere Einigung unter allen Gliedern der großen britischen Rasse fördern, und in dieser Hinsicht haben wir in den letzten Jahren große Fortschritte gemacht. […]
Es scheint mir ein Zeichen unserer Zeit zu sein, daß sich die Macht in den Händen der größeren Reiche konzentriert und die kleineren Königreiche – jene, die nicht expandieren – in eine zweitrangige Rolle zurückfallen. Wenn jedoch das Größere Britannien geeint bleibt, wird es von keinem anderen Reich in der Welt an Fläche, Bevölkerung, Reichtum und der Mannigfaltigkeit seiner Hilfsquellen übertroffen werden können.

Charles W. Boyd (Hg.), Mr. Chamberlain's Speeches, Bd. 2, London 1914, S. 2–5.

**M3** So viele neue Frankreichs wie möglich schaffen: Der Politiker und Historiker Gabriel Hanotaux (Außenminister 1894–1891) in einem öffentlichen Vortrag im Institut de France am 25. Oktober 1901

In weniger als einem halben Jahrhundert wird die Welt aufgeteilt sein; die noch freien Länder werden okkupiert und die neuen Grenzen definitiv gezogen sein. Für neue Expansionen wird kein Platz mehr sein, es sei denn, um den Preis schrecklicher Erschütterungen. Haben wir nicht gesehen, wie in weniger als einer Generation Afrika, das bis dahin jahrhundertelang vergessen und unwirtlich vor den Toren Europas lag, plötzlich ins allgemeine Blickfeld trat, sich Europa öffnete und sich den Gesetzen und Kalkülen des weltweiten Fortschritts unterwarf? […]
Als Richelieu, der über ein klares Bewußtsein der französischen Größe verfügte, die Grundlagen unseres ersten Kolonialreiches legte, indem er auf Kanada, Louisiana, Madagaskar, Senegal und Westindien aufmerksam machte, gab es schon einmal im Lande Stunden des Abwartens und Zögerns. Doch unter Ludwig XIV. versammelte Colbert Vertreter aller Stände um sich, dazu die für die öffentlichen Aufgaben Verantwortlichen, und verpflichtete sie mit der Autorität, die ihre Kraft aus tiefer Überzeugung zog, zur Mitarbeit und zur Aufbringung jener Opfer, die der gestandene Wohlstand neuen Unternehmungen und fruchtbringenden Initiativen zu zollen hat. Frankreich folgte diesem Appell. Klerus, Adel, Bürgertum und Handel stellten die notwendigen Mittel in ausreichendem Umfang zur Verfügung. Das Volk half mit seinem Mut und seinen Händen. Und so sah man mit Hilfe aller dieses herrliche Kolonialwerk entstehen und wachsen, das den Namen Frankreichs bis in die entlegensten Winkel der Erde getragen hat.
Heute fehlen weder Mut noch Initiative, ganz im Gegenteil. Es gibt immer noch Männer, „die Projekte brauchen", ebenso solche, „die nach neuen Horizonten streben", wie sich Talleyrand einmal ausgedrückt hat. Die Nation ist bis in ihre trägsten und bodenständigsten Teile aufgewühlt. Gewaltige Ländereien sind

45 da, reich und fruchtbar. Aber sie verlangen große Opfer, die Schaffung von Investitionsfonds und Kapitalien. Auch an Kapital fehlt es nicht. Nur zögern die Kapitalbesitzer noch. So ist die augenblickliche Situation. [...]

50 Mit einem Wort, appellieren Sie an die zögernde Nation. Legen Sie ihr ein klares und präzises Programm vor, wohlproportioniert im Hinblick auf ihre großen Ressourcen und gewaltigen Geldquellen, die im übrigen 55 zum Zwecke von zweifelhaften, zumeist ausländischen Finanzspekulationen angezapft werden. Agitieren Sie, begeistern Sie die Nation! Sie wird es Ihnen danken, wenn Sie die Zweifel zerstreut, die Unruhe beseitigt und 60 die alten Energien wiederhergestellt haben. Die Völker sind so groß und so fruchtbar wie die Größe und die Zukunftsdimensionen der Aufgaben, vor die sie gestellt sind.

Man möge mich recht verstehen: Es geht 65 nicht allein um eine gewaltige Zurschaustellung von Eroberungen; es geht auch nicht um die Vergrößerung des öffentlichen und privaten Reichtums; es geht darum, über die Meere hinweg in gestern noch unzivilisierten 70 Ländern die Prinzipien einer Zivilisation auszubreiten, deren sich eine der ältesten Nationen der Erde sehr zu Recht rühmen kann; es geht darum, in unserem Umkreis und in weiter Ferne so viele neue Frankreichs zu schaf-75 fen wie möglich; es geht darum, inmitten der stürmischen Konkurrenz der anderen Rassen, die sich alle auf denselben Weg begeben haben, unsere Sprache, unsere Sitten, unser Ideal, den Ruf Frankreichs und des Roma-80 nentums zu bewahren.

Gabriel Hanotaux, L'Energie Francaise, Paris 1902, S. 361–365.

## M4 Der amerikanische Finanzexperte Charles A. Conant über den Eintritt der Vereinigten Staaten in den Wettbewerb um die Märkte der Welt, 1900

Die Vereinigten Staaten können es sich nicht leisten, weiterhin eine Politik des Isolationismus zu betreiben, während sich andere Staaten der neuen überseeischen Märkte bemächti-5 gen. Die Vereinigten Staaten sind immer noch ein wichtiger Anlagemarkt für Auslandskapi-

tal, doch die amerikanischen Investoren sind nicht bereit, die Erträge ihrer Kapitalanlagen auf das europäische Niveau absinken zu lassen. Während der vergangenen fünf Jahre 10 sind die Zinssätze hier stark gesunken. Deshalb müssen neue Märkte und neue Investitionsmöglichkeiten gefunden werden, wenn überschüssiges Kapital gewinnbringend angelegt werden soll. 15

Wenn hier auf die Notwendigkeit einer umfassenden nationalen Politik der Vereinigten Staaten hingewiesen wird, so braucht nicht genau definiert werden, wie diese Politik nun im einzelnen betrieben werden soll. Ob die 20 Vereinigten Staaten territoriale Besitzungen erwerben sollen, Militärposten und Garnisonen errichten, ob sie den Mittelweg von Protektoraten über nominell unabhängige Staaten einschlagen oder ob sie sich mit der 25 Errichtung von Flottenstützpunkten und diplomatischen Vertretungen als Grundlage eines garantierten Freihandels in Ostasien zufrieden geben sollen, ist eine nachgeordnete Frage. Die Diskussion der Details mag für un-30 sere politische Moral und historischen Traditionen von größter Bedeutung sein, doch mit der ökonomischen Seite der Frage hat sie nur insofern zu tun, als eine aktive Politik für die Wahrung und Ausweitung wirtschaftlicher 35 Interessen notwendig ist. Der Autor dieser Zeilen ist kein Befürworter des „Imperialismus" aus Überzeugung, doch er scheut den Terminus nicht, wenn er lediglich meint, die Vereinigten Staaten sollten ihr Recht auf freie 40 Märkte in allen Ländern wahren, die sich den überschüssigen Hilfsquellen der kapitalistischen Länder und damit den Wohltaten der modernen Zivilisation öffnen. Ob diese Politik die direkte Herrschaft über eine Gruppe 45 halbwilder Inseln mit sich bringt, mag eine Streitfrage sein, aber hinsichtlich der ökonomischen Seite des Problems gibt es nur eine Wahl – entweder wir beteiligen uns in irgendeiner Weise an dem Wettbewerb zur 50 Schaffung neuer Betätigungsfelder für unser Kapital und unseren Unternehmungsgeist in diesen Ländern oder wir fahren fort mit der sinnlosen Verdoppelung vorhandener Produktionsmittel, mit der Flut überflüssiger 55

Produkte, mit den Erschütterungen als Folge wirtschaftlicher Stagnation und dem ständig sinkenden Zins für Investitionen als Folge einer passiven Politik.

60 Der Eintritt der Vereinigten Staaten in den Wettbewerb um die Märkte der Welt bedeutet einige radikale Veränderungen ihrer derzeitigen Politik, aber er bedeutet auch eine Steigerung des Volkseinkommens und wach-
65 senden Respekt von seiten der anderen zivilisierten Staaten.

Charles A. Conant, The United States in the Orient. The Nature of the Economic Problem, Boston und New York 1900, S. 29 ff.

## M5 Die Notwendigkeit einer deutschen Flotte: Erklärung des Reichskanzlers Bernhard von Bülow im Reichstag bei der Einbringung der zweiten Flottenvorlage am 11. Dezember 1899

In unserem neunzehnten Jahrhundert hat England sein Kolonialreich, das größte Reich, das die Welt seit den Tagen der Römer gesehen hat, weiter und immer weiter ausgedehnt,
5 haben die Franzosen in Nordafrika und Ostafrika festen Fuß gefaßt und sich in Hinterindien ein neues Reich geschaffen, hat Rußland in Asien seinen gewaltigen Siegeslauf begonnen, der es bis zum Hochplateau des Pamir
10 und an die Küsten des Stillen Ozeans geführt hat [...] Der englische Premierminister hatte schon vor längerer Zeit gesagt, daß die starken Staaten immer stärker und die schwachen immer schwächer werden würden. Alles, was
15 seitdem geschehen ist, beweist die Richtigkeit dieses Wortes. Stehen wir wieder vor einer neuen Teilung der Erde? [...]
Ich glaube das nicht, ich möchte es namentlich noch nicht glauben. Aber jedenfalls kön-
20 nen wir nicht dulden, daß irgendeine fremde Macht, daß irgendein fremder Jupiter zu uns sagt: Was tun? die Welt ist weggegeben. Wir wollen keiner fremden Macht zu nahe treten, wir wollen uns aber auch von keiner fremden
25 Macht auf die Füße treten lassen (*Bravo!*), und wir wollen uns von keiner fremden Macht beiseite schieben lassen, weder in politischer noch in wirtschaftlicher Beziehung. (*Lebhafter Beifall.*)

Es ist Zeit, es ist hohe Zeit, daß wir gegen- 30 über der seit zwei Jahren wesentlich veränderten Weltlage, im Hinblick auf die inzwischen erheblich modifizierten Zukunftsaussichten uns klar werden über die Haltung, welche wir einzunehmen haben gegenüber den Vor- 35 gängen, die sich um uns herum abspielen und vorbereiten, und welche die Keime in sich tragen für die künftige Gestaltung der Machtverhältnisse für vielleicht unabsehbare Zeit. Untätig beiseite stehen, wie wir das früher oft 40 getan haben, entweder aus angeborener Bescheidenheit (*Heiterkeit*), oder weil wir ganz absorbiert waren durch unsere inneren Zwistigkeiten, oder aus Doktrinarismus – träumend beiseite stehen, während andere Leute 45 sich in den Kuchen teilen, das können wir nicht und wollen wir nicht. (*Beifall.*)
Wir können das nicht aus dem einfachen Grunde, weil wir jetzt Interessen haben in allen Weltteilen [...] Die rapide Zunahme 50 unserer Bevölkerung, der beispiellose Aufschwung unserer Industrie, die Tüchtigkeit unserer Kaufleute, kurz, die gewaltige Vitalität des deutschen Volkes haben uns in die Weltwirtschaft verflochten und in die Welt- 55 politik hineingezogen. Wenn die Engländer von einer Greater Britain reden, wenn die Franzosen sprechen von einer Nouvelle France, wenn die Russen sich Asien erschließen, haben auch wir Anspruch auf ein grö- 60 ßeres Deutschland (*Bravo! rechts, Heiterkeit links*), nicht im Sinne der Eroberung, wohl aber im Sinne der friedlichen Ausdehnung unseres Handels und seiner Stützpunkte. [...]
Wir müssen nicht nur zu Lande, sondern wir 65 müssen auch zu Wasser gegen Überraschungen gesichert sein. Wir müssen uns eine Flotte schaffen, stark genug, um einen Angriff – ich unterstreiche das Wort „Angriff"; bei der absoluten Friedlichkeit unserer Politik kann im- 70 mer nur von Verteidigung die Rede sein – aber eine Flotte stark genug, um den Angriff jeder Macht auszuschließen, müssen wir besitzen. Was wir jetzt versäumen, wenn wir jetzt 3 Jahre mehr oder weniger vorübergehen las- 75 sen, ohne uns eine solche Flotte zu schaffen, werden wir nicht wieder einbringen können. Gewiß, meine Herren, gerade weil wir keine

quantite negligeable in der Welt sind und uns
80 auch nicht als solche behandeln lassen, vermeiden wir um so sorgsamer alles, was den guten Ruf schmälern könnte, den bei allem berechtigten Selbstbewußtsein uns die Friedlichkeit und die Redlichkeit, das Maßhalten
85 und die Besonnenheit unserer auswärtigen Politik erworben haben. [...]
Wenn wir uns nicht eine Flotte schaffen, die ausreicht, unsern Handel, unsere Landsleute in der Fremde, unsere Missionen (*Aha, links*)
90 und die Sicherheit unserer Küsten zu schützen, so gefährden wir die vitalen Interessen des Landes.

Johannes Penzler (Hg.), Fürst Bülows Reden nebst urkundlichen Beiträgen zu seiner Politik, Bd. 1: 1897–1903, Berlin 1907, S. 89 ff. u. S. 95.

## M6 Wille zur Weltmacht. Kaiser Wilhelm II. an den Prinzen Rupprecht von Bayern, 3. Juli 1900

In Gegenwart des Kaiserpaares taufte Prinz Rupprecht von Bayern am 3. Juli 1900 in Wilhelmshaven das neue Linienschiff „Wittelsbach". Beim Festmahl brachte Prinz
5 Rupprecht ein Hoch auf den Kaiser als den Chef der Marine aus. Wilhelm II. antwortete:
Eure Königliche Hoheit haben in diesen Tagen Gelegenheit gehabt, wichtigen Entschlüs-
10 sen beizuwohnen und der Zeuge historischer Augenblicke zu sein, die einen Markstein in der Geschichte unseres Volkes bedeuten. Eure Königliche Hoheit haben sich dabei überzeugen können, wie mächtig der Wel-
15 lenschlag des Ozeans an unseres Volkes Tore klopft und es zwingt, als ein großes Volk seinen Platz in der Welt zu behaupten, mit einem Wort: zur Weltpolitik.
Der Ozean ist unentbehrlich für Deutsch-
20 lands Größe. Aber der Ozean beweist auch, daß auf ihm in der Ferne, jenseits von ihm, ohne Deutschland und ohne den Deutschen Kaiser keine große Entscheidung mehr fallen darf.
25 Ich bin nicht der Meinung, daß unser deutsches Volk vor dreißig Jahren unter der Führung seiner Fürsten gesiegt und geblutet hat,

um sich bei großen auswärtigen Entscheidungen beiseite schieben zu lassen. Geschähe
30 das, so wäre es ein für allemal mit der Weltmachtstellung des deutschen Volkes vorbei, und Ich bin nicht gewillt, es dazu kommen zu lassen. Hierfür die geeigneten und, wenn es sein muß, auch die schärfsten Mittel rück-
35 sichtslos anzuwenden, ist Meine Pflicht nur, Mein schönstes Vorrecht.
Ich bin überzeugt, daß Ich hierbei Deutschlands Fürsten und das gesamte Volk festgeschlossen hinter Mir habe. [...]

In: Reden des Kaisers, dtv dokumente 364, München 1966, Nr. 33, S. 88 f.

## M7 John A. Hobson, Der Imperialismus, 1902

Der neue Imperialismus ist für die Nation ein schlechtes Geschäft; er ist aber ein gutes Geschäft für bestimmte Klassen und Gewerbe innerhalb der Nation. Die riesigen
5 Rüstungsausgaben, die kostspieligen Kriege, die schweren Risiken und Störungen für unsere Außenpolitik, die Behinderung politischer und sozialer Reformen in Großbritannien selbst sind von großem Schaden für die
10 Gesamtheit, jedoch sehr nützlich für die gegenwärtigen Geschäftsinteressen gewisser Industrien und Berufszweige. [...]
Bei weitem der wichtigste wirtschaftliche Faktor im Imperialismus ist der mit den In-
15 vestitionen zusammenhängende Einfluß. Der zunehmende Kosmopolitismus des Kapitals ist das bedeutendste neue Phänomen auf ökonomischem Gebiet in der letzten Generation. Jede fortgeschrittene Industrienation
20 zeigt die Tendenz, einen größeren Anteil ihres Kapitals außerhalb ihrer eigenen politischen Grenzen, in fremden Ländern oder in Kolonien anzulegen und aus dieser Quelle ein steigendes Einkommen zu beziehen. [...]
25 Aggressiver Imperialismus, der den Steuerzahler so teuer zu stehen kommt, der für den Fabrikanten und den Händler von so geringem Wert ist, der den Staatsbürger einer so schweren, unberechenbaren Gefahr aus-
30 setzt, ist eine Quelle fetten Gewinns für den Investierenden, welcher daheim für seine Gel-

der die von ihm erstrebte profitable Verwendung nicht finden kann und darauf besteht, daß seine Regierung ihm zu einträglichen
35 und gesicherten Kapitaleinlagen im Ausland verhelfe.

Wenn wir angesichts der riesigen Ausgaben für Rüstungen, der ruinösen Kriege, der diplomatischen Waghalsigkeit oder Schurkerei,
40 mit der neuzeitliche Regierungen ihre territoriale Macht zu erweitern suchen, die simple, praktische Frage stellen: „Cui bono?", dann ist die erste und offensichtlichste Antwort: dem Kapitalanleger. [...]
45 Jede Verbesserung von Produktionsmethoden, jede Konzentration von Besitz und Kontrolle scheint die Tendenz zu verstärken. In dem Maße, wie eine Nation nach der anderen zur maschinellen Produktion übergeht und
50 neuzeitliche Produktionsmethoden einführt, wird es für ihre Fabrikanten, Kaufleute und Bankiers schwieriger, ihre materiellen Hilfsquellen mit Gewinn auszubeuten. So geraten sie mehr und mehr in Versuchung, sich ihrer
55 Regierung zu bedienen, damit sie ihnen durch Annektierung oder Protektoratsverfahren irgendein fernes, unerschlossenes Land für den eigenen Gebrauch zur Verfügung stellt.

Dieser Prozeß, sagt man uns wohl, ist unver-
60 meidlich, und bei einer oberflächlichen Betrachtung scheint das auch der Fall. überall erscheinen übergroße Produktionskräfte, übergroße Kapitalien, die nach Investition verlangen. Sämtliche Geschäftsleute geben
65 zu, daß der Zuwachs an Produktionsmitteln in ihrem Lande die Zunahme der Konsumtion übertrifft, daß mehr Güter hervorgebracht als mit Gewinn abgesetzt werden können, daß mehr Kapital vorhanden ist, als
70 lohnend angelegt werden kann.

Diese ökonomische Sachlage bildet die Hauptwurzel des Imperialismus. Doch wenn das konsumierende Publikum in unserem Lande seinen Konsumtionsstandard derartig stei-
75 gern würde, daß er mit jeder Steigerung der Produktivkräfte Schritt hielte, dann könnte es gar keinen Überschuß an Waren, könnte es gar kein Kapital geben, das laut nach dem Imperialismus ruft, damit er ihm Absatzge-
80 biete verschaffe. [...]

Damit kommen wir zu dem Schluß: Imperialismus ist das Bestreben der großen Industriekapitäne, den Kanal für das Abfließen ihres überschüssigen Reichtums dadurch zu verbreitern, daß sie für Waren und Kapitalien, 85 die sie zu Hause nicht absetzen oder anlegen können, Märkte und Anlagemöglichkeiten im Ausland suchen. [...] Von diesem Standpunkt aus bleiben unsere Kolonien das, als was James Mill sie zynisch bezeichnet hat – 90 „ein riesiges Wohlfahrtssystem für die Oberklassen".

John Atkinson Hobson, Der Imperialismus, hg. von H.-Chr. Schröder, Köln und Berlin 1968, S. 67ff.

**M8** Wladimir I. Lenin, Der Imperialismus als höchstes Stadium des Kapitalismus, 1916

Für den alten Kapitalismus, mit der vollen Herrschaft der freien Konkurrenz, war der Export von Waren kennzeichnend. Für den neuesten Kapitalismus, mit der Herrschaft der Monopole, ist der Export von Kapital 5 kennzeichnend geworden. [...]

Solange der Kapitalismus Kapitalismus bleibt, wird der Kapitalüberschuß nicht zur Hebung der Lebenshaltung der Massen in dem betreffenden Lande verwendet – denn das würde 10 eine Verminderung der Profite der Kapitalisten bedeuten –, sondern zur Steigerung der Profite durch Kapitalexport ins Ausland, in rückständige Länder. In diesen rückständigen Ländern ist der Profit gewöhnlich hoch, 15 denn es gibt dort wenig Kapital, die Bodenpreise sind verhältnismäßig nicht hoch, die Löhne niedrig und die Rohstoffe billig.

Die Möglichkeit der Kapitalausfuhr wird dadurch geschaffen, daß eine Reihe rück- 20 ständiger Länder bereits in den Kreislauf des Weltkapitalismus hineingezogen ist, die Hauptlinien der Eisenbahnen bereits gelegt oder in Angriff genommen, die elementaren Bedingungen der industriellen Entwick- 25 lung gesichert sind usw. Die Notwendigkeit der Kapitalausfuhr wird dadurch geschaffen, daß in einigen Ländern der Kapitalismus „überreif" geworden ist und dem Kapital (unter der Voraussetzung der Unentwickeltheit 30 der Landwirtschaft und der Armut der Massen) ein Spielraum für „rentable" Betätigung fehlt. [...]

Würde eine möglichst kurze Definition des
35 Imperialismus verlangt, so müßte man sagen, daß der Imperialismus das monopolistische Stadium des Kapitalismus ist. Eine solche Definition enthielte die Hauptsache, denn auf der einen Seite ist das Finanzkapi-
40 tal das Bankkapital einiger weniger monopolistischer Großbanken, das mit dem Kapital monopolistischer Industriellenverbände verschmolzen ist, und auf der anderen Seite ist die Aufteilung der Welt der Übergang von ei-
45 ner Kolonialpolitik, die sich ungehindert auf noch von keiner kapitalistischen Macht eroberte Gebiete ausdehnt, zu einer Kolonialpolitik der monopolistischen Beherrschung des Territoriums der restlos aufgeteilten Erde.
50 Doch sind allzu kurze Definitionen zwar bequem, denn sie fassen das Wichtigste zusammen, aber dennoch unzulänglich, sobald aus ihnen speziell die wesentlichen Züge der zu definierenden Erscheinung abgeleitet werden
55 sollen. Deshalb muß man - ohne zu vergessen, daß alle Definitionen überhaupt nur bedingte und relative Bedeutung haben, da eine Definition niemals die allseitigen Zusammenhänge einer Erscheinung in ihrer vollen Ent-
60 faltung umfassen kann – eine solche Definition des Imperialismus geben, die folgende fünf seiner grundlegenden Merkmale enthalten würde:

1. Konzentration der Produktion und des
65 Kapitals, die eine so hohe Entwicklungsstufe erreicht hat, daß sie Monopole schafft, die im Wirtschaftsleben die entscheidende Rolle spielen;

2. Verschmelzung des Bankkapitals mit dem
70 Industriekapital und Entstehung einer Finanzoligarchie auf der Basis dieses „Finanzkapitals";

3. der Kapitalexport, zum Unterschied vom Warenexport, gewinnt besonders wichtige
75 Bedeutung;

4. es bilden sich internationale monopolistische Kapitalistenverbände, die die Welt unter sich teilen, und

5. die territoriale Aufteilung der Erde unter
80 die kapitalistischen Großmächte ist beendet.

Der Imperialismus ist der Kapitalismus auf jener Entwicklungsstufe, wo die Herrschaft der Monopole und des Finanzkapitals sich herausgebildet, der Kapitalexport hervorragende Bedeutung gewonnen, die Aufteilung 85 der Welt durch die internationalen Trusts begonnen hat und die Aufteilung des gesamten Territoriums der Erde durch die größten kapitalistischen Länder abgeschlossen ist.

Wladimir I. Lenin, Werke, Bd. 22: Dezember 1915 bis Juli 1916, 2. Aufl, Berlin 1960, S. 244 f. und S. 270 f.

**M9** Joseph Alois Schumpeter, Zur Soziologie der Imperialismen, 1919

Imperialismus ist die objektlose Disposition eines Staates zu gewaltsamer Expansion ohne angebbare Grenze.

Unsere Analyse des historischen Materials ergibt: Erstens die zweifellose T a t s a c h e, daß 5 „objektlose" Tendenzen zu gewaltsamer Expansion ohne bestimmte zweckgebundene Grenze, also arationale und irrationale, rein triebhafte Neigungen zu Krieg und Eroberung in der Geschichte der Menschheit eine 10 sehr große Rolle spielen. So paradox es klingt, zahllose Kriege, vielleicht die Mehrzahl aller Kriege sind ohne – nicht etwa vom moralischen Standpunkt, sondern vom Standpunkt verständigen und verständlichen Interesses – 15 zureichenden „Grund" geführt worden, die gewaltigsten Energieaufwendungen der Völker gleichsam ins Leere verpufft. Zweitens die Erklärung dieses kriegerischen Funktionsbedürfnisses, dieses Willens zum Krieg, 20 die natürlich nicht schon durch den Hinweis auf einen „Trieb" geleistet ist. Sie liegt in den Lebensnotwendigkeiten einer Lage, in der Völker und Klassen zu Kriegern geformt wurden oder untergehen mußten, und in dem 25 Faktum, daß die in dieser Lage ferner Vergangenheiten erworbenen psychischen Dispositionen und sozialen Strukturen, einmal da und festgeworden, sich lange noch erhalten und fortwirken, nachdem sie ihren Sinn 30 und ihre Funktion der Lebenserhaltung verloren haben. [...]

Der Imperialismus ist ein Atavismus. Er fällt in die große Gruppe von Überbleibseln früherer Epochen, die in jedem konkreten sozialen 35

Zustand eine so große Rolle spielen, zu jenen Elementen jedes konkreten sozialen Zustands, die nicht aus den Lebensbedingungen der jeweiligen Gegenwart, sondern aus den
40 Lebensbedingungen der jeweiligen Vergangenheit zu erklären sind, vom Standpunkt der ökonomischen Geschichtsauffassung also jeweils aus den vergangnen, nicht aus den gegenwärtigen Produktionsverhältnissen. Er ist
45 ein Atavismus der sozialen Struktur und ein Atavismus individualpsychischer Gefühlsgewohnheit. Da die Lebensnotwendigkeiten, die ihn schufen, für immer vergangen sind, muß er, trotzdem jede kriegerische, wenn
50 auch noch so unimperialistische Verwicklung ihn neu zu beleben tendiert, nach und nach verschwinden: Als Strukturelement dadurch, daß die Struktur, die sein Träger ist, verfällt und im sozialen Entwicklungsprozeß durch
55 andere Strukturen abgelöst wird, die keinen Raum für ihn haben, und die Machtfaktoren, die ihn stützen, eliminieren. Als Element der Gefühlsgewohnheit durch den Prozeß fortschreitender Rationalisierung des Lebens und
60 der Psychen und durch die Absorption des Funktionsbedürfnisses durch andere Aufgaben, durch einen Funktionswandel der bisher kriegerischen Energien. Wenn daher unsere Theorie richtig ist, so müssen die Fälle von
65 Imperialismen an Intensität verlieren, einer je spätern Phase der Geschichte des betreffenden Volkes und Kulturmilieus sie angehören. Das trifft so zweifellos zu, daß es keines besonderen Beweises bedarf. [...]

Joseph Alois Schumpeter, Zur Soziologie der Imperialismen, Tübingen 1919, S. 48 f.

**M10** Hans-Ulrich Wehler, Der Sozialimperialismus als Strategie der innenpolitischen Krisenbewältigung, 1995

Bis in die 1960er Jahre hinein ist die deutsche überseeische Expansion seit dem letzten Drittel des 19. Jahrhunderts im Hinblick auf die Bismarckära als „deutsche Kolonialpolitik", im Hinblick auf die wilhelminische 5 Epoche als „deutsche Weltpolitik" bezeichnet worden. Sie wurde also entweder mit einem eigentümlich verengten oder einem auf eine angeblich deutsche Spezialität abhebenden Begriff charakterisiert. Tatsächlich geht 10 es aber in beiden Fällen darum, daß auch die deutsche Expansion ein integraler Bestandteil des westlichen Imperialismus in jenen Jahrzehnten gewesen ist. Daher muß sie auch in diesem allgemeinen Kontext diskutiert werden. [...] 15

Immer aber hat das Bündel der wirtschaftlichen Motive, wie dogmatisch es auch von den ökonomischen Imperialismustheorien verabsolutiert worden ist, nur einen Teil der wesentlichen Antriebskräfte des modernen Imperialismus gebildet. Vielmehr hat sich mit dieser Expansion durchweg auch die hochgespannte Erwartung und dezidierte Absicht verbunden, das politische Machtgefüge 25 und die Sozialhierarchie durch die positiven Resultate des Imperialismus zu legitimieren. „Jede erfolgreiche imperialistische" Politik „stärkt normalerweise", hat Max Weber diesen Legitimationsaspekt, der in seiner Politischen Soziologie bekanntlich eine zentrale 30 Rolle spielt, konsequent betont, „auch [im Inneren] das Prestige und den Einfluß derjenigen Klassen [...], unter deren Führung der Erfolg errungen" worden ist. Ein solcher Sozialimperialismus, für den eben dieses Ziel 35 die höchste Priorität genoß, durch die Erfolge formeller und informeller Expansionspolitik das Herrschaftssystem zu stärken und die Gesellschaftsordnung zu stabilisieren, hat 40 auch schon in der Bismarckära einen maßgeblichen Einfluß ausgeübt. [...]

Die wilhelminische „Weltpolitik" enthüllt erst unter dieser Perspektive des Sozialimperialismus ihren eigentlichen Sinn, ihre tiefe- 45 ren Antriebskräfte. Der unstetig-sprunghafte

Charakter der „Weltpolitik" darf nicht darüber hinwegtäuschen, daß ihr vorwiegend eine kühl kalkulierte Instrumentalisierung
50 der Expansionspolitik zu innenpolitischen Zwecken zugrunde lag. Durchweg regierte „das Bedürfnis, die Machtstellung des Deutschen Reiches in allen überseeischen Fragen in einer innenpolitisch optimal verwertbaren
55 Weise zur Geltung zu bringen". Insbesondere für die Regierung Bülow, aber nicht nur für sie, war die „Weltpolitik" in erster Linie eine Sache legitimationsspendenden „Prestiges, nicht [...] territorialer Erwerbungen". [...]
60 Daß die Reichsregierung angesichts der fundamentalen Alternative von Reform oder Sozialimperialismus in den entscheidenden Jahrzehnten primär auf ihre Ablenkungsstrategie setzte, ist das ausschlaggebende,
65 aber auch das fatale Signum ihrer Politik. Denn es war keineswegs in ihre freie Entscheidung gestellt, wie mancher Kritiker seither geurteilt hat, eine Politik der maßvollen Zurückhaltung im Sinne eines klugen
70 überseeischen Disengagements zu betreiben. Vielmehr geriet sie durch die Reformverweigerung immer wieder unter den Zugzwang, auf das vermeintlich bewährte Instrumentarium des Sozialimperialismus zurückzugreifen. Aus diesen inneren Impulsen erklärt sich 75 auch das irrlichternde, hektische Auftrumpfen, überall auf der Jagd nach verwertbaren Erfolgen dabeisein zu wollen. In mancher Hinsicht entspricht dieser deutsche Sozialimperialismus Joseph Schumpeters Typus 80 des „objektlosen Imperialismus". Da er primär innenpolitisch motiviert war, besaß er keine „angebbare Grenze", sondern suchte allenthalben eine Bewährungsprobe nach der anderen in der Hoffnung, dadurch im 85 Inneren verwertbare Legitimationseffekte zu erzielen. [...]
So unausweichlich der Sozialimperialismus im Berliner Machtzentrum auch wirken mochte und so eloquent die Vision einer 90 „Vollendung" des Nationalstaats durch die „Weltpolitik" auch vertreten wurde – im historischen Rückblick ist das Scheitern des reichsdeutschen Sozialimperialismus überhaupt nicht zu leugnen. 95

Hans-Ulrich Wehler, Deutsche Gesellschaftsgeschichte 1849–1914, München 1995, S. 977–980, S. 1138–1141.

**M11** Die Weltwirtschaft 1870–1914

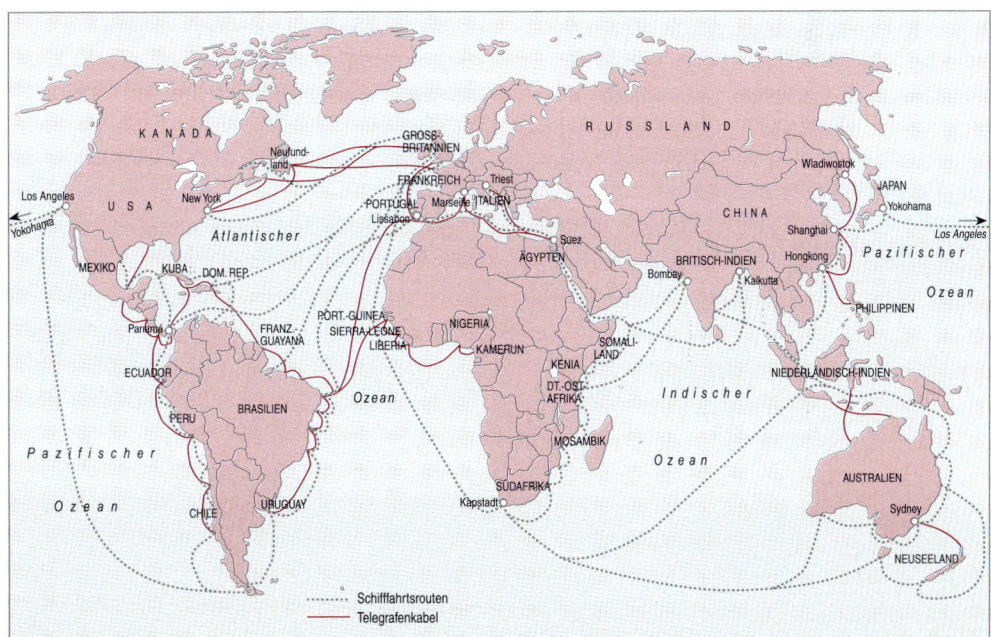

......... Schifffahrtsrouten
―――― Telegrafenkabel

## 1.3 Globalisierung vor 1914 – Industrie- und Handelsstaat oder Agrarstaat?

Spätestens die Berufszählung von 1895 machte deutlich, dass Deutschland endgültig den Status eines Agrarlandes verloren hatte und zum Industriestaat geworden war. Nur noch ein Drittel der Erwerbstätigen arbeitete in der Landwirtschaft, während schon 40 Prozent im industriellen Sektor tätig waren. Vor dem Hintergrund der Globalisierung löste dieser dramatische Wandel Befürchtungen aus, Deutschland könnte von Nahrungsmitteleinfuhren aus den USA, Argentinien oder Russland abhängig werden. Der eigene Maschinenexport wurde auf lange Sicht als prekär empfunden, weil aufstrebende „Entwicklungsländer" wie China oder Indien im Begriff zu sein schienen, ihre eigene Industrieproduktion gewaltig zu steigern und damit dem deutschen Export das Wasser abzugraben. Über ein Jahrzehnt grassierte die Globalisierungsangst, die immer wieder auch die „gelbe Gefahr" heraufbeschwor. Es ging dabei nicht allein um die Frage der deutschen Wettbewerbsfähigkeit angesichts niedrigerer Lohnkosten und billiger Rohstoffe in den vermeintlichen „Schwellenländern". Die Gegner des Industrie- und Handelsstaates befürchteten mit dem Rückgang der Agrarwirtschaft gleichzeitig auch den Verlust an konservativen, staatstragenden Werten. Auch militärische, demographische und kulturpolitische Argumente spielten eine große Rolle. Divergierende außenwirtschaftliche Optionen bestimmten folglich die außenpolitische Debatte im Kaiserreich vor 1914. Hierbei stand die Auseinandersetzung zwischen Strategien der offenen Weltmarktkonkurrenz und Strategien der Abschließung und Eroberung eines kontinentaleuropäischen Wirtschaftsraums im Mittelpunkt des Konzeptionsstreites. Wenn auch die Grenzlinien zwischen diesen Modellen nicht immer ganz scharf gezogen waren, so wurde das aggressive „Großraumkonzept" gleichwohl nicht zur Handlungsmaxime auf gouvernementaler Ebene. In der öffentlichen Diskussion ging es aber letztlich doch um eine grundsätzliche Alternative: Die Frage war, ob die ökonomischen Wachstumsprobleme im Zeitalter des organisierten Kapitalismus in Form einer „informellen" Expansion auf freihändlerischer Grundlage und mit friedlichen Mitteln gelöst werden sollten – oder aber auf der Grundlage eines „formellen Empire", d. h. auf der Grundlage abgeschlossener Wirtschaftsblöcke mit direkter politisch-militärischer Herrschaftsausübung durch die führenden Hegemonialmächte.

Der agrarischen Interessenpolitik gelang es zwar nicht, den wirtschaftlichen Strukturwandel des Kaiserreichs aufzuhalten oder Deutschland aus dem Globalisierungsprozess zu lösen. Sie sicherte sich aber eine Veto-Macht über die preußische Wirtschaftspolitik, die eine angemessene Modernisierungsstrategie erschwerte. Die ideologische Verhärtung in der Debatte um die Chancen und Gefahren der Globalisierung blieb auch nicht ohne langfristige Konsequenzen für die politische Mentalität der Deutschen, die in der Weltwirtschaftskrise und nach 1933 erneut mobilisiert werden konnte.

## M1 Knut Borchardt, Globalisierung in historischer Perspektive, 2001

Kritiker wie Anhänger der Globalisierung denken heute in aller Regel an das weltumspannende Internet, an atemberaubende Transaktionen an den Geld- und Kapital-
5 märkten, an die Omnipräsenz von CocaCola und McDonalds in nahezu allen Staaten, wie überhaupt die enorme Bedeutung ins Riesenhafte gewachsener transnationaler Unternehmen, die hier Fabriken zumachen und dort
10 neue eröffnen. Innerhalb einer Generation hat sich ein Massentourismus in ferne Inselwelten entwickelt. Wir empfangen Live-Fernsehübertragungen von jedem Punkt der Welt, rund um den Globus.
15 Natürlich ist vieles von dem neu. Aber ist deshalb Globalisierung als solche neu? Wenn man darunter eine mehr oder weniger rasch zunehmende Verflechtung zuvor räumlich weit entfernter Wirtschaften meint, so
20 ist das, was wir heute erleben, gewiss nicht neu. Und nicht einmal multi- bzw. transnationale Unternehmen sind neu, nicht tiefgreifende Veränderungen von Transport- und Kommunikationssystemen. Auch gewaltige
25 Wanderungen mobilen Kapitals hat es schon gegeben, sogar weltumspannende Schulden- und Währungskrisen haben eine längere Geschichte. […]
Wenn auch Wein in unseren Gläsern erst seit
30 kurzer Zeit aus Neuseeland kommt, so hat es Butter aus Neuseeland schon vor dem Ersten Weltkrieg in Europa gegeben. Und schon seit 1876 transportieren Kühlschiffe (eingefrorenes) Rindfleisch aus Argentinien zu den eu-
35 ropäischen Verbrauchern. Weniger anschaulich formuliert: Bereits im 19. Jahrhundert hat die weltweite Verflechtung von Produktion und Konsum beträchtlich zugenommen. Man schätzt, dass das Volumen des natio-
40 nale Grenzen überschreitenden Handels von 1870 bis zum Beginn des Ersten Weltkriegs 1914 um jahresdurchschnittlich 3,5 Prozent zugenommen hat. Das war deutlich mehr als die jährlich um 2,7 Prozent wachsende Welt-
45 produktion. Praktisch alle entwickelten Länder haben immer größere Teile ihrer nationalen Produktion ins Ausland verkauft und von dort Güter und Dienste bezogen. 1913 betrug die durchschnittliche Exportquote (das ist das Verhältnis der Ausfuhrwerte zum 50 Bruttosozialprodukt) der Länder Mittel- und Westeuropas schon einmal 18 Prozent. […]
Aber ist nicht doch neu, dass man heute rund um die Welt telefonieren kann und dass uns Nachrichten praktisch ohne Verzögerung er- 55 reichen? Nun, neu sind vor allein die Billigkeit und die Massenhaftigkeit der Nachrichtenübermittlung, nicht die Geschwindigkeit als solche. Denn der große Sprung in der kommunikativen Erschließung der Welt erfolgte be- 60 reits im 19. Jahrhundert, als ein die Welt umspannendes Telegrafenkabel-Netz geschaffen wurde. In dem Moment, als 1866 das zweite den Atlantik überquerende Telegrafenkabel seinen im Vergleich zum ersten weit besser 65 funktionierenden Betrieb aufnahm, erhöhte sich die Geschwindigkeit der Übermittlung von eiligen Nachrichten zwischen Europa und Amerika um das 10 000-fache. Zuvor brauchte es in der Regel eine Woche, bis eine 70 Nachricht aus New York London erreichte. Jetzt konnte sich die Übermittlungszeit auf Minuten reduzieren, bei längeren Texten auf Stunden. Seit den 1870er Jahren konnte ein Kaufmann in London theoretisch auf eine 75 Anfrage aus dem fernen Bombay am gleichen Tag antworten, während noch 1830 ein Brief, der auf einem Segelschiff um das Kap der guten Hoffnung befördert wurde, fünf bis acht Monate gebraucht hat. 80
Freilich blieb das Medium, trotz Absenkung der Preise für internationale Telegramme innerhalb kurzer Zeit auf ein Zehntel und weniger, teuer. Wo Zeit aber in besonderer Weise Geld war, wurden seine Dienste zunehmend 85 in Anspruch genommen. Schon vor dem Ende des 19. Jahrhunderts waren alle Wertpapierund Warenbörsen der Welt durch ein Telegrafennetz verbunden. Die Nachricht von wichtigen kursbestimmenden Ereignissen (der 90 Kosten wegen in wenigen Zeichen verschlüsselt) ging innerhalb von Stunden rund zum den Globus. Spekulanten an den Terminbörsen der Welt sorgten mit ihren Arbitrageoperationen dafür, dass Angebotsüberhänge hier 95 und Knappheiten dort und somit auch Preis-

unterschiede, die die Transportkosten über-
stiegen, schnellstens ausgeglichen wurden.
Weltmärkte in des Wortes Bedeutung gibt es
100 nicht erst neuerdings. Schon im ausgehenden
19. Jahrhundert hat es solche für Getreide,
Wolle, Baumwolle, Petroleum, Kaffee, Zucker und Nichteisenmetalle gegeben. […]
Zum Zeichen dessen waren auch schon im
105 19. Jahrhundert die größeren Finanzkrisen
weltumspannend, wie Friedrich Engels bereits
1847 gesehen hat, […] tatsächlich hat es im
19. Jahrhundert eine Reihe von Krisen gegeben, die plötzlich die Schicksale von Menschen
110 in ganz verschiedenen Kontinenten miteinander verbanden. Das begann 1825/26 mit einer Krise in London, Paris und anderen europäischen Finanzplätzen, die nach Südamerika
übersprang. Die jetzt ausbrechende Schulden-
115 krise der gerade selbständig gewordenen neuen
Staaten Mittel- und Südamerikas hat dann
die Krise in den europäischen Finanzzentren
verstärkt. Die nächste große Krise, die 1856
bis 1859 Europa und diesmal vornehmlich
120 Nordamerika erfasst hat, bezeichnen etliche
Historiker – nach einem Vorschlag von Hans
Rosenberg – gar als „erste Weltwirtschaftskrise". Auch die tiefgreifendste Störung in der
deutschen Wirtschaftsgeschichte des 19. Jahr-
125 hunderts, die bis heute als Begriff lebendige
„Gründerkrise" von 1873 war, blickt man
über den Tellerrand deutscher Geschichte,
Teil eines mit Dominoeffekten ablaufenden
Weltereignisses, womöglich die erste große
130 Schuldenkrise, die den Namen wirklich ver-
dient. Meyer Carl von Rothschild, der Frank-
furter Rothschild, schrieb damals an den
Berliner Bankier Bleichröder: „Die Börsenver-
hältnisse sind ungefähr hier wie bei Ihnen und
135 die ganze Welt ist eine Stadt." So früh schon
konnte das Konzept der global village, das wir
heute mit dem Namen Marshall McLuhans
verbinden, gedacht werden!

Knut Borchardt, Globalisierung in historischer Perspektive,
(Sitzungsberichte der Bayerischen Akademie der Wissenschaften, Philosophisch-Historische Klasse; 2001, 2), München 2001, S. 7–14.

## M2 Michael North, „Goldstandard",
Lexikonartikel, 1995

Goldstandard und Goldwährung sind Begriffe der Geldgeschichte, die miteinander
zusammenhängen, aber verschieden definiert
werden. Eine Goldwährung liegt vor, wenn
die Währungseinheit (z. B. Pfund oder Mark) 5
eines Landes in einer festen Goldmenge ausgedrückt wird. Von Goldstandard dagegen
kann man erst sprechen, wenn sich eine Reihe
von Ländern mit Goldwährung an die folgenden Regeln hält: 10
ungehinderte Konvertibilität von Geld in
Gold und umgekehrt;
ungehinderte Ein- und Ausfuhr von Gold;
ein festes Regelwerk, das die Geldmenge eines Landes an die Goldreserven bindet. 15
In den meisten europäischen Ländern nahm
der Goldstandard die Form einer Goldkern-
währung an, in der – bei einer weitgehen-
den „Abwesenheit eines Goldumlaufs" – die
umlaufenden Banknoten durch den Goldbe- 20
stand der Notenbank gedeckt waren. Damit
verbunden war die Einlösepflicht, die jedoch
nicht in Gold erfolgen mußte. Den Lu-
xus einer Goldumlaufswährung, d. h. einen
Goldmünzenumlauf mit Notenanteil, leiste- 25
ten sich nur wenige Länder wie das Deutsche
Reich oder Frankreich, die über große Goldreserven verfügten bzw. zu diesem Zwecke
ansammelten. Die Besonderheit des Goldstandards bestand nach der klassischen […] 30
Theorie in dem sog. Goldautomatismus, der
die internationalen Wechselkurse stabil hielt.
Sobald der Kurs einer Währung im Vergleich
zu einer anderen über die mit der Goldver-
sendung verbundenen Kosten (Transport 35
und Versicherung) hinaus anstieg, floß Gold
aus dem Land der schwächeren Währung in
das der stärkeren. Der Goldabfluß, d. h. die
Verringerung der Reserven, führte zur Einschränkung des Notenumlaufs, zum Anstieg 40
der Zinsen und letztlich zu Preissenkungen
und verbesserten Exportmöglichkeiten des
einen Landes. Dagegen weitete der Gold-
zufluß in dem anderen Land den Notenum-
lauf aus, senkte die Zinsen, begünstigte den 45
Preisanstieg und drosselte den Export. Wenn
dieser Punkt erreicht war, drehte sich der

Goldstrom um, das Gold floß in das Land mit den höheren Zinsen und der größeren
50 Goldnachfrage, die Waren in die entgegengesetzte Richtung. Das Ungleichgewicht der – Zahlungsbilanz wurde beseitigt, der Wechselkurs stabilisiert. [...]
In der Regel floß [...] nur wenig Gold, da
55 die internationalen Banken ihre Forderungen und Verpflichtungen gegenseitig aufrechneten und die Zentralbanken durch die Ansammlung von Devisenreserven und von Forderungen auf ausländische Guthaben
60 (z. B. von Wechseln, die binnen dreier Monate fällig wurden), den Goldabfluß gering hielten. Wenn man [...] dem Goldstandard ei-

nen Erfolg bei der Währungs- und Wechselkursstabilität vor dem Ersten Weltkrieg zusprechen kann, dann lag das in erster Linie 65 daran, daß das Vertrauen in die Konvertibilität Geld gegen Gold nie ernsthaft in Frage gestellt wurde. Erst als im Jahre 1914 der allgemeine Run auf das Gold die Goldreserven weit überschritt und die Forderungen auf aus- 70 ländische Guthaben nicht mehr realisiert werden konnten, brach der internationale Goldstandard zusammen.

Michael North, Artikel „Goldstandard", in: ders. (Hg.), Von Aktie bis Zoll. Ein historisches Lexikon des Geldes, München 1995, S. 114 f.

## M3 Daten zur Weltwirtschaft

a) Der Anteil der Sektoren Landwirtschaft (I), Industrie (II) und Dienstleistungen (III) an den Beschäftigten in ausgewählten europäischen Ländern 1850–1910

| Land | Jahr | Anteil der Beschäftigten in % | | |
|---|---|---|---|---|
| | | I | II | III |
| Großbritannien | 1851 | 23 | 51 | 26 |
| | 1881 | 15 | 52 | 33 |
| | 1911 | 9 | 54 | 37 |
| Frankreich | 1856 | 52 | 27 | 21 |
| | 1886 | 47 | 26 | 27 |
| | 1911 | 41 | 30 | 29 |
| Deutschland | 1849 | 56 | 24 | 20 |
| | 1882 | 43 | 34 | 23 |
| | 1907 | 35 | 40 | 25 |
| Italien | 1871 | 61 | 23 | 16 |
| | 1881 | 62 | 25 | 13 |
| | 1911 | 56 | 27 | 17 |
| Österreich-Ungarn | 1869 | 67 | 20 | 13 |
| | 1890 | 62 | 21 | 17 |
| | 1910 | 53 | 24 | 23 |

W. Fischer, Wirtschaft und Gesellschaft Europas 1850–1914, in: Handbuch der europäischen Wirtschafts- und Sozialgeschichte, hg. v. W. Fischer et al., Band 5, Stuttgart 1985, S. 126.

b) Auswanderungs- bzw. Einwanderungsquoten (je 1000 der mittleren Bevölkerung nach Dekaden) ausgewählter Länder, 1871–1910

| Land | 1871–1880 | 1881–1890 | 1891–1900 | 1901–1910 |
|------|-----------|-----------|-----------|-----------|
| Auswanderung | | | | |
| Frankreich | 1,5 | 3,1 | 1,3 | 1,4 |
| Deutschland | 14,7 | 28,7 | 10,1 | 4,5 |
| Großbritannien | 50,4 | 70,2 | 43,8 | 65,3 |
| Irland | 66,1 | 141,7 | 88,5 | 69,8 |
| Italien | 10,5 | 33,6 | 50,2 | 107,7 |
| Einwanderung | | | | |
| USA | 54,6 | 85,8 | 53,0 | 102,0 |
| Argentinien | 117,0 | 221,7 | 163,9 | 291,8 |

Kevin H. O'Rourke u. Jeffrey F. Williamson, Globalization and History. The Evolution of a Nineteenth-Century Atlantic Economy, Cambridge, London 2000, S. 122.

c) Auslandsinvestitionen in Prozent der inländischen Kapitalbildung, 1860–1913

| Land | 1860–1864 | 1875–1879 | 1885–1889 | 1910–1913 |
|------|-----------|-----------|-----------|-----------|
| Deutschland | 1,4 | 13,1 | 19,3 | 7,3 |
| Frankreich | 24,8 | 18,7 | 11,3 | 12,5 |
| Großbritannien | 21,5 | 16,2 | 46,5 | 53,3 |

Kevin H. O'Rourke u. Jeffrey F. Williamson, Globalization and History. The Evolution of a Nineteenth-Century Atlantic Economy, Cambridge, London 2000, S. 209.

d) Weltmarktorientierung (Warenexport in Prozent des Bruttoinlandsprodukts in Preisen von 1985) ausgewählter Länder 1870 bis 1987

| Land | 1870 | 1913 | 1973 | 1987 |
|------|------|------|------|------|
| Frankreich | 3,4 | 6,0 | 11,2 | 14,3 |
| Deutschland | 7,4 | 12,2 | 17,2 | 23,7 |
| Großbritannien | 10,3 | 14,7 | 11,5 | 15,3 |
| USA | 2,8 | 4,1 | 5,8 | 6,3 |
| Insgesamt | 5,9 | 8,2 | 10,3 | 12,8 |

Kevin H. O'Rourke u. Jeffrey F. Williamson, Globalization and History. The Evolution of a Nineteenth-Century Atlantic Economy, Cambridge, London 2000, S. 30.

e) Zielgebiete der europäischen Auslandsinvestition, 1913

| Land | Rußland | Europa | Lateinamerika | Nordamerika |
|---|---|---|---|---|
| Deutschland | 7,7 | 5,1 | 16,2 | 15,7 |
| Frankreich | 25,1 | 3,3 | 13,3 | 4,4 |
| Großbritannien | 2,9 | 0,5 | 20,1 | 44,8 |

Kevin H. O'Rourke u. Jeffrey F. Williamson, Globalization and History. The Evolution of a Nineteenth-Century Atlantic Economy, Cambridge, London 2000, S. 229.

f) Eisen- und Stahlproduktion der Großen Mächte, 1890–1938 (in Mio t, Roheisen für 1890, danach Stahl)

| Land | 1890 | 1900 | 1910 | 1913 | 1920 | 1930 | 1938 |
|---|---|---|---|---|---|---|---|
| USA | 9,3 | 10,3 | 26,5 | 31,8 | 42,3 | 41,3 | 28,8 |
| Großbritannien | 8,0 | 5,0 | 6,5 | 7,7 | 9,2 | 7,4 | 10,5 |
| Deutschland | 4,1 | 6,3 | 13,6 | 17,6 | 7,6 | 11,3 | 23,2 |
| Frankreich | 1,9 | 1,5 | 3,4 | 4,6 | 2,7 | 9,4 | 6,1 |
| Österreich-Ungarn | 0,97 | 1,1 | 2,1 | 2,6 | – | – | – |
| Rußland | 0,95 | 2,2 | 3,5 | 4,8 | 0,16 | 5,7 | 18,0 |
| Japan | 0,02 | – | 0,16 | 0,25 | 0,84 | 2,3 | 7,0 |
| Italien | 0,01 | 0,11 | 0,73 | 0,93 | 0,73 | 1,7 | 2,3 |

Bairoch, P., International Industrialization Levels from 1750 to 1980, in: Journal of European Economic History, 11, 1982, S. 292 ff.

g) Industriepotential der Großen Mächte im Vergleich, 1880–1938 (Großbritannien in 1900 = 100)

| Land | 1880 | 1900 | 1913 | 1928 | 1938 |
|---|---|---|---|---|---|
| Großbritannien | 73,3 | [100] | 127,2 | 135 | 181 |
| USA | 46,9 | 127,8 | 298,1 | 533 | 528 |
| Deutschland | 27,4 | 71,2 | 137,7 | 158 | 214 |
| Frankreich | 25,1 | 36,8 | 57,3 | 82 | 74 |
| Rußland | 24,5 | 47,5 | 76,6 | 72 | 152 |
| Österreich-Ungarn | 14 | 25,6 | 40,7 | – | – |
| Italien | 8,1 | 13,6 | 22,5 | 37 | 46 |
| Japan | 7,6 | 13 | 25,1 | 45 | 88 |

Bairoch, P., International Industrialization Levels from 1750 to 1980, in: Journal of European Economic History, 11, 1982, S. 292 ff.

**M4 Für Deutschland eine Weltstellung gewinnen. Gründungsaufruf des Allgemeinen Deutschen Verbandes (später Alldeutscher Verband) vom April 1891**

In die Mitte von Europa gestellt und an seinen Grenzen bedroht von fremden und feindlichen Nationalitäten, bedarf das deutsche Volk mehr als alle anderen Völker der vollen
5 und einheitlichen Zusammenfassung seiner Kräfte, um seine Unabhängigkeit nach außen und die Entfaltung seiner Eigenart im Innern zu sichern.

Durch eig'ne Fehler und eine Reihe von
10 weltgeschichtlichen äußeren Umständen ist Deutschland in dieser Zusammenfassung seiner nationalen Kraft um Jahrhunderte zurückgehalten und von fremden Völkern im Westen und Osten weit überholt worden.
15 Erst die großen Kämpfe von 1866 und 1870/71 errangen die Schaffung des deutschen Einheitsstaates und damit die Grundlage, auf welcher unser Volk den Wettbewerb mit anderen Nationen aufzunehmen
20 vermag.

Auf dieser Grundlage weiter zu bauen und unserm Volk die Weltstellung zu gewinnen, wie sie seinem Rang als europäischer Großmacht entspricht, das ist sowohl Aufgabe der Regie-
25 rungen wie der Nation als solcher. Es würde falsch sein, anzunehmen, daß durch die Errungenschaften der letzten Kriege die politische Entwicklung Deutschlands bereits ihren endgültigen Abschluß erreicht hätte. Noch ist
30 der Ausbau des nationalen deutschen Reiches nicht beendet, und über See genießt unsere Flagge noch nicht das Ansehen, wie es der ersten Kriegsmacht Europas zukommt. Noch immer taucht alljährlich der große Strom un-
35 serer Auswanderung in fremden Nationalitäten unter, um daselbst dauernd zu verschwinden, und ein unter allen Umständen sicheres Absatzgebiet für unsere Industrie fehlt uns, weil uns eig'ne aufnahmefähige Kolonien
40 in angemessenem Umfang fehlen. In einem Zeitalter, wo alle Staatswesen mehr und mehr darauf bedacht sind, sich nach außen hin wirtschaftlich abzuschließen, birgt dieser Umstand eine ernste Gefahr für unsere ge-
45 samte Volkswirtschaft in sich!

Wenn die praktische Lösung der angedeuteten Aufgaben in erster Linie der deutschen Politik anheimfällt, so vermag doch auch das Volk selbst in diesen Entwicklungsgang bestimmend mit einzugreifen [...] Wenn ein 50 ganzes Volk sich mit der Anschauung seiner großen geschichtlichen Aufgaben erfüllt und solche zum Gegenstand seines nationalen Wollens macht, findet es auch die Mittel und Wege, den Inhalt seiner Ideale zu ver- 55 wirklichen.

In solcher Überzeugung hat sich der „Allgemeine Deutsche Verband" begründet, welcher beabsichtigt, die Anschauungen unseres Volkes im Sinne seiner großen Weltaufgaben 60 zu gestalten und darauf hinzuwirken, daß der weitere Gang der deutschen Entwicklung sich in der Richtung dieser Gesichtspunkte vollzieht. Der Zweck des Allgemeinen Deutschen Verbandes ist: 65

1. Belebung des vaterländischen Bewußtseins in der Heimat und Bekämpfung aller der nationalen Entwicklung entgegengesetzten Richtungen.

2. Pflege und Unterstützung deutsch-nationa- 70 ler Bestrebungen in allen Ländern, wo Angehörige unseres Volkes um die Behauptung ihrer Eigenart zu kämpfen haben, und Zusammenfassung aller deutschen Elemente auf der Erde für diese Ziele. 75

3. Förderung einer tatkräftigen deutschen Interessenpolitik in Europa und über See. Insbesondere auch Fortführung der deutschen Kolonial-Bewegung zu praktischen Ergebnissen. 80

Otto Bonhard, Geschichte des Alldeutschen Verbandes, Leipzig/Berlin 1920.

**M5 Neuorientierung der Handels- und Zollpolitik: Aus der Rede des Reichskanzlers Georg Leo von Caprivi bei der ersten Beratung der Verträge mit Österreich-Ungarn, Italien und Belgien am 10. Dezember 1891**

Die autonome Feststellung von Zöllen, die Feststellung unseres Zollsystems [seit 1879] nach unserem eigenen Bedürfnis, ohne Fremde zu hören und zu berücksichtigen, hat den

5 großen Vorteil gehabt, daß die heimische Industrie erstarkte und sich in einer Weise entwickelte, begünstigt von dem Aufschwung der
Technik, von dem Vorhandensein verfügbarer
Kapitalien, wie sie es bis dahin nicht gekannt
10 hatte. Je mehr die Industrie aber auf den inneren Markt beschränkt wurde, desto mehr traten mit der Zeit auch die Schattenseiten dieses Systems hervor, nämlich, daß der Markt
überfüllt wurde, daß eine Überproduktion
15 eintrat, daß also diese hochgesteigerte Industrie anfing, wenn auch diese Anfänge bisher
nur schwache gewesen sind, in Verlegenheit
um den Absatz zu geraten. [...]
In unseren Absatzmärkten beschränkt zu
20 werden, ist für Deutschland im höchsten
Grade empfindlich. Wir haben einen weitaus-
gedehnten Handel; wir führen jährlich für etwas über 4000 Millionen Mark fremde Waren ein und führen nur für etwas über 3000
25 Millionen eigene Waren aus. Es bleibt also
zwischen Ausfuhr und Einfuhr eine Diffe-
renz, die 800 Millionen übersteigt. Was wir
vom Auslande einführen, brauchen wir; es
sind zum großen Teil unentbehrliche Nah-
30 rungsmittel, für unsere Industrie unentbehrliche Rohprodukte und Halbfabrikate. Wir
müssen in der Lage sein, diese Dinge zu bezahlen; und um sie bezahlen zu können, haben wir in der Hauptsache nur ein Mittel:
35 indem wir unsere Fabrikate dahin geben,
woher wir diese Rohprodukte, diese Nahrungsmittel empfangen haben. Wenn wir nun
aber um 800 Millionen Mark jährlich weniger ausführen, als wir einführen, so kommen
40 wir mit dem, was man gemeinhin Handelsbi-
lanz nennt, in Verlegenheit: wir sind auf die
Dauer nicht imstande, das zu bezahlen, was
wir brauchen, um zu leben und um unsere
Industrie in schwunghaftem Betriebe zu er-
45 halten. Das ist ein Übelstand, der sich vor-
aussichtlich von Jahr zu Jahr mehr geltend
machen wird, weil unsere Bevölkerung steigt;
wir haben mehr Menschen im Inlande zu ernähren, und wir müssen für mehr Hände Ar-
50 beit schaffen. [...]
Handelt es sich nun aber nicht um Freihandel
und Schutzzoll, so blieb nur ein Mittel übrig:
den Versuch zu machen, Tarifverträge mit

anderen Staaten abzuschließen, auf diesem
Wege unser Absatzgebiet zu erweitern, neue 55
Märkte zu gewinnen. [...] Handelsverträge
mit anderen Staaten sind nicht abzuschließen
so, daß in beiden Staaten alle Teile befriedigt
sind und sich darüber freuen. Das ist nicht
möglich. Es müssen die Staaten einander 60
Konzessionen machen, und ebenso müssen
die Interessengruppen im Innern eines Staates gegen einander Konzessionen machen um
des Staates, um des Ganzen willen. [...]
Ich verkenne nicht, daß die deutsche Land- 65
wirtschaft sich in einer schwierigen Lage be-
findet. Es ist begreiflich, wie sie da hinein gekommen ist, und es liegt mir fern, einzelnen
oder Generationen von Landwirten die Schuld
beizumessen. Durch Verbesserung der Kom- 70
munikationsmittel, durch die Benutzung des
Dampfes traten Staaten, Reiche, die bisher
auf dem deutschen Markt mit Getreide nicht
hatten erscheinen können, anbietend auf. Die
deutsche Landwirtschaft verlor dadurch ei- 75
nen Schutz gegen fremde Konkurrenz, den sie
bisher in ihrer geographischen Lage gefunden
hatte. So lange es weder Eisenbahnen noch
Dampfschiffe gab, kam ein mäßiges Quan-
tum fremden Getreides vielleicht die Flüsse 80
herunter oder auf Segelschiffen in die Häfen;
das alles war, um so mehr, als die Getreide-
produktion damals zur Bevölkerungszahl in
einem viel günstigeren Verhältnis stand, nicht
im Stande, den inländischen Getreidebau zu 85
gefährden. Erst als das entstand, was man
jetzt den Weltmarkt nennt, wurde die deutsche Landwirtschaft gefährdet. [...] Es war
natürlich, daß unter diesen Verhältnissen die
deutsche Landwirtschaft sich nach einem 90
Schutze umsah, und daß sie diesen Schutz
in den Zöllen fand. Auch heute ist die Lage
noch so, daß sie diesen Schutz nicht entbehren kann. [...]
Es liegt nicht in der Absicht der verbünde- 95
ten Regierungen, wie die Vorlage zeigt, diesen Schutz aufzuheben. [...]
Man hat gesagt, Deutschland wäre ein Industriestaat geworden, und ich bin auch nicht ab-
geneigt, diesen Ausdruck anzunehmen, inso- 100
fern als die Industrie fortwährend im Steigen
ist und fortwährend an Bedeutung für den

Staat gewinnt. Es ist ein charakteristischer Unterschied zwischen der Industrie und der Landwirtschaft, daß die Landwirtschaft eines Staates nur bis zu einem gewissen Grade steigerungsfähig ist, weil sie vom Grund und Boden abhängig bleibt. Man kann intensiver wirtschaften, und ich zweifle nicht, daß aus unserem Grund und Boden noch mehr herauszuwirtschaften ist als bis jetzt geschieht; aber es bleibt immer derselbe Grund und Boden, auf dem gewirtschaftet werden muß. Die Industrie dagegen ist abhängig von den Absatzmärkten. Erweitert man ihr dieselben, wie wir das durch diese Verträge wollen, so kann sich auch die Industrie erweitern, und es ist fürs erste kein Ende in dieser Beziehung abzusehen, sofern nur die Möglichkeit eines lohnenden Verkaufs ihrer Fabrikate für die Industrie da ist. Handel und Industrie sind und bleiben die wesentlichsten Quellen des Wohlstandes und damit politischer Macht, kultureller Bedeutung; denn ohne einen gewissen Grad von Wohlstand werden Kunst und Wissenschaft [...] nicht gedeihen können.

Aber noch weiter! Ich glaube nicht, daß man leugnen kann, daß zwischen Wohlstand und Sittlichkeit gewisse Beziehungen bestehen, und daß die Sittlichkeit in den unteren Klassen bis zu einem gewissen Grad einen steigenden Wohlstand zur Voraussetzung hat. [...] Mit der Industrie hängt ja der Arbeiterstand auf das engste zusammen, und wir würden unsere Pflicht vernachlässigt haben, wenn wir beim Abschluß dieser Verträge nicht die Möglichkeit, unseren Arbeiterstand zu erhalten, leistungsfähig zu erhalten, ins Auge gefaßt hätten. Es kamen dabei zwei Momente zur Sprache; einmal, billigere Lebensmittel zu schaffen. Soweit das, ohne die staatlichen Interessen, die höheren staatlichen Interessen zu gefährden, geschehen konnte, haben die verbündeten Regierungen eine Reihe von kleineren Maßregeln eintreten lassen. Sie haben diejenige Herabsetzung der Zölle für Lebensmittel vorgenommen, die sie für zulässig hielten. Ich erachte aber für viel wesentlicher für die Erhaltung und für das Gedeihen des Arbeiterstandes, daß ihm Arbeit geschaffen werde. (*Sehr richtig! rechts.*) Wenn dies nicht die wesentlichere Frage wäre, so würde der Andrang unserer ländlichen Arbeiter in die Städte und nach dem Westen gar nicht zu erklären sein. Unser Westen hat unausgesetzt Preise für unentbehrliche Lebensmittel, die so viel höher sind als im Osten (*sehr richtig! rechts*), daß, wenn man diese Preise miteinander vergleicht und sie absolut nimmt, man meinen sollte, es müßte im Westen eine fortwährende Teuerung da sein. Daß trotzdem die Menschen so gern nach dem Westen gehen, hat seinen Grund darin, daß sie die lohnendere Arbeit den billigeren Lebensmittelpreisen voranstellen. Lohnende Arbeit wird aber, wenn diese Verträge genehmigt werden, zur Perfektion kommen, gefunden werden. Wir werden sie finden durch den Export; wir müssen exportieren: entweder wir exportieren Waren oder wir exportieren Menschen. Mit dieser steigenden Bevölkerung ohne eine gleichmäßig zunehmende Industrie sind wir nicht in der Lage, weiter zu leben. [...]

Stenographische Berichte über die Verhandlungen des Reichstags, VII. Legislaturperiode. I. Session 1890/92, 5. Bd., Berlin 1892, S. 3301 ff.

**M 6** Außenhandel der Großmächte 1913 und regionale Verteilung des Außenhandels der Großmächte 1913

a) Der Außenhandel der Großmächte 1913

| | Export | | Import | | Außenhandel | |
|---|---|---|---|---|---|---|
| | Mrd. Dollar | Anteil (Prozent) | Mrd. Dollar | Anteil (Prozent) | Mrd. Dollar | Anteil (Prozent) |
| Großbritannien | 2,6 | 14 | 3,2 | 16 | 5,8 | 15 |
| USA | 2,4 | 13 | 1,8 | 9 | 4,2 | 11 |
| Deutschland | 2,4 | 13 | 2,6 | 13 | 5,0 | 13 |
| Frankreich | 1,3 | 7 | 1,6 | 8 | 3,0 | 8 |

League of Nations 1925, Bd. 1, S. 90. – Die Anteile beziehen sich auf einen berichteten Welthandel von 37,8 Mrd. Dollar, der rund 93 Prozent des gesamten Welthandels ausmacht.

b) Regionale Verteilung des Außenhandels der Großmächte 1913 (in Prozent)

| | Export nach | | | Import aus | | |
|---|---|---|---|---|---|---|
| | Europa | Nord-amerika | anderen Kontinenten | Europa | Nord-amerika | anderen Kontinenten |
| Großbritannien | 35 | 10 | 55 | 44 | 24 | 32 |
| USA | 60 | 17 | 23 | 48 | 8 | 44 |
| Deutschland | 75 | 8 | 17 | 54 | 17 | 29 |
| Frankreich | 70 | 7 | 23 | 53 | 11 | 36 |

League of Nations 1925, Bd. 1, S. 112 f.

**M 7 Alfred Weber, Die volkswirtschaftliche Aufgabe der Hausindustrie, 1901**

Für die Herstellung minderwertiger und ganz einfacher Waren gibt im Konkurrenzkampf der Völker die absolute Billigkeit menschlicher Arbeitskräfte den Ausschlag, wenigstens
5 solange sie hausindustriell hergestellt werden, und der Hauptbetrag der Produktionskosten also der Lohn ist. Qualifizierte Arbeit, bei der eine Steigerung des Lohnes durch höhere Leistung sich ausgleicht, ist ja hier nicht von nö-
10 ten.

In der absoluten Billigkeit menschlicher Arbeit aber sind uns die allmählich hinter uns in den Konkurrenzkampf eintretenden „neuen" Völker in jedem Fall überlegen. Alle auf dieser
15 Billigkeit beruhenden Industrien sind daher in diesem Kampf für uns verlorene Posten. Sie werden, soweit sie Ausfuhrindustrien sind, einfach verschwinden, und wir werden sie auch für den inneren Markt gegen zehnmal so billige Arbeitskräfte wie die der Chinesen
20 durch keinen Zollschutz zu halten vermögen. Ich male dabei kein willkürlich konstruiertes Schreckensgespenst an die Wand. Die Zerstörung dieser Industrien ist schon im Gange. 1893 waren in Deutschland noch etwa 20 000
25 hausindustrielle Strohflechterinnen beschäftigt. Heute sind sie durch chinesische Konkurrenz auf weniger als 6 000 zusammengeschmolzen. Der Chinese stellt dasselbe Geflecht für 10 Pfg. Tagelohn her, für das die
30 bescheidenste deutsche Frau, um das blanke Leben zu fristen, immerhin 1 Mk. braucht. Nur die freie, fabrikmäßig organisierte Strohflechterei hat sich gegenüber dieser vernich-

**49**

35 tenden Konkurrenz zu halten vermocht. Die gleiche Entwicklung werden wir, fürchte ich, in der Korbflechterei, der Herstellung billiger Kleider und den meisten übrigen heutigen Hausindustrien eines Tages erleben.
40 Also wir haben an der Erhaltung dieser heutigen Hausindustrie volkswirtschaftlich gar kein Interesse: wir haben nur das eine starke Interesse, daß die heute in ihr beschäftigten Arbeitskräfte andere hochwertige Arbeit,
45 d. h. eben Fabrik- und Werkstättenarbeit erhalten.

Alfred Weber, Die volkswirtschaftliche Aufgabe der Hausindustrie, in : Schmollers Jahrbuch 25 (1901), S. 383–405.

## M8 Adolph Wagner, Agrar und Industriestaat, 1902

Die bisherige thatsächliche Entwicklung der Dinge, z. B. in England, in unseren Industriegegenden, die wesentlich auf den Fabrikatenexport angewiesen sind, zeigt auch bereits
5 genug bezügliche Symptome, die zu denken geben sollten. Das notwendige Vermittlungsglied in diesem Getriebe ist der Handel, dessen Funktion um so wichtiger, dessen Stellung aber auch um so mächtiger werden muß,
10 je schwieriger der Export sich handelstechnisch gestaltet, je entlegenere Gebiete er aufsuchen muß, je gefährlicher anderweite Konkurrenz für ihn werden müßte. Der Geist des Handels, will sagen der Händlergeist,
15 muß sich daher immer spezifischer, einseitiger, rücksichtsloser entwickeln und mehr und mehr den ganzen Volksgeist infizieren und sich homogener gestalten. Je mehr vollends ein Land sich auf einige spezifische Überle-
20 genheitsindustrieen, obiger Doktrin gemäß, konzentrierte, desto mehr müßte diese geistige Entwicklung, die zugleich eine geistige und – sittliche und – selbst wirtschaftliche Entartung wäre, eintreten. Sich um jeden
25 Preis die Überlegenheit in der Produktion, im Absatz erhalten, jedes Mittel dazu, jede Art und Form der Konkurrenz anwenden, jedes neue mögliche Absatzfeld eröffnen und sich vorbehalten, das wäre Notwendigkeit,
30 wäre Lebensfrage. Händlergeist, Händlerauffassungen, Händlerinteressen beherrschten dann Alles. Was wir heute schon ähnlich in der Ausdehnung des Börsenspiels auf Privatkreise, im Grundstückshandel der großen
35 Städte, in der beginnenden Ausdehnung des letzteren auf zukunftsreiche „schöne Gegenden" für Fremdenverkehr und Villeggiatur mitten im Gebirge und an den Küsten sehen, würde immer mehr alle Schichten des Volkes
40 durchdringen. Was uns das neueste England in seinem Burenkriege, in dessen Ursprung, Fortführung und Ziel, in der Art der Kriegsführung dabei abschreckend genug zeigt, – ja sind das denn nicht Symptome genug, wel-
45 che das Wesen des „Händlergeistes" einen ganzen, sonst so tüchtigen Volkes, wie des englischen, in der „weltwirtschaftlichen Industrie- und Exportstaatsperiode" wie mit einem elektrischen Scheinwerfer scharf genug
50 beleuchten?! Sapienti sat, sollte man meinen! Anmutig ist das Bild wahrlich nicht.
Aber „naturgemäß", „naturnotwendig" selbst sind allerdings diese Folgen, wenn man einmal die Grundlagen der Volkswirt-
55 schaft in diese einseitige Entwicklung sich hat verschieben lassen. Ob das aber ebenso „naturnotwendig" ist, das ist doch die Frage. Wer diese Fragen, wie die Freihändler, wie auch Dietzel und Brentano, etwa noch auf
60 die erwähnte Doktrin von Torrens und Ricardo gestützt, einfach bejaht, der macht sich doch die Antwort zu leicht. Wer sie verneint oder wenigstens der Bejahung zweifelnd gegenüber steht, der stellt sich wenigstens da-
65 mit auf den Boden, daß hier ein Problem vorliegt, welches nicht ohne weiteres nach dem wohlfeilen Rezept des „Gehenlassens" zu lösen ist: und zwar namentlich deswegen nicht, weil wir es hier, wie immer in der Volkswirt-
70 schaft, mindestens neben „natürlichen Entwicklungstendenzen" mit Dingen zu thun haben, welche menschlicher Einsicht, Willen und Bestimmung jedenfalls mit unterliegen; und ferner gerade auch deswegen nicht, weil
75 die Wirkung und Begleiterscheinungen dieser sogenannten naturgemäßen Entwicklung der Volkswirtschaft zu bedenklich erscheinen, um nicht die Frage auftauchen zu lassen, ob denn hier wirklich reine Notwendig-
80 keiten vorliegen.

Wir, ich und Andere, welche abweichend von den Freihändlern und den ihnen verbündeten Sozialisten zum Agrar- und Industriestaatsproblem stehen, glauben das eben nicht. Wir

85 sehen daher in einer Gestaltung der Dinge, wo die Landwirtschaft leistungsfähig bleibt, eine größere Volkszahl auf dem Lande in ländlicher Arbeit beschäftigt erhalten wird, wenn auch mittelst agrarischer Schutzzölle, einen

90 Segen für die nationale Gesamtheit, selbst wenn dabei vorübergehend oder sogar dauernd die „Konsumenten" zur Zahlung etwas höhere Preise genötigt werden, als die momentan bei freiem internationalen Güteraustausch

95 erreichbaren. Wir halten dafür, daß eine solche Gestaltung eine gesichertere Dauer habe, und die Weiterentwicklung eines gesunderen Wirtschaftslebens, eine dem wirtschaftlichen, sozialen, ethischen, kulturellen, politischen

100 wahren Gesamtinteresse mehr entsprechende Daseins und Gedeihensform der Nation als Ganzen ermögliche und verbürge, als in dem fieberhaften Getriebe des reinen Industriestaats, der einen immer größeren Teil seines

105 Nahrungsmittel = und Rohstoffbedarfs aus dem Auslande bezieht – so lange es geht und nicht zu teuer wird – und einen immer mehr gesteigerten Export von heimischen Fabrikaten im Auslande absetzt – wiederum: solange

110 es geht und hinlänglich lohnend bleibt, daher nicht bloß zu Preisen, welche nur Hungerlöhne zu zahlen gestatten und keinen genügenden Gewinn mehr abwerfen.

Adolph Wagner, Agrar- und Industriestaat. Die Kehrseite des Industriestaats und die Rechtfertigung agrarischen Zollschutzes mit besondere Rücksicht der Bevölkerungsfrage, 2. Aufl., Jena 1902, S. 34 ff.

## M 9 Ludwig Pohle, Deutschland am Scheidewege, 1902

Warum aber ist es nicht ratsam für Deutschland, den Übergang zum Exportindustrialismus ohne jede Einschränkung zu vollziehen? Das ist die Frage, auf die wir zunächst etwas

5 näher einzugehen haben. Winken hier nicht der deutschen Volkswirtschaft große Reichtümer, an denen vorüberzugehen unwirtschaftlich wäre? Es soll nicht geleugnet werden, daß das möglich ist, obwohl man darin etwas zweifel-

haft wird, wenn man an die Absatzschwierig- 10 keiten denkt, mit denen jede Exportindustrie zu kämpfen hat. Allein der Punkt, auf den es ankommt, ist ein anderer. Der Aufhebung der bisherigen deutschen Agrarschutzzölle und dem uneingeschränkten Übergang Deutsch- 15 lands zum Exportindustriesystem, wie ihn die reinen Weltwirtschaftler empfehlen, darf der „verantwortliche Reichsbürger" (Oldenberg) nur zustimmen, wenn er über zwei Punkte Gewißheit hat, wenn er nämlich sicher sein kann, 20 1. daß es überhaupt dauernd oder doch für einen genügend langen Zeitraum Staaten geben wird, welche bereit sind, Nahrungsmittel und Rohstoffe gegen Industrieprodukte herzugeben, und 2. daß gerade Deutschland der- 25 jenige Staat sein wird, von dem die Nahrungsstaaten dauernd einen für die Ernährung der deutschen Bevölkerung genügend großen Teil ihres Bedarfs an Industrieprodukten im Austausch für Lebensmittel und Rohstoffe bezie- 30 hen werden. [...]
Bei anderen Waren wieder besteht für Deutschland die Gefahr, dadurch auf fremden Märkten verdrängt zu werden, daß dritte Länder hinsichtlich des niederen Stands der 35 Arbeitslöhne Deutschland noch übertreffen. Dieses Moment hat gerade für den Export aus Deutschland große Bedeutung. [...]
Wenn aber Deutschland die auswärtigen Absatzgebiete genommen werden, die es jetzt 40 mit Metallfabriken und speziell mit Eisenwaren versorgt, wenn ihm ferner sein Export in billigen Geweben und Kleidern, Posamenten- und anderen Erzeugnissen der Textilindustrie, Glas-, Thon- und Porzellanwaren, Spielzeug, 45 Schmuck- und Kurzwaren, Papier-, Holz- und Lederwaren verloren geht, dann bleiben nur noch wenige große Industriezweige übrig, in denen die Aussichten, den jetzigen Absatz nach dem Auslande zu behalten, gut sind. Künftig 50 sind diese Aussichten z. B. bei der chemischen Industrie und ferner bei der Herstellung von Büchern, Landkarten, Musikalien und Farbendruckbildern sowie bei der von gewissen Instrumenten, einschließlich der Musikinstru- 55 mente. Man braucht sich aber nur zu vergegenwärtigen, welcher Bruchteil der gesamten gewerblich thätigen Bevölkerung Deutschlands

jetzt in diesen Gewerbezweigen untergebracht ist, und welcher Bruchteil dieses Bruchteiles wiederum nur für den Export arbeitet, um sofort zu erkennen, daß es ein ganz utopischer Gedanke ist, die volkswirtschaftliche Zukunft Deutschlands etwa auf die Anfertigung dieser und einiger ähnlicher Gegenstände für den Bedarf fremder Nationen gründen zu wollen.

Ludwig Pohle, Deutschland am Scheidewege: Betrachtungen über die gegenwärtige volkswirtschaftliche Verfassung und die zukünftige Handelspolitik Deutschlands, Leipzig 1902, S. 126–130.

### M10 Industriestaat oder Agrarstaat? Der Volksverein für das katholische Deutschland über die Bedeutung des Welt- und des Binnenmarktes für die deutsche Wirtschaftsentwicklung, 1911

1. Die Mehrzahl des im Wirtschaftsleben tätigen deutschen Volkes gehört nicht mehr der Landwirtschaft an. Darum hätten auch die landwirtschaftlichen Interessen, soweit Maßnahmen der Gesetzgebung und der staatlichen Verwaltung in Betracht kommen, erst in zweiter Linie hinter den Handelsinteressen zu stehen.

2. Die Landwirtschaft ist die Grundlage der Volkskraft; darum muß sie in erster Linie stehen bei den Maßnahmen des Staates; die Industrieinteressen müssen daher auch heute noch gegebenenfalls hinter die landwirtschaftlichen zurücktreten.

Es ist also der Streit, ob *Industriestaat oder Agrarstaat*, der lange Jahre, ja Jahrzehnte hindurch unsere deutsche Wirtschaftspolitik beherrschte, und zeitweise tauchte sogar noch die Idee des reinen *Handelsstaates* auf, da man eben die Entwicklung Englands als die für einen modernen Wirtschaftsstaat maßgebende anzusehen sich gewöhnte.

Jedoch die *Entwicklung Englands* kann doch in keiner Weise von den andern Staaten als mustergültig betrachtet werden. Die ganze Entwicklung der englischen Volkswirtschaft beruhte ja in den letzten anderthalb Jahrhunderten eben darauf, daß England um fünfzig bis siebzig Jahre *früher zur Anwendung der modernen technischen Mittel* gekommen war und infolgedessen eine Zeit lang fast die ganze Welt als seinen unbestrittenen industriellen Absatzmarkt betrachten konnte, anderseits aber alle Getreide-Überschußländer als seine Brotlieferanten zur Verfügung hatte.

Das ist nun schon in den letzten zwanzig, dreißig Jahren sehr bedeutsam anders geworden; *Deutschland und Amerika sind an seine Seite gerückt* und England muß sich mit ihnen in den industriellen Absatzmarkt teilen. Ebenso ist es hinsichtlich der Getreidezufuhrländer. Dadurch ist Englands Stellung in der Weltwirtschaft heute eine ganz andere geworden als sie lange Jahrzehnte gewesen. Der Auslandsabsatz ist unsicherer und damit die Stellung der englischen Industrie im Weltmarkt eine viel schwankendere und prekärere geworden, um so mehr, als sie eben in einem kräftigen Inlandsmarkt eine Stütze nicht hat.

Bei den andern Volkswirtschaften, im besondern bei *Deutschland*, lag die Sache von vornherein anders. Es mußte sich erst *ganz allmählich zum Weltmarkte* durchringen und kann auch infolge seiner geographischen Lage kaum jemals daran denken, in diesem Maße Handelsstaat werden zu wollen wie England es gewesen. Englands Situation wird heute noch gestärkt durch die Abhängigkeit seiner Kolonien. Sollte sich aber in absehbarer Zeit auch in diesen industrielles Leben regen, so würde seine Absatzkraft und damit die ganze Industrie sich aufs schwerste bedroht sehen.

Aber nicht nur England hat mit dem Emporwachsen anderer Länder zu rechnen, sondern jeder Staat, sobald er zu einem gewissen Selbstbewußtsein und einer gewissen wirtschaftlichen Reife herangewachsen ist, *versucht die eignen Produktionskräfte seines Staatsgebiets auszubauen* und sich somit also selbst Industrien einzurichten. Demnach wird in Zukunft erst recht damit zu rechnen sein:

daß nicht einige wenige Staaten als Industriestaaten den andern als Absatzstaaten gegenüberstehen, sondern es wird damit zu rechnen sein, daß der Auslandsabsatz auf dem Weltmarkt über kurz oder lang keineswegs mehr diese vielen offnen Türen vor sich sieht, die noch heute vorhanden sind. Dann aber

wird derjenige Staat und *diejenige Volkswirtschaft* in dem allgemeinen Konkurrenzkampf *am besten* bestehen, *die einen möglichst starken und gefestigten Inlandsmarkt in ihrem In-*
85 *nern aufweisen können.*

Die Landwirtschaft. Gesammelte Vorträge, I. Heft, hg. vom Volksverein für das katholische Deutschland, Mönchen-Gladbach 1911, S. 14.

### M11 Max Roscher, Die Kabel des Weltverkehrs, 1911

Ganz neue Zweige haben sich im Börsenhandel entwickelt. Der bereits erwähnten preisausgleichenden, heftige örtliche und zeitliche Preisschwankungen verhindernden Wirkung
5 der Kabel, stehen um so häufiger kleine Schwankungen der Preise gegenüber. Hierauf beruhen die Arbitragegeschäfte im überseeischen Verkehr, bei denen die von einem fremden Platze gemeldete Börsennotiz von
10 allgemein marktgängigen Waren (und Wertpapieren) zu der Preisnotierung des eigenen oder eines dritten Platzes verglichen wird, um auf Basis dieser Vergleichung den für den Kauf bezw. Verkauf günstigsten Platz zu wählen).
15 Diese Geschäfte vermochten sich durch den Unterseetelegraphen so kräftig zu entwickeln, weil Kauf und Verkauf bei Benutzung des Telegraphen nahezu gleichzeitig erfolgen und der Irrtum über das Verhältnis von Angebot und
20 Nachfrage beschränkt wird. Wie bedeutend der Umfang der Arbitragegeschäfte ist, geht daraus hervor, daß eigens hierfür während der Geschäftszeit zwischen England und Amerika ein besonderer Draht zur Verfügung gestellt
25 wird. Ungefähr zehn New Yorker Häuser machen Arbitragegeschäfte mit London. Schon kurz nach der Betriebseröffnung des ersten atlantischen Kabels (von 1866) erfolgte ein fortgesetzter Austausch der Preise zwischen New
30 York und London. Da der Zeitunterschied zwischen London und New York 4 Minuten und 1 Sekunde weniger als 5 Stunden beträgt, ist es zur Zeit der Eröffnung der New Yorker Börse um 10 Uhr vormittags in London nach-
35 mittags 4 Minuten vor 3.
2 Minuten nach 3 Uhr sind sämtliche New Yorker Eröffnungspreise in London bekannt,

da nur 6 Minuten für die Verkäufe in New York gebraucht werden, um die Preise zu erhalten, sie dem Telegraphenbeamten zu über- 40 geben, nach London zu übermitteln und dort zu veröffentlichen. Auch nach Schluß der Londoner Börse um 4 Uhr geht der Handel noch weiter. Die New Yorker Börse erhält die Londoner 2-Uhr-Preise kurz nach 9 Uhr 45 vormittags. Da es bei Schluß der New Yorker Börse erst 8 Uhr abends in London ist, kann London während der ganzen Zeit, wo jene offen ist, in amerikanischen Papieren auf dem Kabel handeln. Zwischen New York und 50 Berlin beträgt der Zeitunterschied 5 Stunden 49 Minuten 30 Sekunden. Die New Yorker Eröffnungskurse gelangen also erst gegen 4 Uhr in Berlin zur Kenntnis der Börse. Wie gewaltig der Verkehr zwischen London und 55 New York ist, geht daraus hervor, daß in England während der Geschäftszeit etwa 25 000 Wörter in einer Stunde mit Amerika gewechselt werden.

Da jede, auch die geringste Zeitersparnis von 60 Nutzen sein kann, sind besondere Vorkehrungen zur Herbeiführung eines möglichst schnellen und wirksamen Telegrammdienstes getroffen. Bei der „Angle American Tel. Co." z. B. arbeitet die Londoner Station auf Mor- 65 se-Duplex mit Valentia, dem Ausgangspunkt der Kabel. Gewöhnlich ist ein Satz Apparate im Betrieb, die anderen dienen zur Reserve und werden ebenfalls dauernd mit Beamten besetzt. Durch weitere, später zu schildernde 70 Vorkehrungen wird erreicht, daß die Aufnahme der Telegramme ohne Unterbrechung geschehen und in 10 Minuten, die beträchtliche Zahl von 200 allerdings kurzen Telegrammen aufgenommen werden kann. 75
Daß die Arbitrage eine weitere große interlokale Preisausgleichung bei den allgemeinen marktgängigen Waren, bei Rohstoffen, Münzen und Wertpapieren hervorruft, ist naheliegend; denn die Nachfrage an dem Orte 80 mit niedrigerem hebt hier, und der Verkauf an dem Orte mit höherem Preise drückt dort denselben. Dadurch passen sich die Inlandspreise an den Weltmarktpreis an.

Max Roscher, Die Kabel des Weltverkehrs, Berlin 1911, S. 158 ff.

**M12** „Das achte Weltwunder", Werbeillustration 1866 zum Transatlantikkabel zwischen Irland und Neufundland, 1866

**M13** Aus dem unter dem Pseudonym Daniel Frymann erschienenen Buch des Vorsitzenden des Alldeutschen Verbandes, Heinrich Claß, „Wenn ich der Kaiser wär", 1912

Von den Grundzügen deutscher Machtpolitik
Unsere Lage

Die Reichsreform soll in der Hauptsache die Aufgabe erfüllen, die Zukunft unseres Volkes zu sichern, indem sie seine sittliche, körper-
5 liche, politische und wirtschaftliche Gesundheit wieder herstellt und weiterhin erhält. Ein gesundes Volk aber will leben, und dazu gehört die Sicherung und Betätigung nach außen, alles das, was man mit dem Worte
10 Machtpolitik zusammenfassend bezeichnen kann.
Nach dem, was oben über die Unrichtigkeit des Schlagworts von der „Saturiertheit" des Deutschen Reiches gesagt worden ist, wird es nicht überraschen, wenn hier unzweideu- 15 tig ausgesprochen wird, daß der Teil der Erdoberfläche, der heute unter deutscher Herrschaft steht, dem Bedürfnis des deutschen Volkes nicht genügt. Ob dies den andern Staaten leid oder lieb ist, muß uns kalt las- 20 sen; sie mögen es wissen und beizeiten ihre Entscheidung treffen, ob sie vorziehen, uns im guten oder im bösen das zu verschaffen, was wir brauchen: Land.
Wer das Glück hat, einmal einem der Geis- 25 ter zu nahen, die seit zwanzig Jahren unsere äußere Politik machen, der hört von ihnen die Offenbarung, daß es viel leichter sei, als russischer, französischer, englischer Minister eine brauchbare und dabei gut ausse- 30 hende Politik zu betreiben, denn wir hätten

eben das Unglück, von Ost und West von un-
bedingten Feinden umklammert zu sein, im
Südosten außerdem das deutsche Sprachge-
35 biet von Südslawen bedroht zu sehen, während im Nordwesten England auf der Lauer
liegt, das uns jederzeit den Weg zum Welt-
meer versperren kann.
Alles richtig, was so Erleuchtete sagen, aber
40 man braucht nicht die Schule des Auswärtigen Amtes durchgemacht zu haben, um das
zu wissen. Unsere Lage ist schwierig; deshalb
fordert sie besondere Tüchtigkeit der leitenden Männer und dauernde Anspannung der
45 Kräfte des Volkes, wobei wiederholt sei, was
oben im Vorbeigehen ausgesprochen wurde,
daß dies ein Glück für uns ist.
Unsere Lage ist schwierig und wird es mit jedem Tage mehr. Grundfalsch ist die Ansicht
50 mancher sog. Staatsmänner, daß jeder ge-
wonnene Tag unser Freund sei, weil wir von
selbst stärker würden durch das Wachsen unserer Volkszahl und ihres Reichtums, während Frankreich am Ende seiner Leistungsfä-
55 higkeit zu Lande angekommen sei, England
bald so weit komme, und Rußland immer
mehr von den Aufgaben im fernsten Osten
und im asiatischen Südosten in Anspruch genommen werde. Darin liegt natürlich etwas
60 Richtiges, aber es ist eine Politik auf so weite
Sicht, daß sie das lebende Geschlecht zur Un-
tätigkeit verurteilt, wenn man sich darauf allein einrichtet; aber grundfalsch ist sie, wenn
in unserem Volke Bedürfnisse entstehen, de-
65 ren Befriedigung nicht so lange vertagt werden kann, bis die berühmte „Arbeit der Zeit"
für uns entschieden hat.
Wie die Gebildeten in unserem Volke, die
Leute mit etwas politischem Blicke, allmäh-
70 lich erkannt haben, daß die Politik der Saturiertheit unserer wirklichen Lage nicht mehr
entspricht, so ist es geboten, daß alle am öffentlichen Leben Interessierten umdenken
lernen und verlangen, daß wir tätige äußere
75 Politik treiben, sagen wir ruhig aggressive.
Gerade wenn wir von Feinden umklammert
sind, müssen wir uns regen, um nicht er-
drückt zu werden, und so gut andere Nationen ihre Aussichten und Begehrungen öffent-
80 lich erörtern, können wir dies auch; es wird

sogar nützlich sein, dies zu tun, denn gerade
das Schweigen der deutschen Öffentlichkeit
und Regierung, das der Unklarheit und Ziel-
losigkeit entspringt, wird vom Auslande für
besonders verschlagen und listig gehalten, 85
und man vermutet Absichten nach allen Seiten, die gewiß beunruhigend wären – wenn
sie bestünden. Engländer, Russen und Franzosen raffen von Land zusammen, was irgend
zu haben ist, ohne daß sie eigentlich Verwen- 90
dung dafür haben – wir mit unsern 67 Millionen Menschen wollen nichts und tun nichts;
das will den andern aber nicht in den Kopf,
daß wir wirklich nichts wollen. Sie beurteilen uns nach sich selbst und sind überzeugt, 95
daß tiefe Pläne dahinter stecken und daß
wir zu einem Gewaltstreiche ausholen werden, der mit einem Schlage das lang Vorbereitete verwirklicht. Wär' es nur so – aber
Bülow, Schön, Kiderlen als Träger einer küh- 100
nen, weitausschauenden Politik des Wollens
und der Macht! Marokko hat die Antwort
gegeben, und man kann annehmen, daß sie
im Ausland verstanden worden ist: von diesen Staatsmännern fürchtet man nichts. Was 105
man jetzt fürchtet, ist das deutsche Volk in
dem Sinne, daß es Macht ist, ein gewaltiges
Heer hat und eine starke Flotte, und daß die
tatsächliche Macht vorhanden ist, die deutsche Ansprüche durchsetzen kann, wenn erst 110
einmal wieder ein Staatsmann kommt, der
solche ernstlich zu erheben wagt.
Daher die Erwägung in London und Paris,
ob es nicht zweckmäßiger sei, uns anzufallen,
solange man selbst noch stark ist, und es ist 115
lediglich die Rücksicht auf das immerhin vor-
handene Risiko, wenn man nicht den Kampf
eröffnet. England und Frankreich betreiben
aggressive Politik, wir aber halten uns nicht
nur in der Defensive, wir tun noch mehr, das 120
heißt noch weniger: wir entsagen.

Daniel Frymann (= Heinrich Claß), „Wenn ich der Kaiser
wär" Politische Wahrheiten und Notwendigkeiten, 5. Aufl.,
Leipzig 1914, S. 137 ff.

## M14 Walther Rathenau, Deutsche Gefahren und neue Ziele, 1913

Nordamerika ist im Sinne der Materialbeschaffung heute das glücklichste Land, denn es findet fast alle Rohstoffe in seinem Schoße; Deutschland ist im Verhältnis zur
5 Ausdehnung seiner Industrie das unglücklichste. Je mehr die Industrie zur Weltwirtschaft neigt, je mehr die fernsten Küsten zum Markt der Rohstoffe beitragen müssen, desto gefährlicher wird die Geringfügigkeit unseres
10 Anteils am Landbesitz der Welt.

In frühern Zeiten glaubte man, Kolonien seien nützlich als Tributstaaten oder als Abladestätten der Übervölkerung oder als Absatzgebiete. Heute erkennen wir, daß sie
15 meist mehr kosten als bringen, daß Auswanderung unerwünscht ist, und daß kolonialer Absatz umstritten ist, wie jeder andere Absatz; deshalb sind wir leicht geneigt, [...] den Wert überseeischen Besitzes zu unter-
20 schätzen. Bald werden wir erkennen, daß jedes Stück der Erde als Substanz wertvoll ist; denn auch das geringste besitzt oder erzeugt irgendein Rohmaterial; und ist es nicht das unmittelbar verwendbare, so dient es zum
25 Austausch.

Die letzten hundert Jahre bedeuteten die Aufteilung der Welt. Wehe uns, daß wir so gut wie nichts genommen und bekommen haben! Nicht politischer Ehrgeiz und nicht
30 theoretischer Imperialismus rufen diese Klage aus, sondern beginnende wirtschaftliche Erkenntnis. Die Zeit naht eilend heran, in der die natürlichen Stoffe nicht mehr wie heute willige Marktprodukte, sondern heiß
35 umstrittene Vorzugsgüter bedeuten; Erzlager werden eines Tages mehr gelten als Panzerkreuzer, die aus ihren Gängen geschmiedet werden. [...]

Seit Bismarcks Scheiden betreibt Deutsch-
40 land nicht mehr aktive auswärtige Politik, weil Preußen nicht von staatsgeschäftlichen Talenten, sondern von verdienstvollen Beamten geführt wird, und weil das Volk, im Gewinnen befangen, seine Staatssorgen
45 nicht ernst nimmt. Wir bemühen uns, der Welt klarzumachen, daß wir gesättigt sind, daß wir keine Wünsche haben, und je mehr wir reden, desto mehr mißtraut man uns und schiebt uns verwegene Pläne unter, weil man nicht begreifen kann, daß wir unsere eigene
50 Notdurft und unser eigenes Begehren nicht kennen. [...]

Aber wie dem auch sei; selbst wenn eine künftige Zeit, eine glücklichere Politik und ein klareres Erkennen uns einen gerechteren
55 Anteil an der Erbschaft der Welt gewährt als unser jetziger Pflichtanspruch: die Zeit der großen Erwerbungen ist für Deutschland verpaßt. Da wir eine gewaltsame Neuverteilung der Lose nicht ersehnen dürfen, so müs-
60 sen wir mit dem Gedanken rechnen, daß wir auf absehbare Zeit und in weitem Umfang eine zwangsweise kaufende und notgedrungen handelnde Nation bleiben.

So besteht die Verdopplung der Gefahr: ne-
65 ben der Erschwerung des Kaufs die Erschwerung der Zahlung, die Entwertung des Zahlungsmittels, des Ausfuhrguts.

Mit Ausnahme von England, das in glänzender Isolation die Irrtümer der Jahrhun-
70 derte zu überdauern pflegt, frönen alle Wirtschaftsstaaten dem Hochzoll. Das Prinzip der Warenhemmung, das in Form der Binnenzölle vernichtet werden mußte, um vor hundert Jahren den Landeswirtschaften Raum
75 zu schaffen, beherrscht heute die Weltwirtschaft. [...]

Von uns und Amerika haben die Völker gelernt; Zollmauern sind längs jeder Landesgrenze getürmt und erhöhen sich alljährlich,
80 und im Innern der Staaten werden nationalistische Kräfte in den Dienst des Geschäftes gezogen, um den letzten Zufluß von Auslandsgütern abzudämmen.

Dieser friedliche Krieg der Nationen bietet
85 der Zukunft Deutschlands schwerere Gefahren als irgendeine Waffendrohung. Er entwertet unser Zahlungsmittel, er zwingt uns auf die Dauer, teuer zu kaufen und billig zu verkaufen, und somit unentgeltliche Arbeit
90 für das Ausland zu leisten. [...] Es ist weder durchführbar noch wünschenswert, daß wir zum sogenannten Freihandel zurückkehren; vor allem können und dürfen wir nicht ohne Gegenseitigkeit der Leistung uns zoll-tech-
95 nisch entblößen. Aber die Blütezeit der Hoch-

zölle ist in der Welt vorüber; das werden über lang oder kurz alle wirtschaftlich tätigen Nationen empfinden. Ein Abbau der Mauern
100 wird geschehen, sonst fallen alle Vorteile dem Lande zu, das nichts zu kaufen und nichts zu zahlen braucht: Amerika.

Ein schweres Hemmnis wird die Tendenz der freien Bewegung in Deutschland finden,
105 denn hier ist das Gebäude des Hochzolls in der Agrarpolitik verankert, die gleichzeitig eine der Grundlagen des preußischen Feudalismus bildet.

Man geht bei uns von der Ansicht aus, daß der
110 hegemonische Staat die Kräfte seiner Führung und Verteidigung nur aus den Schichten des Grundbesitzes ziehen könne, und stellt sich daher die Aufgabe, den landwirtschaftlichen Großbetrieb, der in seiner heutigen Konsti-
115 tuierung und Belastung mit der Weltkonkurrenz nicht Schritt halten kann, auf gesetzgeberischem Wege seinen Besitzern zu erhalten. Dies geschieht durch eine weitgreifende Zoll- und Einfuhrregelung, die sich auf alle Agrar-
120 produkte erstreckt, und manche um nicht viel weniger als die Hälfte des Auslandpreises belastet. [...]

So steht der Gefahr der wirtschaftlichen Erstickung ein Hochzollsystem zur Seite, das
125 in den Interessen des Großgrundbesitzes, somit in der mächtigsten Quader des preußischen Regierungsbaus verankert ist. An einer Gesetzgebung, die ihren Urhebern Kopf für Kopf Renten von Tausenden, Zehntausenden
130 und Hunderttausenden bedeutet, ist nicht zu rühren. Mithin ist, selbst für den Fall, daß der Abbau der industrialen Hochzölle sich allmählich vollzieht, eine wirtschaftliche Freundschaft mit allen Ländern überwiegen-
135 den Agrarexportes in absehbaren Zeiten ausgeschlossen.

Es bleibt eine letzte Möglichkeit: die Erstrebung eines mitteleuropäischen Zollvereins, dem sich wohl oder übel, über lang oder kurz die westlichen Staaten anschließen würden. 140
[...]

Die Aufgabe, den Ländern unserer europäischen Zone die wirtschaftliche Freizügigkeit zu schaffen, ist schwer; unlösbar ist sie nicht. Handelsgesetzgebungen sind auszu- 145
gleichen, Syndikate zu entschädigen, für fiskalische Zolleinnahmen ist Aufteilung und für ihre Ausfälle Ersatz zu schaffen; aber das Ziel würde eine wirtschaftliche Einheit schaffen, die der amerikanischen ebenbür- 150
tig, vielleicht überlegen wäre, und innerhalb des Bandes würde es zurückgebliebene, stockende und unproduktive Landesteile nicht mehr geben.

Gleichzeitig aber wäre dem nationalistischen 155
Haß der Nationen der schärfste Stachel genommen. [...] Was [...] die Nationen hindert, einander zu vertrauen, sich aufeinander zu stützen, ihre Besitztümer und Kräfte wechselweise mitzuteilen und zu genießen, 160
sind nur mittelbar Fragen der Macht, des Imperialismus und der Expansion: im Kerne sind es Fragen der Wirtschaft. Verschmilzt die Wirtschaft Europas zur Gemeinschaft, und das wird früher geschehen als wir den- 165
ken, so verschmilzt auch die Politik. Das ist nicht der Weltfriede, nicht die Abrüstung und nicht die Erschlaffung, aber es ist Milderung der Konflikte, Kräfteersparnis und solidarische Zivilisation. 170

Walther Rathenau, Deutsche Gefahren und neue Ziele, in: Walther Rathenau, Gesammelte Schriften. In fünf Bänden, Bd. I, Berlin 1918, S. 268ff.

**M15** Mobilität des internationalen Kapitals 1860–2000

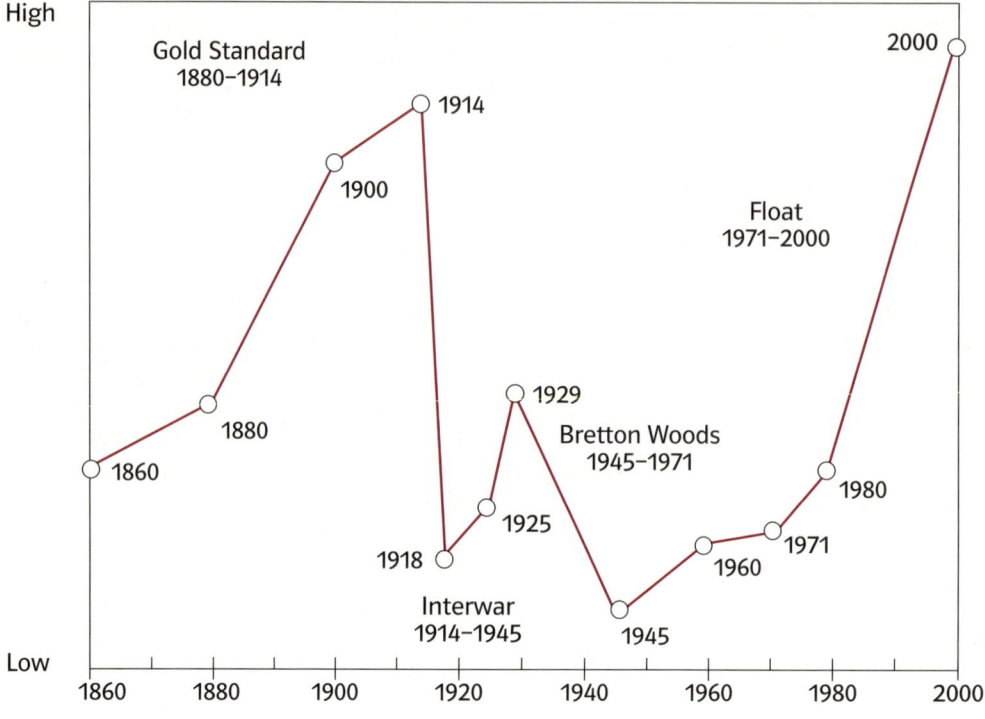

www.polwiss.fu-berlin.de/nore/coe/lehre/Wise2004–2005/15160_V/W%E4hrungsregime.pdf

# 2 Zerfall der Weltwirtschaft in der Weltkriegsepoche 1914–1945

Die Weltkriegsepoche von 1914–1945 war von einem Niedergang der internationalen Wirtschaftsbeziehungen geprägt. Dabei blieb der Versuch, die Weltwirtschaft nach dem Ersten Weltkrieg in alten Strukturen wiederaufzubauen, ohne dauerhaften Erfolg. Zwar schlossen sich die wichtigsten Industriestaaten nach Überwindung der Krisenjahre bis 1923/24 dem Golddevisenstandard wieder an, aber das Weltwährungssystem blieb – nicht zuletzt aufgrund der interalliierten Kriegsschulden und des Reparationszyklus – vergleichsweise labil und erreichte nicht mehr die Stabilität der Ära des Goldstandards vor 1914.

Zu den Strukturfehlern im Nachkriegsaufbau gehörte nicht zuletzt die aus dem Versailler System resultierende Zersplitterung in zahlreiche, durch Zollgrenzen abgeschottete Wirtschaftsräume. Der Welthandel stagnierte und seine Abwärtsentwicklung erlebte in der Weltwirtschaftskrise ihren Tiefpunkt. 1931/32 war scheinbar das Ende der liberalen Weltwirtschaft gekommen. Folge des Zusammenbruchs der Weltwirtschaft in der Depression der 1930er Jahre war eine zunehmende Hinwendung zum Autarkiegedanken und der Idee von „Großwirtschaftsräumen", die von den Gefahren des Weltmarktes unabhängig machen sollten. Dabei entsprach es der nationalsozialistischen Zielvorstellung, dass die Probleme des Wirtschaftsraumes in Europa und auch weltweit nur im Zuge gewaltsamer Eroberung gelöst werden konnten.

Der Zerfall der Weltwirtschaft in der Zwischenkriegszeit ist auch zu sehen vor dem Hintergrund der Strukturveränderungen im weltweiten Handels- und Finanzsystem, das vor 1914 auf Großbritannien als Hauptakteur konzentriert war: Während England aufgrund seiner nachlassenden Finanz- und Wirtschaftskraft nach dem Ersten Weltkrieg nicht mehr in der Lage war, das internationale Wirtschaftssystem von London aus zu stabilisieren, war die neue Wirtschaftsweltmacht USA – im Unterschied zur Zeit nach dem Zweiten Weltkrieg – noch nicht bereit, weltweite Verantwortung für die Erhaltung einer funktionsfähigen Weltwirtschaft zu übernehmen.

## 2.1 Der Erste Weltkrieg und das Versailler System

Der Erste Weltkrieg markierte einen Epochenbruch von säkularer Bedeutung: Er führte zu einer Revolutionierung des internationalen Systems und tiefgreifenden Veränderungen in Wirtschaft, Gesellschaft und Politik in Deutschland und Europa mit weltweiten Auswirkungen. Die „Umwälzung alles Bestehenden", die der deutsche Reichskanzler Theobald von Bethmann Hollweg 1914 prognostiziert hatte, wurde Wirklichkeit. Ob und inwieweit die deutsche Reichsleitung mit ihrer Politik des „kalkulierten Risikos" den Weltkrieg bewusst herbeigeführt hatte (Fritz Fischer), wird nach wie vor kontrovers diskutiert. Weitgehende Übereinstimmung herrscht indes darüber, dass sich der Weg in die europäische „Urkatastrophe" von 1914 aus dem ökonomischen Kalkül keineswegs zwangsläufig ableitete – der „falsche Krieg" (Niall Ferguson) im Übrigen auch aus der Sicht der Siegermächte. Die deutschen Kriegsziele blieben dabei merkwürdig ambivalent und formulierten einerseits den Anspruch auf ein deutsches Hegemonialimperium im Nachkriegseuropa, sahen andererseits aber das Fundament für die eigene wirtschaftliche Vorherrschaft in einem „mitteleuropäischen Wirtschaftsverband" unter Einschluss Frankreichs und anderer Kriegsgegner bei „äußerlicher Gleichberechtigung" seiner Mitglieder.

Der Versailler Friedensvertrag von 1919 war in seinem wirtschaftlichen Kern ziemlich genau das Gegenteil, und er war auch nicht der vom amerikanischen Präsidenten Woodrow Wilson 1917/18 angekündigte „Frieden ohne Sieger", der auf der Beseitigung möglichst aller wirtschaftlichen Schranken und der Errichtung gleicher Handelsbeziehungen unter allen Nationen gegründet sein sollte.

Der Friedensschluss von Versailles führte zur Zerschlagung gewachsener Wirtschaftsräume in Mitteleuropa durch neue Staatenbildungen mit zahlreichen neuen Zollgrenzen sowie nicht zuletzt den Ausschluss Deutschlands aus einem multilateralen Handelssystem auf Grundlage des Meistbegünstigungsprinzips.

Der Grundwiderspruch zwischen der Zersplitterung der Ökumene in nur mangelhaft kooperierende Nationalstaaten bei gleichzeitiger Interdependenz ihrer Ökonomie wurde damit zur Grundlage einer asymmetrischen Friedensordnung gemacht, die den Keim ihres Scheiterns bereits in sich trug.

Die Vision von der „Einen Welt", die von den USA als Grundlage der zukünftigen Friedensordnung proklamiert worden war, wurde zusätzlich konterkariert durch die Oktoberrevolution 1917 und den damit einhergehenden weltpolitischen Szenenwechsel: Dem liberal-konservativen kapitalistischen Weltsystem stand nunmehr eine sozialistische Weltvision gegenüber, die sich die Beseitigung der kapitalistischen Wirtschaftsordnung und die Schaffung eines einheitlichen sozialistischen Weltmarktes zum Ziele gesetzt hatte. Der Ost-West-Konflikt, der die Weltpolitik in der zweiten Hälfte des 20. Jahrhunderts bis zur Epochenwende von 1989/90 bestimmen sollte, hatte hier seine Wurzeln.

**M1** Septemberprogramm des Reichskanzlers Theobald von Bethmann Hollweg vom 9. September 1914

Das allgemeine Ziel des Krieges:
Sicherung des Deutschen Reichs nach West und Ost auf erdenkliche Zeit. Zu diesem Zweck muß Frankreich so geschwächt wer-
5 den, daß es als Großmacht nicht neu erstehen kann, Rußland von der deutschen Grenze nach Möglichkeit abgedrängt und seine Herrschaft über die nichtrussischen Vasallenvölker gebrochen werden.
10 Ziele des Krieges im einzelnen:
1. Frankreich. Von den militärischen Stellen zu beurteilen, ob die Abtretung von Belfort, des Westabhangs der Vogesen, die Schleifung der Festungen und die Abtretung des Küsten-
15 strichs von Dünkirchen bis Boulogne zu fordern ist. In jedem Falle abzutreten, weil für die Erzgewinnung unserer Industrie nötig, das Erzbecken von Briey.
Ferner eine in Raten zahlbare Kriegsentschä-
20 digung; sie muß so hoch sein, daß Frankreich nicht imstande ist, in den nächsten 15–20 Jahren erhebliche Mittel für Rüstungen aufzuwenden.
Des weiteren: Ein Handelsvertrag, der Frank-
25 reich in wirtschaftliche Abhängigkeit von Deutschland bringt, es zu unserem Exportland macht und uns ermöglicht, den englischen Handel in Frankreich auszuschalten. Dieser Handelsvertrag muß uns finanzielle
30 und industrielle Bewegungsfreiheit in Frankreich schaffen – so, daß deutsche Unternehmungen nicht mehr anders als französische behandelt werden können.
2. Belgien. Angliederung von Lüttich und
35 Verviers an Preußen, eines Grenzstriches der Provinz Luxemburg an Luxemburg. [...]
3. Luxemburg wird deutscher Bundesstaat und erhält einen Streifen aus der jetzt belgischen Provinz Luxemburg und eventuell die
40 Ecke von Longwy.
4. Es ist zu erreichen die Gründung eines mitteleuropäischen Wirtschaftsverbandes durch gemeinsame Zollabmachungen, unter Einschluß von Frankreich, Belgien, Holland,
45 Dänemark, Österreich-Ungarn, Polen und eventl. Italien, Schweden und Norwegen.

Dieser Verband, wohl ohne gemeinsame konstitutionelle Spitze, unter äußerlicher Gleichberechtigung seiner Mitglieder, aber tatsächlich unter deutscher Führung, muß die 50 wirtschaftliche Vorherrschaft Deutschlands über Mitteleuropa stabilisieren.
5. Die Frage der kolonialen Erwerbungen, unter denen in erster Linie die Schaffung eines zusammenhängenden mittelafrikani- 55 schen Kolonialreichs anzustreben ist, desgleichen die Rußland gegenüber zu erreichenden Ziele werden später geprüft. Als Grundlage der mit Frankreich und Belgien zu treffenden wirtschaftlichen Abmachungen ist eine kurze 60 provisorische, für einen eventuellen Präliminarfrieden geeignete Formel zu finden.
6. Holland. Es wird zu erwägen sein, durch welche Mittel und Maßnahmen Holland in ein engeres Verhältnis zu dem Deutschen Rei- 65 che gebracht werden kann. [...]

Fritz Fischer, Griff nach der Weltmacht, Düsseldorf 1964, S. 116 ff.

**M2** Bewertungen des „Septemberprogramms"

**a) Fritz Fischer, Griff nach der Weltmacht, 1961**

Der rückschauende Betrachter erkennt in dem Kriegszielprogramm des Kanzlers unschwer Objekte deutscher Wirtschaftsbestrebungen der Vorkriegszeit wie in Belgien, Luxemburg, Lothringen, die nunmehr in direktem Zugriff 5 von der deutschen Politik erfaßt werden, die aber überhöht werden durch die Mitteleuropakonzeption und durch eine antienglische Spitze gekennzeichnet sind. Neben den wirtschaftlichen Momenten treten die stra- 10 tegischen und maritimen Ziele zurück, deren Verwirklichung endgültig den Ring um die „Festung Deutschland" sprengen sollte, womit gleichzeitig die zwei westlichen Großmächte als künftige Gegner Deutschlands 15 militärisch ausgeschaltet werden sollten.
Die Durchsetzung dieses Programms hätte eine vollständige Umwälzung der staatlichen und wirtschaftlichen Machtverhältnisse in Europa herbeigeführt. Nach der Vernich- 20 tung der französischen Großmachtstellung, der Beseitigung des englischen Einflusses auf

dem Kontinent und der Zurückdrängung Rußlands wäre Deutschland die Hegemonie in Europa zugefallen. [...]

Die besondere Bedeutung des Septemberprogramms für die politische Willensbildung innerhalb Deutschlands im Ersten Weltkrieg liegt in zwei Punkten. Einmal stellt es keine isolierte Konzeption des Kanzlers dar, sondern repräsentiert Ideen führender Köpfe in Wirtschaft und Politik – und auch der Militärs – des damaligen Deutschlands. Zum anderen waren, wie sich zeigen wird, die in dem Programm niedergelegten Richtlinien im Prinzip Grundlage der deutschen Kriegszielpolitik bis zum Ende des Krieges, wenn sich auch je nach der Gesamtlage einzelne Modifikationen ergaben.

Fritz Fischer, Griff nach der Weltmacht, a.a.O., S. 94 f. b)

### b) Georges-Henri Soutou, L'or et le sang, 1989

Als Fischer das „Septemberprogramm" ausgrub und veröffentlichte, hat er darin einen kohärenten und endgültigen Plan gesehen, der die Verwirklichung politischer, ökonomischer und territorialer Ziele vorsah, die vom Reich zumindest in den letzten Vorkriegsjahren verfolgt wurden. Andere hingegen haben beharrlich den improvisierten und situationsabhängigen Charakter dieses Textes unterstrichen, der nur eine Etappe im Auf und Ab von Bethmann Hollwegs Konzeptionen darstellte. Man hat sogar offensichtliche Widersprüche zwischen einzelnen Punkten des Programms aufdecken können. Zum Beispiel sehen die ersten drei Paragraphen die Eingliederung Luxemburgs in das Reich, Annexionen in Belgien und dessen Umwandlung in ein Protektorat sowie mehr oder weniger umfangreiche Annexionen und sehr harte ökonomische und finanzielle Bedingungen für Frankreich vor, während Punkt 4 die deutlich gemäßigte Perspektive eines umfassenden mitteleuropäischen Wirtschaftsverbandes enthält. [...] Alle Autoren haben bisher übereinstimmend dieses Programm als ein territoriales, politisches und ökonomisches Ganzes betrachtet. Nun scheint es uns, daß es sich vielmehr

um einen sicher wesentlichen, aber begrenzten und speziellen Aspekt der Überlegungen des Kanzlers zu diesem Zeitpunkt handelt; denn man hat den genauen verfassungsmäßigen Funktionen des Empfängers [Clemens Delbrück, Reichs-Staatssekretär des Innern] und dem Brief, der das Programm begleitet, keine oder nicht genügend Aufmerksamkeit geschenkt. [...]

Im Begleitbrief, der in unserer Sicht wichtiger ist als das „Programm", kreisen alle Überlegungen des Kanzlers um die Probleme der Zollunion und der ökonomischen Fragen, mit Ausnahme einer kurzen politischen Einleitung, die allein das Ziel hat, Delbrück zu verdeutlichen, daß die Friedensverhandlungen jederzeit beginnen können und man sich beeilen muß, Zollpläne zu entwickeln. [...] Dieses Dokument ist in erster Linie eine präzise Anweisung an den Verantwortlichen, der sie ausführen muß; es berührt erst in zweiter Linie die territorialen Probleme des Friedens. Wir wissen – aber aus der Vorgeschichte des Dokuments, nicht aus ihm selbst –, daß das Thema der europäischen Wirtschaftsunion, das im Zentrum steht, für den Kanzler das wesentliche Kriegsziel darstellt, gleichermaßen angemessen und wirkungsvoll, die künftige Sicherheit Deutschlands zu gewährleisten. Denn diese Sicherheit ist das Wesentliche, und alles übrige, einschließlich der ökonomischen Interessen, muß sich nach ihr richten. Für uns ist das „Septemberprogramm" vor allem ein ökonomisches Programm, das aber zugleich den Primat der Politik proklamiert.

Georges-Henri Soutou, L'or et le sang: les buts de guerre économique de la Première Guerre mondiale, Paris 1989, S. 27–29. Zit. nach: Rainer Bölling, Deutschland und Frankreich, Stuttgart 1996, S. 48 f.

### M 3 Niall Ferguson, Der falsche Krieg, 1999

Die Publikation von Fritz Fischers grundlegendem Werk „Griff nach der Weltmacht" 1961 löste innerhalb der deutschen Historikerzunft einen tiefen Schock bei den konservativeren Zeitgenossen aus, gelangte Fischer in seinem Buch doch zu der Schlußfolgerung, die deutschen Kriegsziele im Ersten Weltkrieg hätten sich kaum von jenen unterschieden,

die Hitler im Zweiten verfolgte. Für die britischen Leser bestärkte das nur eine alte Hypothese: daß das wilhelminische Deutschland in der Tat nach einer Weltmachtstellung gestrebt habe, die nur auf Kosten Großbritanniens erreicht werden konnte. Für deutsche Historiker jedoch schien die „Kontinuitätsthese" nicht nur die „Kriegsschuld"-Paragraphen des Versailler Vertrages mit neuem Leben zu erfüllen. Ernster zu nehmen war, daß sie das Argument bekräftigte, die Jahre 1933 bis 1945 hätten innerhalb der modernen deutschen Geschichte keineswegs einen Schritt vom Wege dargestellt, sondern sie seien nur der Gipfelpunkt einer tief verwurzelten, dauerhaften Abweichung von irgendeiner angloamerikanischen Norm gewesen. Alles war falsch – sogar das Bismarckreich. […]
Es war denkbar, Fischers Beweisführung im Hinblick auf eine ganze Reihe von Einzelpunkten und Interpretationen zu kritisieren. Gab es wirklich, wie Fischer in seinem Buch „Krieg der Illusionen" zu zeigen versuchte, einen Kriegsplan, der auf den Dezember 1912 zurückging und sich auf die Überzeugung gründete, bei einem Eroberungskrieg gegen Rußland und Frankreich könne die Neutralität Großbritanniens sichergestellt werden? Oder ging der deutsche Reichskanzler Bethmann Hollweg eine Art von „kalkuliertem Risiko" ein, indem er mit einem örtlich begrenzten Krieg spielte, um die „Handlungsfreiheit" des Reichs zu erhalten – wenn nicht, um das Reich selber zu bewahren? Oder versuchte er vielmehr, ein Kolonialreich in Afrika zu erlangen, indem er Frankreich auf den Schlachtfeldern Europas schlug, und hoffte er dabei, Großbritannien auf irgendeine Weise neutral halten zu können?
Das andere Gegenargument zur These von der deutschen „Alleinschuld" lautet, daß alle europäischen Staaten ihre imperialistischen Kriegsziele verfolgten und daß ihre militaristischen Eliten das ebenfalls taten. In den vergangenen Jahrzehnten sind eine Reihe von Einzelstudien erschienen, die sich mit der Außen- und Militärpolitik der wichtigsten am Krieg teilnehmenden Staaten beschäftigen. Ausgehend von diesen Untersuchungen, gelangten andere Historiker zu einer neuen Einschätzung der Ursprünge des Krieges aus internationaler Perspektive. Für eine Reihe von Fischers Kritikern hat die Ausdifferenzierung in den Forschungsergebnissen eine willkommene Schwerpunktverlagerung weg von der „These der Alleinverantwortung" dargestellt. […]
Die Antworten, die ich zu geben versucht habe, lassen sich wie folgt zusammenfassen:
1. Weder Militarismus noch Imperialismus, noch Geheimdiplomatie machten den Krieg unvermeidlich. Überall in Europa befand sich im Jahre 1914 der Antimilitarismus politisch im Aufstieg. Geschäftsleute – selbst „Krämer des Todes" wie Krupp – hatten kein Interesse an einem größeren europäischen Krieg. Diplomatie, ob geheim oder offen, war erfolgreich bei der Lösung imperialer Konflikte zwischen den Mächten. In Kolonialfragen und in bezug auf die Flotten konnten Großbritannien und Deutschland ihre Differenzen regeln. Die Beziehung zwischen Großbritannien und Deutschland führte nicht zu einem formalen Bündnis, weil Deutschland im Unterschied zu Frankreich, Rußland, Japan und den USA keine ernsthafte Bedrohung für das Empire darzustellen schien.
2. Die deutsche Entscheidung, im Jahre 1914 einen europäischen Krieg zu riskieren, resultierte nicht aus Hybris: Es gab keinen Griff nach der Weltmacht. Die führenden deutschen Politiker und Militärs handelten aus einem Schwächegefühl heraus. Sie hatten den Rüstungswettbewerb zur See oder zu Lande nicht gewinnen können. Das Verhältnis der britischen zur deutschen Tonnage an Kriegsschiffen am Vorabend des Krieges betrug 2,1 zu 1; das Verhältnis der Personenstärke in einem Krieg, bei dem Rußland, Frankreich, Serbien und Belgien gegen Deutschland und Österreich-Ungarn standen, war 2,5 zu 1. Dieser Unterschied war nicht auf einen Mangel ökonomischer Ressourcen zurückzuführen. Er war Ergebnis politischer und insbesondere fiskalischer Zwänge: Die Kombination zwischen einem relativ dezentralisierten bundesstaatlichen System und einem demokratischen Reichstag machte es für die deutsche Regierung mehr oder weniger unmöglich, mit den

Verteidigungsausgaben ihrer stärker zentralisierten Nachbarn gleichzuziehen. Darüber hinaus wurde es 1913/1914 immer schwieriger, das Kreditvolumen für das Reich noch
110 zu vergrößern, nachdem sich die Staatsschulden im Laufe von eineinhalb Jahrzehnten um 150 Prozent erhöht hatten. So gab Deutschland 1913/1914 3,5 Prozent seines Bruttosozialprodukts für die Verteidigung aus, dage-
115 gen Frankreich 3,9 und Rußland 4,6 Prozent. Wenn Deutschland in der Praxis so militaristisch wie Frankreich und Rußland gewesen wäre, würde es weniger Grund gehabt haben, sich unsicher zu fühlen und mit einem riskan-
120 ten Präventivschlag zu liebäugeln, solange es dazu noch imstande war, wie Moltke es ausdrückte. [...]
5. Die Entente-Mächte erfreuten sich einer deutlichen wirtschaftlichen Überlegenheit
125 über die Mittelmächte: Sie verfügten über ein gemeinsames Volkseinkommen, das 60 Prozent größer war, über 4,5mal so viele Menschen und 28 Prozent mehr mobilisierte Soldaten. Hinzu kam, daß die britische Wirtschaft
130 während des Krieges wuchs, während die deutsche schrumpfte. Die wirtschaftliche Kriegführung konnte diese großen ökonomischen Unterschiede nicht ausgleichen. Es ist jedoch ein Mythos, daß die Deutschen ihre Kriegs-
135 wirtschaft schlecht organisierten. Zieht man die unterschiedliche Ausstattung mit Ressourcen in Betracht, dann war es die andere Seite – Großbritannien und die Vereinigten Staaten –, die den Krieg ineffizient führte. [...]
140 Niall Ferguson, Der falsche Krieg. Der Erste Weltkrieg und das 20. Jahrhundert, aus dem Englischen von Klaus Kochmann, Stuttgart 1999, S. 27ff., S. 387ff.

**M4 Die Auswirkungen des Krieges auf die Weltwirtschaft. Flugblatt der Potsdamer Handelskammer zu den Aussichten des Handelskrieges, September 1914**
Die letzten kriegerischen Ereignisse, wie der Fall von Antwerpen und das Vorrücken der deutschen und österreichischen Truppen in Russisch-Polen und in Galizien, weisen darauf hin, daß weitere entscheidende Schläge
5 nahe bevorstehen. Daß die durch England bewirkte Übertragung der Kriegsführung auf das wirtschaftliche Gebiet an dem Ausgang des Krieges nichts ändern würde, ist schon vor Wochen von verschiedenen Seiten nachgewiesen worden. Neuerdings mehren
10 sich die Zeichen, daß dieser wirtschaftliche Kampf, in welchem England vor der Verletzung von privaten Rechten und Neutralitätsrechten nicht zurückschreckt, ihm nicht nur nichts nützt, sondern ihm sogar großen Scha-
15 den bringt.
An die Aushungerung eines Landes wie Deutschland, dessen Landwirtschaft über erstaunliche Erträge von Brotgetreide und Kartoffeln sowie über vollkommen ausreichende
20 Viehbestände verfügt, kann überhaupt nicht gedacht werden. Aber auch eine Schädigung des Außenhandels wird für Deutschland viel leichter zu ertragen sein als für England. Englands Handelsgröße beruht auf der Aus-
25 führung seiner Industrieerzeugnisse, namentlich nach dem europäischen Kontinent und auf der Vermittelung des Überseeverkehrs nach den europäischen Ländern. Deutschlands wirtschaftliche Stärke liegt in seiner
30 außerordentlich leistungsfähigen Landwirtschaft und der großen Aufnahmefähigkeit seines Inlandsmarktes für seine bedeutende industrielle Produktion. Während England reiner Handels- und Industriestaat geworden
35 ist, hat sich Deutschland neben der bedeutenden Entwicklung seiner Industrie und seines Handels eine kräftige Landwirtschaft erhalten, die den Umfang der Ernten von Brotgetreide und Kartoffeln in den letzten 30 Jahren
40 ungefähr verdoppelt hat. Deutschland ist also Industrie- und Agrarstaat.
Englands Handel ist zu vier Fünfteln auf den Absatz im Auslande angewiesen, Deutschlands Handel nur zu einem Fünftel. Dabei ist
45 aber zu beachten, daß der Wert der jährlichen deutschen Produktion auf ungefähr ein Viertel höher veranschlagt werden muß als der Wert der englischen Gütererzeugung. Diese Zahlen zeigen die selbständige wirtschaft-
50 liche Stellung Deutschlands und lassen erkennen, daß für den deutschen Wirtschaftskörper keine vernichtenden Folgen eintreten würden, selbst wenn es gelänge, den deutschen Außenhandel lahmzulegen.
55

England hat aber nicht die Macht, den deutschen Außenhandel wirksam zu hindern. Die Ausfuhrstatistiken beider Länder erweisen, daß Englands Ausfuhr durch den Krieg die
60 größeren Hemmungen erfahren muß. Den Hauptmarkt für die Erzeugnisse beider Länder bildet Europa. Für England ist die Ausfuhr nach seinem Hauptabnehmer, nach dem Deutschen Reiche, sowie nach Österreich-
65 Ungarn und dem eroberten Belgien aufgehoben. Rußland wird nach dem Einfrieren des Hafens Archangelsk im Weißen Meer vom Weltverkehr vollkommen abgeschnitten sein, da seine Ostseehäfen von deutschen Kriegs-
70 schiffen überwacht werden und die Dardanellensperre den Handel nach den russischen Häfen am Schwarzen Meere unterbindet. Die Handelswege von England nach Frankreich sind zum Teil durch deutsche Truppen be-
75 setzt, zum Teil bereits stark bedroht. Auch ist der französische Markt nur noch in sehr geringem Maße aufnahmefähig, da die französischen Geldverhältnisse sehr schwierig liegen und das sich auf französischem Boden
80 abspielende Ringen der Riesenarmeen beider Parteien gewaltige wirtschaftliche Schädigungen und ein Stocken von Handel und Wandel für das ganze Land im Gefolge hat. Nach den genannten Ländern betrug aber im
85 Jahre 1910 die englische Ausfuhr 2700 Millionen Mark, hingegen nach dem übrigen Europa nur 1458 Millionen Mark. *Das heißt also, daß der bisherige Verlauf des Krieges England bereits von seinen wichtigsten Ab-*
90 *satzgebieten abgeschnitten hat.*
Anders liegen die Ausfuhrverhältnisse für Deutschland. Die deutsche Ausfuhr nach England, Frankreich und Rußland einschließlich Finnlands betrug 2 266 Millionen Mark, da-
95 gegen nach dem übrigen Europa 3 357 Millionen Mark. Selbst wenn er deutsche Handel nach Spanien, Portugal und den Balkanländern Schwierigkeiten erfahren sollte und Belgien als weniger aufnahmefähig angese-
100 hen würde, so bleibt doch der deutsche Handel nach den dem Deutschen Reiche naheliegenden befreundeten und neutralen Staaten, wie Österreich-Ungarn, Dänemark, Schweden, Norwegen, Holland, Schweiz und Ita-
105

lien, offen. Die deutsche Ausfuhr nach diesen Ländern betrug immer noch 2 748 Millionen Mark, überstieg also die Summe der Ausfuhr nach England, Frankreich und Rußland wesentlich. Die deutschen Handelsbeziehungen nach Schweden, Norwegen und Dänemark 110 werden aufrecht erhalten und zum Teil noch erweitert, da die deutsche Flotte die Ostsee beherrscht. Die Handelsbeziehungen nach den direkt angrenzenden befreundeten und neutralen Staaten sowie nach Italien werden 115 durch Einführung ermäßigter Tarife gefördert. London, einst die Vermittlungsstelle für ungeheure Warenmengen, scheidet als solche aus. Dem neutralen Handel fällt heute eine große Aufgabe und ein großes Betätigungsfeld zu. 120 Es läßt sich nicht verkennen, daß die kontinentale Lage Deutschlands in dem gegenwärtigen Kriegszustande große wirtschaftliche Vorteile mit sich bringt. Englands vollständig auf Überseebeziehungen aufgebauter Handel 125 leidet sehr unter den hohen Seeversicherungsprämien und unter ständigen Schiffsverlusten und wird im Verlaufe der weiteren militärischen Operationen mit großer Wahrscheinlichkeit noch viel mehr gefährdet werden. Da- 130 mit sind aber auch Englands Ernährung und Industrie, die beide weit überwiegend von den Überseebeziehungen abhängig sind, auf das ärgste gefährdet. […]
*Kurz gesagt, der englische Handelskrieg ist ein* 135 *Schlag ins Wasser! Doch eins wird er zur bleibenden Folge haben: Eine bedeutende Minderung der Stellung Londons als Vermittlungsstelle internationaler Zahlungen und überseeischer Rohstoffe.* 140

Ulrich Cartarius (Hg.), Deutschland im Ersten Weltkriege. Texte und Dokumente, München 1982, S. 48–53.

**M 5** Kriegszielprogramm deutscher Wirtschaftsverbände: Aus einer Petition von sechs Wirtschaftsverbänden an den Reichskanzler Theobald von Bethmann Hollweg vom 20. Mai 1915.

Die unterzeichneten Wirtschaftsverbände waren: Bund der Landwirte, Deutscher Bauernbund, Westfälischer Bauernverein, Centralverband deutscher Industrieller, Bund der

5 Industriellen, Reichsdeutscher Mittelstandsverband.

Neben der Forderung eines Kolonialreiches, das den vielseitigen wirtschaftlichen Interessen Deutschlands voll genügt, neben der Si-
10 cherung unserer zoll- und handelspolitischen Zukunft und der Erlangung einer ausreichenden, in zweckmäßiger Form gewährten Kriegsentschädigung sehen sie [die unterzeichneten sechs Wirtschaftsverbände] das
15 Hauptziel des uns aufgedrängten Kampfes in einer Sicherung und Verbesserung der europäischen Daseinsgrundlage des Deutschen Reiches nach folgenden Richtungen:

Belgien muß […] militär- und zollpolitisch,
20 sowie hinsichtlich des Münz-, Bank- und Postwesens, der deutschen Reichsgesetzgebung unterstellt werden. Eisenbahnen und Wasserstraßen sind unserem Verkehrswesen einzugliedern. Im übrigen müssen Regierung
25 und Verwaltung des Landes […] so geführt werden, daß die Bewohner keinen Einfluß auf die politischen Geschicke des Deutschen Reiches erlangen.

Was Frankreich anbetrifft, so muß […] der
30 Besitz des an Belgien grenzenden Küstengebietes bis etwa zur Somme und damit der Ausweg zum Atlantischen Ozean als eine Lebensfrage für unsere künftige Seegeltung betrachtet werden. Das hierbei mit zu erwer-
35 bende Hinterland muß so bemessen werden, daß wirtschaftlich und strategisch die volle Ausnutzung der gewonnenen Kanalhäfen gesichert ist. Jeder weitere französische Landerwerb hat, abgesehen von der notwendigen
40 Angliederung der Erzgebiete von Briey, ausschließlich nach militärstrategischen Erwägungen zu geschehen. […]

Die Notwendigkeit, auch die gesunde landwirtschaftliche Grundlage unserer Volks-
45 wirtschaft zu stärken, eine großangelegte deutsche ländliche Besiedelung sowie die Zurückführung der im Auslande, namentlich in Rußland, lebenden und jetzt entrechteten
50 deutschen Bauern in das deutsche Reichs- und Wirtschaftsgebiet zu ermöglichen und unsere wehrkräftige Volkszahl stark zu erhöhen, fordert eine erhebliche Erweiterung der Reichs- und preußischen Grenzen gegen Osten durch

Angliederung mindestens von Teilen der Ost- 55 seeprovinzen und der südlich davon liegenden Gebiete unter Berücksichtigung des Zieles, unsere östliche deutsche Grenze militärisch verteidigungsfähig zu gestalten […]

Die Kriegsentschädigung von seiten Ruß- 60 lands wird in großem Umfange in der Übereignung von Land bestehen müssen. […]

H. Michaelis und E. Schraepler, Ursachen und Folgen. Vom deutschen Zusammenbruch 1918 und 1945 bis zur staatlichen Neuordnung Deutschlands in der Gegenwart, Bd. I, München 1959, Nr. 188, S. 352.

## M 6 Friedrich Naumann, Mitteleuropa, 1915

Friedrich Naumann (1860–1919), der Gründer der Deutschen Demokratischen Partei, verfasste im Ersten Weltkrieg eines der damals meistgelesenen politischen Bücher mit dem Titel „Mitteleuropa" (1915).  5

Während ich dieses schreibe, wird im Osten und Westen gekämpft. Absichtlich schreibe ich mitten im Krieg, denn nur im Krieg sind die Gemüter bereit, große umgestaltende Gedanken in sich aufzunehmen. Nach dem 10 Krieg kommt dann sehr bald die Alltagsseele wieder aus ihrem Versteck heraus, und mit der Alltagsseele läßt sich Mitteleuropa nicht machen. Wie Bismarck das Deutsche Reich im Krieg von 1870 herstellte und nicht nach 15 dem Krieg, so müssen im Krieg, im Fließen des Blutes und im Wogen der Völker, von unseren Staatsleitern die Grundlagen der neuen Gestaltung gelegt werden. Später könnte und würde es zu spät sein. 20

Das, wovon ich reden will, ist das Zusammenwachsen derjenigen Staaten, die weder zum englisch-französischen Westbunde gehören noch zum russischen Reiche, vor allem aber ist es der Zusammenschluß des Deutschen Rei- 25 ches mit der österreichisch-ungarischen Doppelmonarchie, denn alle weiteren Pläne über mitteleuropäische Völkerverbindungen hängen davon ab, ob es gelingt, zuerst die zwei Zentralstaaten selber zusammenzufassen. 30

Als der Krieg begann, haben viele von uns, auch ich, gedacht, es könnte noch eine Verständigung mit Frankreich eintreten, denn auf deutscher und auf österreichischer und ungarischer Seite besteht keine Feindschaft gegen 35

Frankreich. Sobald die Franzosen es wollen, können wir ihnen die Hand reichen, aber allerdings erschwerte jeder weitere Kriegsmonat die gegenseitige Annäherung. Frankreich hat
40 sein Schicksal an Englands Seite gewählt, wird von nun an von England benutzt, wird keinen selbständigen Frieden für sich allein mehr machen wollen, wird leider wohl in nächster Zukunft an Englands Seite ein größeres und
45 besseres Portugal werden. Wir lassen darum in den folgenden Ausführungen die Franzosen aus dem Spiel, immer noch hoffend, daß sie in fernerer Zukunft sich einmal zu Mitteleuropa rechnen werden.
50 Auch über Italien darf unsere Schrift nur in zurückhaltender und vorsichtiger Weise reden, da Italien zwar unter Mißachtung alter Vertragsgemeinschaft ins feindliche Lager übergegangen ist, damit aber wohl kaum
55 für alle Zeiten seine wirtschaftspolitische Zugehörigkeit festgelegt hat. Volksstimmung und Wirtschaftsinteressen sind gerade in Italien oft nicht harmonisch. Italien sollte wirtschaftlich zu Mitteleuropa gehören, wir wis-
60 sen ja aber, daß lateinisches Volkstum und adriatisch-alpine Grenzfragen den italienischen Sinn in anderer Richtung gelenkt haben. Jetzt sprechen zunächst die Waffen am Isonzo, und darum reden wir von Mitteleu-
65 ropa ohne Italien.
Über die nordischen Mächte, die Rumänen, Bulgaren, Serben, Griechen, auch über Holland und die Schweiz reden wir im weiteren Verlauf unserer Arbeit noch einiges aber nicht
70 vieles, denn es würde falsch sein, diese kleineren mitteleuropäischen Staaten von vornherein in unserm Plan als feste Größen einzusetzen, da sie noch geschichtliche Wartezeit ihrer Entscheidung vor sich haben. Sie wollen
75 und müssen erst mit Augen sehen, ob der Kern von Mitteleuropa sich bildet, ob das Deutsche Reich und Österreich-Ungarn sich finden.
Im Kriege stehen wir, die Österreicher und die Ungarn, mit den Türken brüderlich zu-
80 sammen. Die letzteren streiten dabei für ihre eigene Sache, kämpfen einen tapferen Lebenskampf um die Reste eines einst mächtigen Staates und um die politische Existenz des islamischen Glaubens und Daseins. Die

85 wunderbar spielende Geschichte hat uns und die Türken zusammengeschoben, denn ihre Feinde wurden unsere Feinde. Es gab für sie keine andere Möglichkeit, sich zu erhalten, als mit uns und dadurch gleichzeitig mit den Österreichern und Ungarn zu gehen. Wir grü-
90 ßen sie und hoffen, daß wir auch weiterhin mit ihnen gemeinsame Geschichte erleben, aber in die Organisation des Kernes von Mitteleuropa gehört die Türkei zunächst nicht herein, denn sie liegt geographisch nicht
95 unmittelbar mit uns zusammen und ist ein Volks- und Wirtschaftsgebiet sehr anderer Art, südländischer, orientalischer, altertümlicher und menschenärmer. Auch in dieser Richtung muß der Kristallisationskern selbst
100 erst da sein, ehe über Anschlußbedingungen erfolgreich gehandelt werden kann.
Unsere Augen sind also zunächst auf das mitteleuropäische Land gerichtet, das von Nord- und Ostsee bis zu den Alpen, dem ad-
105 riatischen Meere und dem Südrande der Donauebene reicht. Nehmt die Karte zur Hand und seht, was zwischen Weichsel und Vogesen liegt, was zwischen Galizien und Bodensee lagert! Diese Fläche sollt ihr als eine
110 Einheit denken, als ein vielgegliedertes Bruderland, als einen Verteidigungsbund, als ein Wirtschaftsgebiet! Hier soll aller geschichtliche Partikularismus im Drange des Weltkrieges soweit verwischt werden, daß er die
115 Einheitsidee verträgt. Das ist die Forderung der Stunde, das ist die Aufgabe dieser Monate. Die Geschichte will im Donner der Kanonen darüber mit uns reden; an uns aber ist es, ob wir hören wollen.
120 [...] Mitteleuropa ist in gegenwärtiger Stunde ein geographischer Ausdruck, der bis jetzt noch keinen politischen und verfassungsmäßigen Charakter gewonnen hat, aber Österreich war auch einst einmal nur ein geographischer
125 Ausdruck, und Preußen war eine landschaftliche Benennung, die nichts als den alleröstlichsten Teil der Monarchie bezeichnete. Es ist gar nicht allzulange her, da hieß es, Deutschland sei nur ein geographischer Begriff; und
130 welchen Inhalt hat inzwischen dieses Wort erhalten! Dabei hat das noch nicht historisch verbrauchte Wort „Mitteleuropa" den großen

Vorzug, daß es keine konfessionelle oder nationale Färbung mit sich bringt und darum
135 nicht von vornherein Gefühlswiderstände weckt. Wir werden ja mit solchen Gefühlswiderständen schon sowieso genug und übergenug zu tun haben, denn wenn irgend ein Gebiet auf der menschenbewohnten Erdkugel
140 einen Überfluß leidenschaftlicher Spannungen und Reibungen in sich enthält, so ist es dieses unser mitteleuropäisches Land!

Friedrich Naumann, Mitteleuropa, Berlin 1915, S. 1 ff., S. 58–61, S. 102.

## M7 Wladimir I. Lenin, Die Vereinigten Staaten von Europa – eine falsche Losung, 1915

Vereinigte Staaten von Europa sind unter kapitalistischen Verhältnissen gleichbedeutend mit Übereinkommen über die Teilung der Kolonien. Unter kapitalistischen Verhältnis-
5 sen ist jedoch jede andere Basis, jedes andere Prinzip der Teilung als das der Macht unmöglich. Der Milliardär kann das „Nationaleinkommen" eines kapitalistischen Landes mit jemand anderem nur in einer bestimmten
10 Proportion teilen: „entsprechend dem Kapital" (überdies noch mit einem Zuschlag, damit das größte Kapital mehrbekommt, als ihm zusteht). Kapitalismus bedeutet Privateigentum an den Produktionsmitteln und
15 Anarchie der Produktion. Auf solcher Basis eine „gerechte" Verteilung des Einkommens zu predigen ist Proudhonismus, ist kleinbürgerlicher, philiströser Stumpfsinn. Es kann nicht anders geteilt werden als „entspre-
20 chend der Macht". Die Machtverhältnisse ändern sich aber mit dem Gang der ökonomischen Entwicklung. Nach 1871 erstarkte Deutschland etwa drei- bis viermal so rasch wie England und Frankreich, Japan annä-
25 hernd zehnmal so rasch wie Rußland. Um die tatsächliche Macht eines kapitalistischen Staates zu prüfen, gibt es kein anderes Mittel und kann es kein anderes Mittel geben als den Krieg. Der Krieg steht in keinem Wi-
30 derspruch zu den Grundlagen des Privateigentums, er stellt vielmehr eine direkte und unvermeidliche Entwicklung dieser Grund-

lagen dar. Unter dem Kapitalismus ist ein gleichmäßiges Wachstum in der ökonomischen Entwicklung einzelner Wirtschaften 35 und einzelner Staaten unmöglich. Unter dem Kapitalismus gibt es keine anderen Mittel, das gestörte Gleichgewicht von Zeit zu Zeit wiederherzustellen, als Krisen in der Industrie und Kriege in der Politik. 40
Natürlich sind zeitweilige Abkommen zwischen den Kapitalisten und zwischen den Mächten möglich. In diesem Sinne sind auch die Vereinigten Staaten von Europa möglich als Abkommen der europäischen Kapitalisten 45 […] worüber? Lediglich darüber, wie man gemeinsam den Sozialismus in Europa unterdrücken, gemeinsam die geraubten Kolonien gegen Japan und Amerika verteidigen könnte, die durch die jetzige Aufteilung der Kolonien 50 im höchsten Grade benachteiligt und die im letzten halben Jahrhundert unvergleichlich rascher erstarkt sind als das rückständige, monarchistische, von Altersfäulnis befallene Europa. Im Vergleich zu den Vereinigten Staa- 55 ten von Amerika bedeutet Europa im ganzen genommen ökonomischen Stillstand. Auf der heutigen ökonomischen Basis, d.h. unter kapitalistischen Verhältnissen, würden die Vereinigten Staaten von Europa die Organisation 60 der Reaktion zur Hemmung der rascheren Entwicklung Amerikas bedeuten. Die Zeiten, in denen die Sache der Demokratie und die Sache des Sozialismus nur mit Europa verknüpft war, sind unwiderruflich dahin. 65
Die Vereinigten Staaten der Welt (nicht aber Europas) sind jene staatliche Form der Vereinigung und der Freiheit der Nationen, die wir mit dem Sozialismus verknüpfen – solange nicht der vollständige Sieg des Kommunismus 70 zum endgültigen Verschwinden eines jeden, darunter auch des demokratischen, Staates geführt haben wird. Als selbständige Losung wäre jedoch die Losung Vereinigte Staaten der Welt wohl kaum richtig, denn erstens fällt 75 sie mit dem Sozialismus zusammen, und zweitens könnte sie die falsche Auffassung von der Unmöglichkeit des Sieges des Sozialismus in einem Lande und eine falsche Auffassung von den Beziehungen eines solchen Landes zu den 80 übrigen entstehen lassen. […]

**67**

Aus eben diesen Erwägungen heraus, im Ergebnis vielfacher Erörterung der Frage auf der Konferenz der Auslandssektionen der
85 SDAPR und nach dieser Konferenz, ist die Redaktion des Zentralorgans zu dem Schluß gelangt, daß die Losung der Vereinigten Staaten von Europa eine falsche Losung ist.

„Sozial-Demokrat" Nr. 44, 23. Aug. 1915. Zit. nach: Wladimir I. Lenin, Über die Losung der Vereinigten Staaten von Europa, in: Werke, S. 342–346.

## M8 „Peace Without Victory": Rede des US-Präsidenten Woodrow Wilson vor dem Senat am 22. Januar 1917

Ich habe diese Gelegenheit gesucht, zu Ihnen zu sprechen, weil ich glaube, daß ich es Ihnen als der mit mir zusammen 5 für die Entscheidungsfindung hinsichtlich internationaler
5 Verpflichtungen verantwortlichen Institution schuldig bin, offen zu legen, [...] welche Gedanken und Absichten ich in diesen Tagen [...] entwickelt habe, wenn es notwendig wird, ein neues Konzept für den Frieden un-
10 ter und zwischen den Nationen vorzulegen. [...] Es ist unvorstellbar, daß das Volk der Vereinigten Staaten keinen Anteil an einem solch großen Unternehmen haben sollte. Die Beteiligung an diesem Unterfangen bietet jene
15 Gelegenheit, auf die das Volk sich vorzubereiten versucht hat mit den Prinzipien und Zielsetzungen seiner Politik und deren akzeptierter Umsetzung durch seine Regierung. Und dies gilt bereits seit jener Zeit, als es selbst
20 eine neue Nation formte in der großen und ehrenhaften Hoffnung, daß diese neue Nation in allem, was sie darstellte und was sie tat, der Menschheit den Weg zur Freiheit wies. [...]
25 Wenn ein zu gestaltender Friede ein dauerhafter sein soll, dann muß er ein Friede sein, der von der organisierten Gewalt der gesamten Menschheit gesichert wird. Die Bedingungen des bevorstehenden Friedens werden dar-
30 über entscheiden, ob es sich um einen Frieden handeln wird, der eine solche Garantie gewährleisten kann. Die Frage, von der der ganze zukünftige Friede und die Politik der Welt abhängt, ist die folgende: Ist der gegen-

wärtige Krieg ein Kampf um einen gerechten 35 und sicheren Frieden oder nur ein Kampf um ein neues Gleichgewicht der Macht? Wenn es sich nur um den Kampf um ein neues Mächtegleichgewicht handelte, dann stellt sich wiederum die Frage, wer das stabile Gleichge- 40 wicht der neuen Ordnung garantieren wird und garantieren kann. Denn nur ein ruhiges Europa kann ein stabiles Europa sein. Es darf kein Gleichgewicht der Macht, es muß eine Gemeinsamkeit der Macht entstehen; 45 keine organisierte Rivalität, sondern ein organisierter gemeinsamer Friede. [...] Das bedeutet zunächst einmal, daß es einen Frieden ohne Sieger geben muß. [...] Ein Siegfrieden bedeutete, daß der Frieden dem Verlierer 50 aufgezwungen werden würde, zu den Bedingungen, die der Sieger dem Besiegten auferlegt. [...] Nur ein Friede zwischen Gleichberechtigten kann dauerhaft sein, nur ein Friede wird von Dauer sein, dessen Prinzip 55 die Gleichheit und gemeinsame Beteiligung am gemeinsamen Nutzen darstellt. [...]

Woodrow Wilson (President of the United States): Why We Are At War. Messages to the Congress January to April. New York and London 1917. S. 7–21. Übersetzung: Christian Große Höötmann.

## M9 Verteidigung der atlantischen Welt: Aus einem Artikel von Walter Lippmann, 17. Februar 1917

Walter Lippmann (1889–1974), einflussreicher US-Schriftsteller, Journalist und politischer Kommentator; Gründer des liberalen Magazins „The New Republic"; Berater von US-Präsident Woodrow Wilson, den er 5 bei der Ausgestaltung des 14-Punkte-Programms unterstützte.

Der Krieg [des Deutschen Reiches] gegen Großbritannien, Frankreich und Belgien ist ein Krieg gegen die politische Kultur, der 10 auch wir angehören. Wenn wir uns in einem solchen Krieg „fair" verhielten, würden wir einen Verrat begehen. Wir können Deutschland nicht zum Sieg verhelfen. [...] Wir haben uns [seit längerem] dazu entschieden, den Al- 15 liierten Unterstützung zu gewähren, in negativer Hinsicht dadurch, daß wir ihnen gestatten, die See für die Deutschen zu schließen, in

positiver Hinsicht dadurch, daß wir gestatten,
20 daß sie für sie selbst geöffnet bleibt. […]
Es ist das Verbrechen Deutschlands, daß es versucht, die Transportwege zu zerstören, von denen die atlantische Welt lebt. Das ist es, was uns gegen Deutschland in diesem
25 Krieg hat wenden lassen. Wäre Deutschland gegenüber Frankreich und Großbritannien in der Defensive verblieben, hätte es den Krieg auf den Balkan beschränkt und auf die Ostfront, wo er seine Ursprünge hat, […] dann
30 hätte es Neutralität und wahrscheinlich auch Sympathie für sich gewinnen können. Aber als es den Krieg gegen die atlantische Welt entfesselte, indem es Belgien vergewaltigte, Frankreich überfiel und gegen Großbritan-
35 nien losschlug, […] gab es keinen Spielraum mehr für Neutralität des Denkens oder des Handelns. Und jetzt, wo es versucht, die lebenserhaltenden Handelswege unserer Welt durchzutrennen, können wir nicht länger zu-
40 sehen. […] Wenn schon nicht die Zivilisation überhaupt auf dem Spiel steht, so steht doch zumindest unsere Zivilisation auf dem Spiel. Es wäre jedoch ein großer Fehler anzunehmen, daß wir es mit einem Deutschland zu
45 tun haben, das mit einer Stimme spricht. Wir führen Krieg gegen Deutschland solange, wie es sein Schicksal in die Hände derjenigen legt, die es von der westlichen Welt trennen wollen. Von Rechts wegen müßte Deutschland
50 ein starker und treuer Teil der atlantischen Welt sein, und es wird dies auch wieder sein, wenn dieser Krieg effektiv geführt und vernünftig beendet wird. […] Es ist weder paradox noch sentimental zu sagen, daß wir gegen
55 Deutschland kämpfen, nicht um es zu zerstören, sondern um es für die politische Kultur zurückzugewinnen, zu der es eigentlich gehört. Deutschland bleibt solange ein Rebell, wie es einen offensiven Krieg gegen die west-
60 liche Welt führt. […]
Das sind, so glauben wir, die Hauptursachen dafür, warum wir in den Krieg hineingezogen werden, die Hauptgründe dafür, daß wir in ihn eintreten sollten, die Hauptziele, wel-
65 che wir durch den Krieg verfolgen sollten. […] Wofür wir kämpfen müssen, das ist das gemeinsame Interesse […] an der Erhaltung

der atlantischen Mächte. Wir müssen erkennen, daß wir in Wahrheit eine große Gemeinschaft bilden und als Mitglieder dieser han- 70 deln. Wenn wir uns ihr hinzugesellen, wäre das ein enormer Zugewinn für die Prinzipien des Liberalismus und die Voraussetzung für die Organisation einer Weltliga des Friedens. […] Wir würden Deutschland nicht aus ei- 75 nem solchen Bund ausschließen. […] Wenn eine Friedenskonferenz abgehalten wird […], dann wird die Entscheidung zwischen Liberalismus und Reaktion auf der Grundlage der relativen Stärke der Gegner fallen. Wenn die 80 liberalen Kräfte dann über die größere Stärke verfügen, dann werden sie es sein, die die zukünftige Ordnung der Welt bestimmen.

The New Republic (17. Februar 1917), S. 59–61. Übersetzung: Christian Große Höötmann

## M10 Die Friedensresolution des Deutschen Reichstages vom 19. Juli 1917

Die Resolution wurde am 19. Juli 1917 mit 212 gegen 126 Stimmen bei 17 Stimmenthaltungen angenommen. Dafür stimmten fast das gesamte Zentrum, die Mehrheitssozialdemokratie und die Fortschrittliche Volks- 5 partei, dagegen die Konservativen, die Nationalliberale Partei und die Unabhängige Sozialdemokratie.

Wie am 4. August 1914 gilt für das deutsche Volk auch an der Schwelle des vierten Kriegs- 10 jahres das Wort der Thronrede: „Uns treibt nicht Eroberungssucht." Zur Verteidigung seiner Freiheit und Selbständigkeit, für die Unversehrtheit seines territorialen Besitzstandes hat Deutschland die Waffen ergrif- 15 fen. Der Reichstag erstrebt einen Frieden der Verständigung und der dauernden Versöhnung der Völker.

Mit einem solchen Frieden sind erzwungene Gebietserwerbungen und politische, wirt- 20 schaftliche oder finanzielle Vergewaltigungen unvereinbar.

Der Reichstag weist auch Pläne ab, die auf eine wirtschaftliche Absperrung und Verfeindung der Völker nach dem Kriege ausgehen. 25 Die Freiheit der Meere muß sichergestellt werden.

Nur der Wirtschaftsfriede wird einem freundschaftlichen Zusammenleben der Völker den Boden bereiten.

Der Reichstag wird die Schaffung internationaler Rechtsorganisationen tatkräftig fördern. Solange jedoch die feindlichen Regierungen auf einen solchen Frieden nicht eingehen, solange sie Deutschland und seine Verbündeten mit Eroberung und Vergewaltigung bedrohen, wird das deutsche Volk wie ein Mann zusammenstehen, unerschütterlich ausharren und kämpfen, bis sein und seiner Verbündeten Recht auf Leben und Entwicklung gesichert ist.

In seiner Einigkeit ist das deutsche Volk unüberwindlich. Der Reichstag weiß sich darin eins mit den Männern, die in heldenhaftem Kampfe das Vaterland schützen. Der unvergängliche Dank des ganzen Volkes ist ihnen sicher.

H. Michaelis und E. Schraepler, Ursachen und Folgen. Vom deutschen Zusammenbruch 1918 und 1945 bis zur staatlichen Neuordnung Deutschlands in der Gegenwart, Bd. II, München 1959, Nr. 241, S. 37 ff.

**M11** **Die 14 Punkte der Botschaft des Präsidenten der Vereinigten Staaten von Amerika Woodrow Wilson an den US-Kongreß, 8. Januar 1918**

Das Programm des Weltfriedens ist unser Programm, und dieses Programm – unserer Auffassung nach das einzig mögliche – ist folgendes:

I. Offene Friedensverträge, die offen zustande gekommen sind, und danach sollen keine geheimen internationalen Vereinbarungen irgendwelcher Art mehr getroffen werden, sondern die Diplomatie soll immer offen und vor aller Welt arbeiten.

II. Vollkommene Freiheit der Schiffahrt auf den Meeren, außerhalb der Küstengewässer, sowohl im Frieden als auch im Kriege, außer insoweit, als die Meere ganz oder teilweise durch internationale Maßnahmen zur Erzwingung internationaler Abmachungen geschlossen werden mögen.

III. Beseitigung aller wirtschaftlichen Schranken, soweit möglich, und Errichtung gleicher Handelsbeziehungen unter allen Nationen, die dem Frieden zustimmen und sich zu seiner Aufrechterhaltung zusammenschließen.

IV. Austausch ausreichender Garantien dafür, daß die nationalen Rüstungen auf das niedrigste, mit der inneren Sicherheit zu vereinbarende Maß herabgesetzt werden.

V. Eine freie, weitherzige und unbedingt unparteiische Schlichtung aller kolonialen Ansprüche, die auf einer genauen Beobachtung des Grundsatzes fußt, daß bei der Entscheidung aller derartigen Souveränitätsfragen die Interessen der betroffenen Bevölkerung ein ebensolches Gewicht haben müssen wie die berechtigten Forderungen der Regierung, deren Rechtsanspruch bestimmt werden soll.

VI. Räumung des ganzen russischen Gebiets und eine solche Regelung aller Rußland betreffenden Fragen, die ihm die beste und freieste Zusammenarbeit der anderen Nationen der Welt für die Erlangung einer unbeeinträchtigten und unbehinderten Gelegenheit zur unabhängigen Bestimmung seiner eigenen politischen Entwicklung und nationalen Politik sicherstellt. [...]

VII. Belgien muß, wie die ganze Welt übereinstimmen wird, geräumt und wiederhergestellt werden, ohne jeden Versuch, seine Souveränität , deren es sich ebenso wie alle anderen freien Nationen erfreut, zu beschränken. [...]

VIII. Alles französische Gebiet sollte befreit und die besetzten Teile sollten wiederhergestellt werden, und das Frankreich von Preußen im Jahre 1871 hinsichtlich Elsaß-Lothringen angetane Unrecht, das den Weltfrieden während eines Zeitraums von nahezu fünfzig Jahren in Frage gestellt hat, sollte wieder gutgemacht werden, damit erneut Friede im Interesse aller gemacht werde.

IX. Es sollte eine Berichtigung der Grenzen Italiens nach den klar erkennbaren Linien der Nationalität durchgeführt werden.

X. Den Völkern Österreich-Ungarns, deren Platz unter den Völkern wir sichergestellt und zugesichert zu sehen wünschen, sollte die freieste Gelegenheit zu autonomer Entwicklung gewährt werden.

XI. Rumänien, Serbien und Montenegro sollten geräumt werden; besetzte Gebiete sollten wiederhergestellt werden; Serbien sollte freier und sicherer Zugang zum Meere gewährt werden; und die Beziehungen der verschiedenen Balkanstaaten zueinander sollten durch freundschaftliche Verständigung gemäß den geschichtlich feststehenden Grundlinien von Zugehörigkeit und Nationalität bestimmt werden. […]

XII. Den türkischen Teilen des gegenwärtigen Osmanischen Reiches sollte eine sichere Souveränität, den anderen derzeit unter türkischer Herrschaft stehenden Nationalitäten aber eine unzweifelhafte Sicherheit der Existenz und unbeeinträchtigte Gelegenheit für autonome Entwicklung zugesichert werden; auch sollten die Dardanellen unter internationaler Garantie dauernd als ein freier Durchgang für die Schiffe und den Handel aller Nationen geöffnet werden.

XIII. Es sollte ein unabhängiger polnischer Staat errichtet werden, der die von unbestritten polnischen Bevölkerungen bewohnten Gebiete einschließen sollte, dem ein freier und sicherer Zugang zum Meere zugesichert werden sollte und dessen politische und wirtschaftliche Unabhängigkeit und territoriale Unverletzlichkeit durch internationales Abkommen garantiert werden sollten.

XIV. Es muß zum Zwecke wechselseitiger Garantieleistung für politische Unabhängigkeit und territoriale Unverletzlichkeit der großen wie der kleinen Staaten unter Abschluß spezifischer Vereinbarungen eine allgemeine Gesellschaft von Nationen gebildet werden.

Der Waffenstillstand 1918–1919. Das Dokumenten-Material der Waffenstillstands-Verhandlungen von Compiègne, Spa, Trier und Brüssel, hg. im Auftrage der Deutschen Waffenstillstands-Kommission, Bd. 1, Berlin 1928, S. 3–6.

## M12 Der Vertrag von Versailles, 28. Juni 1919

Am 18. Januar 1919 trat im Spiegelsaal des Schlosses von Versailles die Friedenskonferenz von 27 Siegerstaaten ohne Vertreter des Deutschen Reiches zusammen. Am 16. Juni übergaben die Alliierten die endgültigen Friedensbedingungen, in denen die Grundsätze der „14 Punkte" des amerikanischen Präsidenten Woodrow Wilson zugunsten der weitgesteckten Kriegsziele vor allem Frankreichs verdrängt waren. Am 28. Juni 1919 erfolgte die Unterzeichnung des Friedensvertrages in Versailles durch Reichsaußenminister Hermann Müller (SPD) und Verkehrsminister Johannes Bell (Z).

*VIII. Teil (Artikel 231–247). Wiedergutmachungen.*

*Artikel 231* Die alliierten und assoziierten Regierungen erklären und Deutschland erkennt an, daß Deutschland und seine Verbündeten als Urheber aller Verluste und aller Schäden verantwortlich sind, welche die alliierten und assoziierten Regierungen und ihre Angehörigen infolge des ihnen durch den Angriff Deutschlands und seiner Verbündeten aufgezwungenen Krieges erlitten haben.

*Artikel 232* Die alliierten und assoziierten Regierungen erkennen an, daß die Hilfsmittel Deutschlands nicht ausreichen, um die vollständige Wiedergutmachung aller dieser Verluste und aller dieser Schäden sicherzustellen, indem sie der ständigen Verminderung dieser Hilfsmittel Rechnung tragen, die sich aus den übrigen Bestimmungen dieses Vertrages ergibt.

Die alliierten und assoziierten Regierungen verlangen indessen und Deutschland übernimmt die Verpflichtung, daß alle Schäden wieder gutgemacht werden, die der Zivilbevölkerung jeder der alliierten und assoziierten Regierungen und ihrem Eigentum während der Zeit, da diese Macht sich im Kriegszustand mit Deutschland befand, durch den erwähnten Angriff zu Lande, zur See und aus der Luft zugefügt sind, und überhaupt alle Schäden, wie sie in der Anlage I näher bestimmt sind […] [Anlage I: Ausnahmslos alle von Zivilpersonen erlittenen Schäden, Kriegsgefangenen durch schlechte Behandlung zugefügte Schäden, Rentenzahlungen an überlebende militärische Kriegsopfer, Unterhaltszahlungen an die Familien von Militärangehörigen u. a. m.]

*Artikel 233* Die Höhe der erwähnten Schäden, deren Wiedergutmachung von Deutschland geschuldet wird, wird von einer interalliierten Kommission festgestellt werden. Die

Kommission erhält die Bezeichnung Wiedergutmachungskommission. [...]

Die Beschlüsse dieser Kommission über die
60 Höhe der obenbezeichneten Schäden sollen spätestens am 1. Mai 1921 aufgesetzt und der deutschen Regierung als Gesamtbetrag ihrer Verpflichtungen mitgeteilt werden. Die Kommission wird gleichzeitig einen Zah
65 lungsplan aufstellen; sie wird dabei die Fristen und die Art und Weise für die Ablösung der Gesamtschuld durch Deutschland innerhalb eines Zeitraumes von dreißig Jahren vorsehen, der mit dem 1. Mai 1921 beginnt.
70 [...]

*Artikel 235* Damit die alliierten und assoziierten Mächte schon jetzt den Wiederaufbau ihres industriellen und wirtschaftlichen Lebens in Angriff nehmen können, zahlt Deutsch
75 land vor Feststellung der endgültigen Höhe ihrer Ersatzansprüche während der Jahre 1919 und 1920 und in den ersten vier Monaten des Jahres 1921 den Gegenwert von 20 Milliarden (zwanzig Milliarden) Mark Gold
80 in Anrechnung auf die obigen Forderungen. [...]

*Artikel 236* Deutschland willigt außerdem darein, daß seine wirtschaftlichen Hilfsmittel unmittelbar in den Dienst der Wieder
85 gutmachungen gestellt werden, nach näherer Bestimmung der Anlagen III, IV, V und VI, welche die Handelsflotte, die Wiederherstellung in Natur, Kohle und Kohlenprodukte, Farbstoffe und andere chemische Erzeugnisse
90 betreffen, vorausgesetzt, daß der Wert der übertragenen Güter und der nach Maßgabe der genannten Anlagen erfolgten Leistungen in der vorgeschriebenen Weise festgestellt ist, Deutschland gutgeschrieben und von den in
95 den vorstehenden Artikeln vorgesehenen Verpflichtungen in Abzug gebracht wird.

*Artikel 237* Die von Deutschland zur Befriedigung der vorbezeichneten Schadensanmeldungen bewirkten Teilzahlungen einschließ
100 lich derer, die in den vorstehenden Artikeln bezeichnet sind, werden von den alliierten und assoziierten Regierungen nach einem Schlüssel verteilt, der von ihnen im voraus und auf der Grundlage der Billigkeit und der
105 Rechte einer jeden bestimmt ist. [...]

*In Anlage III heißt es:*

§ 1. Deutschland erkennt das Recht der alliierten und assoziierten Mächte auf Ersatz aller Handelsschiffe und Fischereifahrzeuge an, die infolge von Kriegsereignissen verlorengegangen 110 oder beschädigt sind, und zwar Tonne für Tonne (Bruttotonne) und Klasse für Klasse. [...]

Die deutsche Regierung tritt den alliierten und assoziierten Regierungen im eigenen Namen und so, daß alle anderen Beteiligten dadurch ge 115 bunden werden, das Eigentum an allen seinen Angehörigen gehörenden Handelsschiffen von 1 600 Bruttotonnen und darüber ab, desgleichen die Hälfte des Tonnengehalts der Schiffe, deren Bruttotonnage zwischen 1 000 und 1 600 120 Tonnen beträgt, und je ein Viertel des Tonnengehalts der Fischdampfer und der anderen Fischereifahrzeuge.

§ 2. Die deutsche Regierung hat innerhalb von zwei Monaten nach Inkrafttreten dieses Ver 125 trags der Wiedergutmachungskommission alle im § 1 bezeichneten Schiffe und sonstigen Seefahrzeuge zu übergeben.

*In der Anlage V heißt es:*

§ 1. Deutschland verpflichtet sich, auf Anfor 130 dern der Signatarmächte des vorliegenden Friedensvertrages folgende Mengen von Kohlen und Kohlennebenprodukten zu liefern.

§ 2. Deutschland liefert an Frankreich während der Dauer von 10 Jahren 7 Millionen Tonnen 135 Kohle jährlich. Ferner liefert Deutschland an Frankreich jedes Jahr soviel Kohlen, als der Unterschied zwischen der Jahresförderung vor dem Kriege aus den Bergwerken des Nordens und des Pas-de-Calais, die durch den Krieg zerstört 140 sind, und der Förderung aus den Bergwerken dieses Beckens während des in Betracht kommenden Jahres beträgt. Diese Lieferung findet 10 Jahre lang statt. Sie soll während der ersten 5 Jahre 20 Millionen Tonnen jährlich und wäh 145 rend der folgenden 5 Jahre 8 Millionen Tonnen jährlich nicht überschreiten [...]

§ 3. Deutschland liefert an Belgien jährlich 8 Millionen Tonnen Kohlen während der Dauer von 10 Jahren. 150

§ 4. Deutschland liefert an Italien folgende Höchstmengen an Kohle: Juli 1919 bis Juni 1920: 4½ Millionen Tonnen, Juli 1920 bis Juni

1921: 6 Millionen Tonnen, Juli 1921 bis Juni
155 1922: 7½ Millionen Tonnen, Juli 1922 bis Juni
1923: 8 Millionen Tonnen, Juli 1923 bis Juni
1924: 8½ Millionen Tonnen und während der
nächsten fünf Jahre: Je 8½ Millionen Tonnen.
[...]

160 *IX. Teil (Artikel 248–263). Finanzielle Be-*
*stimmungen.*
*Artikel 249* Deutschland trägt die gesamten
Kosten für den Unterhalt aller alliierten und
assoziierten Armeen in den besetzten deut-
165 schen Gebieten Tage der Unterzeichnung des
Waffenstillstandes, dem 11. November 1918
ab.

*X. Teil (Artikel 264–312). Wirtschaftliche Be-*
*stimmungen.*
170 *Artikel 264* Deutschland verpflichtet sich,
Waren, Rohstoffe oder Fabrikate irgendeines
der alliierten oder assoziierten Staaten, die
in deutsches Gebiet eingeführt werden, ohne
Rücksicht auf ihren Herkunftsort, keinen
175 anderen oder höheren Zollsätzen oder Gebühren (einschließlich innerer Abgaben) zu
unterwerfen als solchen, denen dieselben Waren, Rohstoffe oder Fabrikate irgendeines anderen der erwähnten Staaten oder eines ande-
180 ren fremden Landes unterworfen sind. [...]
*Artikel 267* Alle Begünstigungen, Befreiun-
gen oder Vorrechte in bezug auf Einfuhr,
Ausfuhr und Durchfuhr von Waren, die von
Deutschland irgendeinem der alliierten oder
185 assoziierten Staaten oder irgendeinem anderen fremden Lande gewährt werden, werden
gleichzeitig und bedingungslos ohne diesbe-
zügliche Aufforderung und ohne Gegenleis-
tung auf alle alliierten und assoziierten Staa-
190 ten ausgedehnt.
*Artikel 264 und 267* „verlieren fünf Jahre
nach dem Inkrafttreten des vorliegenden Vertrages ihre Wirksamkeit [...]" (Artikel 280).

195 *XII. Teil (Artikel 321–386). Häfen, Wasser-*
*straßen und Eisenbahnen.*
*Artikel 321* Deutschland verpflichtet sich,
Personen, Gütern, See- oder Flußschiffen,
Eisenbahnwagen und dem Postverkehr von
200 oder nach den Gebieten irgendeiner der al-

liierten und assoziierten Mächte, gleichviel,
ob sie an Deutschland angrenzen oder nicht,
die freie Durchfuhr durch sein Gebiet auf den
für den Internationalen Verkehr geeignetsten
Transportwegen, auf Eisenbahnen, schiffba- 205
ren Wasserläufen oder Kanälen zu gewähren;
zu diesem Zweck wird die Durchfahrt quer
durch Hoheitsgewässer gestattet. Die Personen, Güter, See- oder Flußschiffe, Personen-
wagen, Güterwagen und der Postverkehr wer- 210
den keinem Durchfuhrzoll noch unnötigen
Aufenthalten und Einschränkungen unterworfen und haben in Deutschland ein Anrecht
auf gleiche Behandlung wie der innerdeutsche
Verkehr in bezug auf Gebühren und Erleichte- 215
rungen, ebenso wie in jeder anderen Hinsicht.
Die Durchgangsgüter sind von allen Zoll-
oder ähnlichen Abgaben befreit. [...]

Der Friedensvertrag nebst Ausführungsgesetzen, Berlin
1921, S. 103 ff.

**M13** „Wir wollen Wilsons 14 Punkte",
Demonstration gegen den Versailler
Vertrag, 1919

## 2.2 Amerikanische Stabilisierungspolitik, „Dollarsonne" und Europa-Pläne

Im neuen „Weltsystem der Entente" von 1918/19 sah sich das Deutsche Reich zunächst nur als „Objekt" eines gegen Deutschland gerichteten „Handelssyndikats". Gleichwohl war der Weimarer Staat dem Versailler System mit Blick auf die weltwirtschaftliche Nachkriegsordnung nicht bedingungslos ausgeliefert: Das übergeordnete Interesse der westlichen Mächte an einem Bollwerk gegen die soziale Weltrevolution der Sowjetunion verlangte nämlich nach einer ökonomisch-politischen Stabilisierung des kapitalistischen Europas mit Deutschland als Kernland. Die Ökonomie als Ansatzpunkt einer Revision des Versailler Systems – dieser Gedanke bestimmte die deutsche Außenpolitik von Walter Rathenau über Gustav Stresemann bis Heinrich Brüning.

In den USA fand Deutschland seinen wichtigsten Verbündeten und es war die amerikanische Stabilisierungspolitik, der die Weimarer Republik in ihrer ersten Existenzkrise von 1922/23 ihr Überleben verdankte. Das langfristige Interesse der USA war auf ein wirtschaftlich prosperierendes Deutschland und Europa gerichtet, und die Vereinigten Staaten folgten – trotz ihres vermeintlichen Isolationismus – bereits Anfang der 1920er Jahre einer in Ansätzen entwickelten Containment-Politik gegenüber dem sowjetischen Expansionismus. In amerikanischen Wirtschafts- und Finanzkreisen wurde frühzeitig erkannt, dass das anhaltende wirtschaftliche und politische Chaos in Deutschland fraglos eine existentielle Gefährdung der konservativ-kapitalistischen Weltordnung bedeutet hätte. Aus deutscher Interessenlage wiederum war die neue Kooperationsachse mit den USA nicht nur eine willkommene Hilfe gegen die militärische Sanktionspolitik Frankreichs, sondern darüber hinaus der Ansatz zur Aufbrechung des gesamten Versailler Systems. Die amerikanischen Interventionen in der Reparationsfrage durch die Finanzfachleute Charles G. Dawes und Owen D. Young 1924 und 1929 sowie nicht zuletzt auch die massiven amerikanischen Direktinvestitionen in Deutschland in der zweiten Hälfte der 1920er-Jahre waren sichtbarer Ausdruck der auf die politisch-wirtschaftliche Stabilisierung des Weimarer Staates zielenden US-Politik.

Die Strategie der transatlantischen Wirtschaftskooperation wurde von der deutschen Großindustrie, namentlich ihrer industriellen Spitzenorganisation, dem Reichsverband der Deutschen Industrie (RDI), nachdrücklich mitgetragen und mitgestaltet. Der RDI stellte sich vorbehaltlos hinter den von Stresemann verfolgten Kurs der Weltmarktorientierung – und auch der scharfe Einbruch des weltweiten Außenhandels sowie der Abschied vom Golddevisenstandard in der Bankenkrise von 1931 änderten zunächst nichts Grundsätzliches an der Ausrichtung der deutschen Industrieunternehmungen auf den Weltmarkt.

Zu diesem Bild passt, dass die bereits vor 1914 und im Ersten Weltkrieg diskutierten Pläne eines mitteleuropäischen Wirtschaftsverbundes in den Stabilisierungsjahren der Zwischenkriegszeit eine bemerkenswerte Renaissance erlebten. So forderte die Pan-Europa-Bewegung Richard Nicolas Coudenhove-Kalergis seit 1923/24 die politische und wirtschaftliche Einigung aller Demokratien des europäischen Kontinents zu einem starken und lebensfähigen Bundesstaat, der das „klägliche Zeitalter der europäischen Zersplitterung" ablösen sollte. Besondere Bedeutung kam dem 1930 im Auftrag des Völkerbundes vorgelegten Memorandum Aristide Briands „Für eine Politische Union Europas" zu, das dann allerdings in den Strudel der Weltwirtschaftskrise geriet und erst nach dem Zweiten Weltkrieg wieder zu einem Anknüpfungspunkt für die europäische Integrationsbestrebungen werden konnte.

**M1** Aus einem Schreiben von Unterstaatssekretär Norman Davis an den Secretary of
State Charles E. Hughes, 12. März 1921
Durch das hohe industrielle Wachstum Europas vor dem Kriege wurde Deutschland zur
Achse, und der Wiederaufbau Europas und
seine andauernde Prosperität hängen in ers-
5 ter Linie von Deutschland ab. Wenn Deutschland nicht tätig ist und gedeiht, kann Frankreich dies nicht sein, und die Prosperität der
ganzen Welt hängt ab von der Fähigkeit des
industriellen Europa, zu produzieren und zu
10 kaufen. Dorthinein kommt das Element des
Vertrauens, und Vertrauen wird nicht entstehen, solange Stabilität und Zuversicht nicht
da sind. Und bevor nicht Deutschlands Reparationszahlungen konstruktiv auf einer
15 Grundlage geregelt sind, die Zutrauen einflö-
ßen wird, werden die für die Wiederherstellung normaler Voraussetzungen notwendigen
Kredite nicht erfolgen.

Im Originaltext zitiert bei Werner Link, Die amerikanische
Stabilisierungspolitik in Deutschland 1921–1932, Düssel-
dorf 1970, S. 56. Ins Deutsche übertragen von Reinhard
Neebe, gedruckt in: Reinhard Neebe, Die Republik von
Weimar 1918–1933. Demokratie ohne Demokraten, Stutt-
gart 1987, S. 38.

**M2** Die Bedrohung der amerikanischen
Interessen in Europa. Aufzeichnung von
Stephan Porter, 7. Oktober 1923
Nach einer Unterredung mit Gustav Stresemann fasste Stephan Porter, der Vorsitzende
des Auswärtigen Ausschusses des US-Reprä-
sentantenhauses, in drei Punkten zusammen,
5 wodurch die amerikanischen Interessen in
Europa bedroht wurden:
1. durch das wirtschaftliche Chaos in
Deutschland, das den gesamten Welthandel
zunehmend infizierte und dessen für Amerika
10 nachteilige, ja gefährliche Aspekte nunmehr
eindeutig, den anfangs nicht unwillkomme-
nen Effekt der Ausschaltung der deutschen
Konkurrenz überdeckten,
2. durch die separatistischen Bestrebungen,
15 die Deutschland auseinanderbrechen und
eine politische und wirtschaftliche Über-
macht Frankreichs erzeugen konnten;

3. durch eine revolutionäre Entwicklung in
Deutschland, die auf das westliche Europa
hätte übergreifen und auch auf Amerika aus- 20
strahlen können, wodurch die bisher erfolgrei-
chen Bemühungen zur Eindämmung des Bolschewismus und Kommunismus annihiliert
und der Aufbau einer konservativ-kapitalistischen Weltordnung vereitelt worden wäre. 25

Werner Link, Die amerikanische Stabilisierungspolitik in
Deutschland 1921–1932, Düsseldorf 1970, S. 203 f.

**M3** Gründe für die Annahme des Dawes-
Plans. Reichsaußenminister Gustav
Stresemann vor der Arbeitsgemeinschaft
deutscher Landsmannschaften in Berlin am
14. Dezember 1925
Unter dem Vorsitz des amerikanischen Finanz-
fachmanns Charles G. Dawes wurde von Januar bis April 1924 ein neuer Reparationsplan
erarbeitet, der am 1. September 1924 in Kraft
trat. Der Dawes-Plan sollte die deutsche und 5
europäische Zahlungsfähigkeit wiederherstel-
len, indem die Höhe der Transferleistungen an
die wirtschaftliche Leistungsfähigkeit angepasst wurde. Die Wende in der Reparationspo-
litik wurde vor allem durch Druck aus Ame- 10
rika und die Politik von Gustav Stresemann
möglich und signalisierte außenpolitisch die
Rückkehr der USA nach Europa.
Die einzige große Waffe unserer Außenpolitik sehe ich in unserer wirtschaftlichen Stel- 15
lung und zwar in unserer wirtschaftlichen
Stellung als Konsumentenland, in unserer
Stellung als großes Schuldnerland gegenüber
anderen Nationen. Unsere Stärke besteht
nicht in der Stärke unserer Industrie und un- 20
serer Produktion. Völker sind immer Egois-
ten. Für andere Völker Mitleid, Interesse oder
Liebe zu haben, ist eine Krankheitsform, die
sich auf Deutsche stets beschränkt hat. Ich
glaube, man wird am weitesten kommen, 25
wenn man irgendein Verhältnis zu anderen
Nationen auf gleichlaufenden Interessen auf-
baut. An unserer Produktion haben die anderen kein Interesse; aber sie haben ein Interesse daran, daß die aus den Fugen geratene 30
Weltwirtschaft, die sich in einer Zerstörung
der Währungen mit Ausnahme von großen

Ländern ausgesprochen hat, wieder in Ordnung kommt, und sie glauben nicht daran,
35 daß sie wieder in Ordnung kommt, und sie glauben nicht daran, daß sie wieder in Ordnung kommt, wenn Deutschland in den Abgrund hineingezogen wird. [...]
Die Londoner Konferenz sollte die Lösung der
40 Reparationsfrage bringen. Wir diskutieren in Deutschland heute erregt darüber, ob dieser Plan auf die Dauer erfüllbar sein wird. Meine Herren, das ist erstens dogmatisch und zweitens unendlich unpolitisch. Wenn wir im Laufe
45 des nächsten Jahre nicht mehr in die Lage kommen sollten, diese Lasten auf uns nehmen zu können, so ist das Törichste, was ein Kaufmann tun kann, seine etwa in drei Jahren erfolgende Zahlungsunfähigkeit vorher auf dem
50 ganzen Markt zu annoncieren und damit seine eigene Unterschrift zu diskreditieren. [...]
Man muß nur genug Schulden haben, man muß soviel Schulden haben, daß der eigene Gläubiger seine eigene Existenz mitgefährdet

sieht, wenn der Schuldner zusammenbricht. 55
[...]
Diese wirtschaftlichen Dinge schaffen Brücken politischen Verständnisses und künftiger politischer Unterstützung. Denn wenn neben Amerika auch England solche Kredite 60 gewährt, übrigens in 25 Jahren rückzahlbar, zum Zinsfuß von 7½ % – ich glaube, daß keiner unter Ihnen ist, der nicht dankbar wäre, wenn er auf ähnlicher Basis abschließen könnte. Wenn wir also auf diese Weise die 65 Mächte an einem Wiederaufstieg Deutschlands interessieren – dann haben sie ein Interesse an uns –, dann ist das meiner Meinung nach das, was wir aus unserer wirtschaftlichen Lage machen können [...] 70
Wir können uns gegenwärtig nicht die Politik eines Kampfes gegen alle leisten, weil wir wirtschaftlich zugrunde gehen würden.

Wolfgang Lautemann/Manfred Schlenker, (Hg.), Geschichte in Quellen, Bd. 5, München 1975, S. 204 f.

**M4** Reparationsforderungen und Inflation 1920–1923

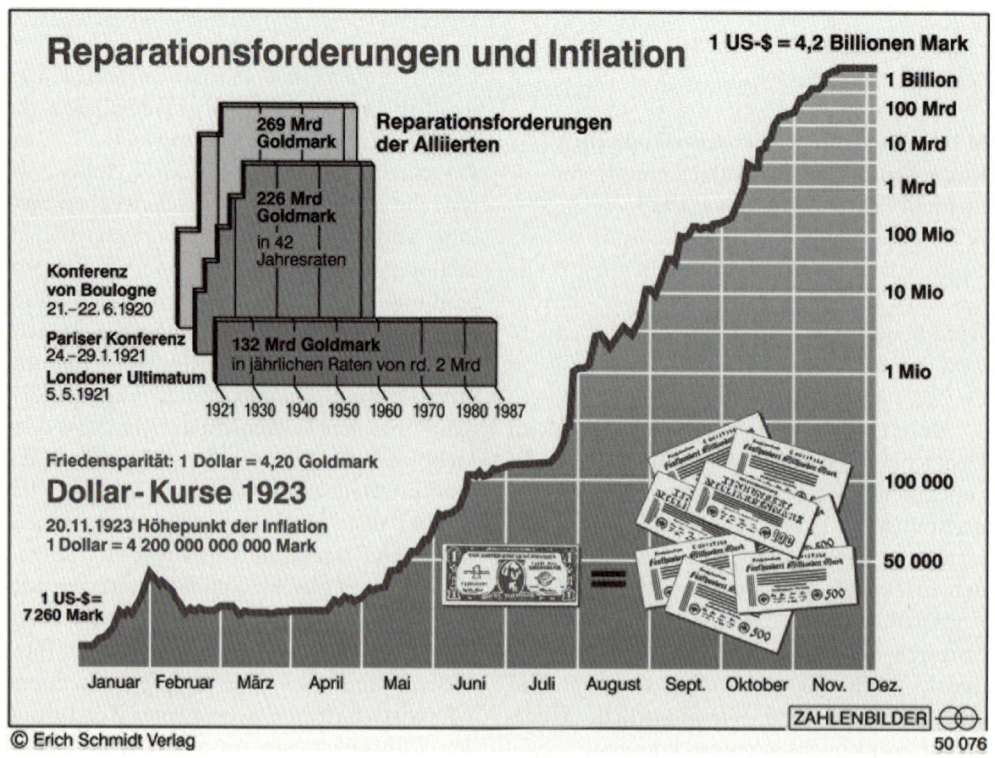

**M5** **Weltmarktorientierung der deutschen Industrie: Der SPD-Politiker Rudolf Hilferding zum Strukturwandel und der veränderten weltpolitischen Stellung der deutschen Großindustrie, Oktober 1926**

Hilferding bezieht sich in seiner Analyse auf eine Rede, die Dr. Paul Silverberg, der stellvertretende Vorsitzende des Reichsverbandes der Deutschen Industrie, am 6. Septem-
5 ber 1926 in Dresden gehalten hatte – wenige Tage vor der Aufnahme Deutschlands in den Völkerbund. Die Dresdener Rede Silverbergs wurde in der Öffentlichkeit als sensationell empfunden und sie löste eine heftige Kontro-
10 verse innerhalb der Industrie aus.

Dreierlei enthält dieses Pronunziamento der deutschen Industriellen: die Billigung der auswärtigen Politik, die nachdrückliche Anerkennung der Republik und die Aufforderung an
15 die Sozialdemokratie zum Eintritt in die Regierung. Zur Beurteilung der Bedeutung und des Gewichts der Kundgebung wird man wieder von der ökonomischen Analyse ausgehen müssen. Seitdem Bismarck 1878 durch gleich-
20 zeitige Einführung der Getreide- und der Eisenzölle die neue Handelspolitik inauguriert hatte, war die deutsche Wirtschaftspolitik und von da aus immer mehr auch die Gesamtpolitik durch das Bündnis der Schwerindustrie mit
25 dem Großgrundbesitz bestimmt worden. Zum erstenmal seit fast 50 Jahren erscheinen diese herrschenden Mächte, die von 1918 an die Gegenrevolution organisiert und geführt haben, uneins und im Widerstreit gegeneinander. Sind
30 es vorübergehende Differenzen oder wirklich tiefere, länger dauernde Gegensätze?
Die Struktur der deutschen Industrie hat schon durch den Friedensvertrag eine bedeutsame Änderung erlitten. Der Verlust Elsaß-
35 Lothringens und Oberschlesiens, die zeitweilige Abtrennung des Saargebiets haben das Gewicht der Schwerindustrie vermindert. Die Wirtschaftskrise (und vorher die Ruhrbesetzung) hat Kohle und Eisen am schwersten be-
40 troffen. Der Zusammenbruch der Konzerne hat gerade hier das Verhältnis zum Staate völlig umgekehrt. Die sich während der Inflation als Herren des Staates gefühlt und gebärdet hatten, wurden die Bittsteller um Sanierungs-

kredite. Die wirtschaftliche und politische Au- 45 torität, die sie wie in allen anderen, so namentlich in den Kreisen der Industrie selbst geübt hatten, war dahin. Mit Stinnes, der im Reichsverband noch unbestrittene Autorität war, sank jene Epoche der Nachkriegszeit ins Grab, 50 in der die Schwerindustrie noch einmal, und vielleicht zeitweilig am unumschränktesten, politische Herrschaft geübt hat.
[...] In derselben Zeit, in der die Rohstoffindustrie am schwersten litt, befestigte z.B. 55 die deutsche Elektrizitätsindustrie durch technische Erneuerung und finanzielle Konsolidierung ihre Stellung; vor allem aber eroberte sich die chemische Industrie die überragende Position, die sie heute vor allen Industrien ein- 60 nimmt. Sie ist mit ihrem Kapital von 1,1 Milliarden Mark das größte deutsche und eines der größten Unternehmen der Welt [...]
Das Entscheidende aber ist die Änderung der weltpolitischen Stellung der deutschen Indus- 65 trie. Vor dem Kriege war die Schwerindustrie, immer im Bunde mit dem Großgrundbesitz, der die leitenden Stellen in Armee und Verwaltung besetzte, Trägerin des aggressiven deutschen Imperialismus. Die Niederlage hat Deutsch- 70 lands militärische Kraft gebrochen, aber Deutschland ist ein ökonomisches Machtzentrum erster Ordnung geblieben. Deshalb muß der Expansionsdrang des deutschen Kapitalismus andere Formen suchen und er findet sie 75 in den internationalen kapitalistischen Interessengemeinschaften aller Art. [...]
In derselben Richtung entwickelte sich die Bankpolitik, insbesondere seitdem im letzten Stadium der Inflation der Verlust des mobi- 80 len Kapitals manifest und es klar wurde, daß Deutschland auf internationale Kredite angewiesen war. So wurde der Reichsverband zum Befürworter des Dawesplanes, zum Förderer der Locarno- und Völkerbundspolitik[1] zur 85 Stütze Stresemanns [...] Der Reichsverband will die Fortsetzung einer verständigen Außenpolitik der Verständigung, er will eine ungestörte Entwicklung im Innern und deshalb keinen Kampf um die Staatsform, er erkennt 90

---

1) Aufnahme Deutschlands in den Völkerbund am 10.09.1926

die Änderung der sozialen Machtverhältnisse an. Die Utopie [...], Gewerkschaften und Sozialdemokratie zu vernichten, ist erledigt. Nur das Kompromiß erscheint verwirklichbar. Der
95 deutsche Unternehmer hat sich zu der Einsicht durchgerungen, die der englische schon lange vor dem Kriege erreicht hat. [...]

Rudolf Hilferding, Politische Probleme, in: Die Gesellschaft. Internationale Revue für Sozialismus und Politik Nr. 10, III. Jg., Berlin Okt. 1926, S. 289–294.

## M6 Richard Nicolas Coudenhove-Kalergi, Das Pan-Europa-Programm, 1924

Richard Nicolas Graf Coudenhove-Kalergi (1894–1972) gründete 1923 die Pan-Europa-Union, die eine bundesstaatliche Einigung Europas anstrebte.

5 1. Das Pan-Europa-Programm
Das Pan-Europa-Programm fordert die politische und wirtschaftliche Einigung aller Demokratien des europäischen Kontinents zu einem starken und lebensfähigen Bundes-
10 staat. Ein *Europäisches Bundes-Reich* soll das klägliche Zeitalter der europäischen Zersplitterung ablösen.
Dieses Programm ist *pazifistischer Imperialismus*.
15 Das europäische Bundesreich soll den periodischen europäischen Kriegen ein Ende setzen und den Rahmen schaffen zum Ausbau einer europäischen Kultur.
Was für die Länder des Mittelmeeres einst die
20 Pax Romana war – soll für die Länder Europas die *Pax Europäa* werden.
Pan-Europa soll nicht durch Krieg entstehen – sondern durch Zusammenschluß; sein Ziel wird nicht Eroberung sein, sondern Wah-
25 rung des inneren und äußeren Friedens.
Da keine Nation Pan-Europas stark genug ist, die übrigen zu unterdrücken, wird *nationale Gleichberechtigung* und nationale Freiheit zum Fundament des paneuropäischen Zu-
30 sammenschlusses werden.
Pan-Europa kann nur langsam verwirklicht werden; auch die Welt ist nicht an einem Tage erschaffen worden. Aber einmal muß mit jedem Bau begonnen werden: beginnen wir
35 jetzt mit dem europäischen!

Wir haben nicht lange Zeit zum warten: sobald Rußland seine politisch-wirtschaftliche Krise überwunden hat, wird es stark genug sein, einem zersplitterten Europa seine Lebensform zu diktieren und dessen Zusam- 40
menschluß zu verhindern.
Diese *zwei Jahrzehnte*, die noch das Schicksal Europa zu seiner freien Einigung gewährt, heißt es zu nützen: sonst werden uns eines Tages unsere Kinder verfluchen, weil wir aus 45
Kleinlichkeit eine große weltgeschichtliche Möglichkeit endgültig versäumt haben!
Das *Paneuropäische Programm* besteht aus einer Reihe von politischen und wirtschaftlichen Forderungen. 50
*Die* wichtigsten *politischen* Forderungen sind:
1. Paneuropäischer *obligatorischer Schiedsvertrag* (mit Einschluß Englands), dessen Durchführung von allen Kontrahenten garantiert wird. 55
2. Paneuropäisches *Defensivbündnis* mit paneuropäischer Militärkonvention.
3. *Britisch-europäische Entente*.
4. Paneuropäischer *Garantiepakt* zur Sicherung der intereuropäischen Grenzen. 60
5. Paneuropäischer *Minoritätenschutz*.
6. Paneuropäische *Monroedoktrin*.
7. *Regionale Gliederung* des Völkerbundes.
8. Internationale Abrüstung.
Die wichtigsten *wirtschaftlichen* Forderungen 65
des Pan-Europa-Programmes sind:
1. Sukzessiver Abbau der intereuropäischen Zollgrenzen; *paneuropäischer Zollbund*; intereuropäischer Freihandel.
2. Ausbau Pan-Europas zu einem *einheitli-* 70
*chen Wirtschaftsgebiet*.
3. Planmäßige Erschließung der geschlossenen europäischen Wirtschaftskolonie *Westafrika* (Französisch-Afrika, Libyen, Kongo, Angola) zur europäischen Rohstoffquelle. 75
4. Enge wirtschaftliche Zusammenarbeit mit Rußland und Mitwirkung an seinem Aufbau.
5. Gemeinsamer, rationeller Ausbau der *europäischen Wasserwege* und anderen Verbin- 80
dungen.
6. Errichtung einer stabilen *paneuropäischen Währung*. [...]

Pan-Europa, 1. Jg. (Mai 1924), Heft 2.

**M7** Gesamtzahlungsplan nach Dawes-Abkommen und Schuldenabkommen mit den Vereinigten Staaten 1924/25–1928/29

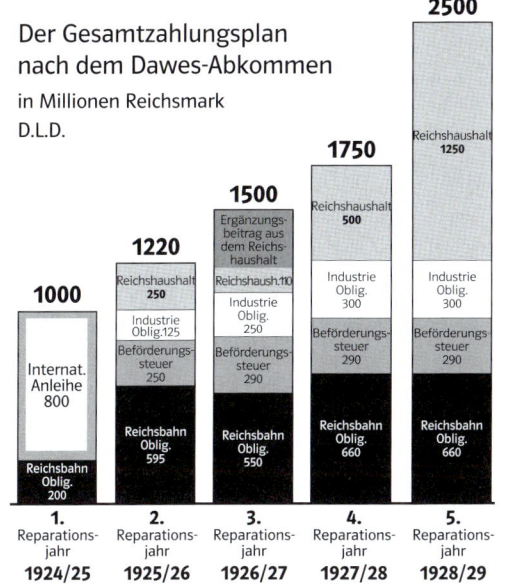

Der Gesamtzahlungsplan
nach dem Dawes-Abkommen

in Millionen Reichsmark
D.L.D.

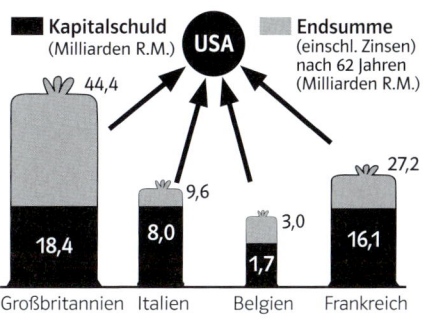

Schuldenabkommen
mit den Vereinigten Staaten

Es haben zu zahlen an USA:

O. Wingen, Weltverschuldung und Deutschlands
Reparationslast, Berlin 1927, S. 11 und 19.

**M8** Internationaler Finanzkreislauf 1924–1931/32

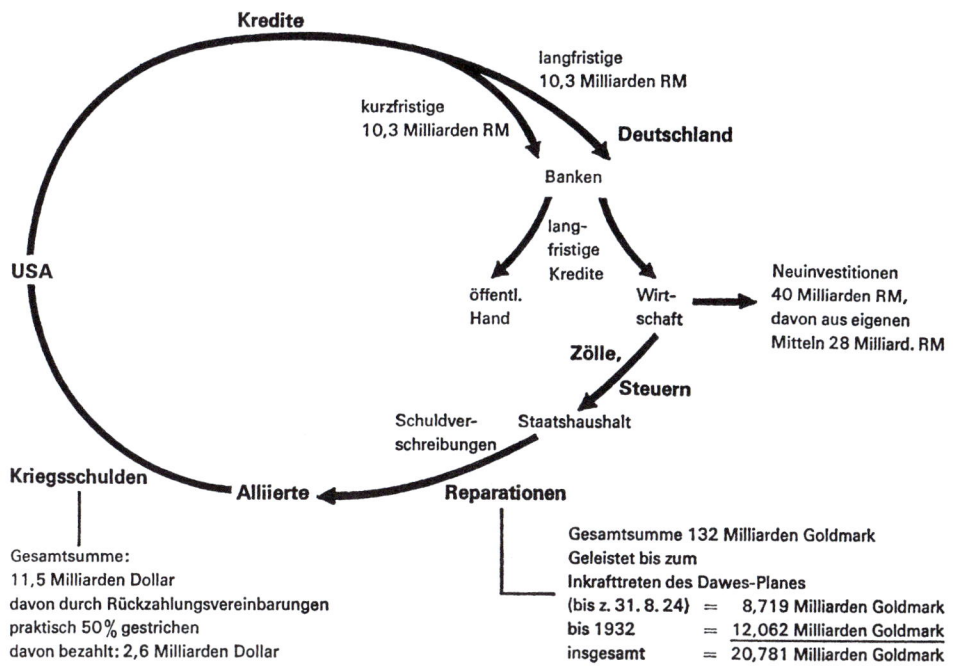

K. Dederke, Reich und Republik, Stuttgart 2. Aufl. 1973, S. 273.

**79**

**M 9** Gustav Stresemann über das Ergebnis der 1. Haager Konferenz. Unterhaltung mit dem Chefredakteur des „Berliner Tageblattes" Theodor Wolff am 11. September 1929
Die 1. Haager Konferenz zur Beratung des Young-Plans fand vom 6.–31. August 1929 statt. In der 2. Haager Konferenz vom 3.–20. Januar 1930 wurde der Young-Plan von allen
5 beteiligten Staaten endgültig angenommen. Das Reichsgesetz zum Young-Plan wurde am 13. März 1930 im Berliner Reichstag verabschiedet.
Es ist nicht ganz leicht, vor der Öffentlich-
10 keit alle Gesichtspunkte darzulegen, die für uns bei der Zustimmung zu dem Young-Plan mitgesprochen haben. Wer den Young-Plan angreift, hat es ja sehr bequem, er kann alles sagen, was ihm gerade einfällt. Wer die
15 Verantwortung für die deutsche Politik hat, muß in seinen Äußerungen vorsichtiger sein. Er könnte vielleicht durch ein deutliches Wort sich selber vor der öffentlichen Meinung nützen, aber er würde der Sache schaden.
20 Die Gegner unserer Politik operieren mit dem beliebten Schlagwort, durch den Young-Plan werde das deutsche Volk für zwei Generationen versklavt. Statt immer von der nächsten Generation zu sprechen, die wahrscheinlich
25 schon unter ganz anderen Bedingungen leben wird, sollte man zunächst einmal daran denken, daß der Young-Plan der gegenwärtigen Generation eine sehr starke Erleichterung bringt. In den nächsten zehn Jahren
30 hat das deutsche Volk ungefähr sieben Milliarden weniger zu zahlen, als es nach dem Dawes-Plan schuldete – ist das etwa nichts? [...]
Durch die Annahme des Young-Planes soll
35 Deutschland von der wirtschaftlichen und der Finanzkontrolle befreit werden. Solange Deutschland unter dieser Kontrolle steht, ist es doch ein Staat wie früher die Türkei [...] Der Young-Plan entlastet uns, gibt uns
40 die Möglichkeit des Moratoriums und ist das kleinere Übel in finanzieller Beziehung, und in politischer Beziehung ist er unbedingt die bessere Lösung. [...]
Im ganzen: Deutschlands Belastung ist durch
45 den Young-Plan vermindert worden. Alle

Möglichkeiten für die Zukunft bleiben gewahrt. Die Überwachung unserer Wirtschaft und unserer Finanzen verschwindet. Wir sind wieder Herr im eigenen Hause. [...]
Gustav Stresemann, Vermächtnis, Bd. 3, Berlin 1933, S. 563 f.

**M 10** Schlussabstimmung im Reichstag über den Young-Plan. Aus der Rede des Abgeordneten Stoecker (KPD) am 12. März 1930
Der heute zur Entscheidung stehende Young-Pakt ist die Folge der verbrecherischen, imperialistischen Kriegspolitik der deutschen und ausländischen Bourgeoisie.
Er soll das arbeitende Volk Deutschlands auf 5 Jahrzehnte der doppelten Ausbeutung durch das deutsche und ausländische Kapital unterwerfen. Durch diesen Sklavenpakt sollen die werktätigen Massen Deutschlands neben der Zinszahlung an die amerikanischen Imperi- 10 alisten 116 Milliarden Kriegstribute an den Dollarimperialismus und das Ententekapital aufbringen, wobei auch die deutschen Imperialisten als Fronvögte glänzende Geschäfte machen. [...] 15
Dieser Young-Pakt ist nicht, wie die Sozialdemokraten sagen, ein Schritt zum Frieden, sondern ein imperialistischer Kriegspakt auf dem Rücken und auf Kosten der Arbeiterklasse. Der imperialistische Schacher um 20 den Young-Pakt zeigt nicht nur eine Vertiefung der Gegensätze unter den Siegerstaaten, sondern er bringt auch eine Erschwerung der ökonomischen Lage in Deutschland. Eine Weltarbeitslosigkeit von nie gekanntem Um- 25 fange, der Generalangriff auf die Löhne der Arbeiter und auf die Sozialpolitik, der Beginn einer neuen Periode der Hochschutzzollpolitik, die beginnende Wirtschaftskrise in Amerika mit gesteigerter Exportoffensive, die Ge- 30 gensätze der kapitalistischen Mächte [...] und das Rüstungsfieber der Imperialisten in allen Ländern zeigen klar die Zuspitzung der imperialistischen Konflikte, die sich immer mehr vertiefen werden und unvermeidlich zu neuen 35 mörderischen Kriegen führen.
Die durch den Young-Pakt hervorgerufene, immer engere finanzielle und wirtschaftliche

Verflechtung Deutschlands mit dem Dol-
40 larimperialismus und den kapitalistischen
Westmächten verkettet die deutsche Außenpolitik immer stärker mit den sowjetfeindli-
chen Plänen dieser Mächte. [...]
Wurde schon während des Dawes-Paktes der
45 Hauptteil dieser Tributlasten von den arbei-
tenden Massen getragen, so werden durch den
Young-Pakt diese Tribute völlig auf die werktätigen Schichten, die Arbeiter, Angestellten,
Beamten, die kleinen Leute des Mittelstan-
50 des und die werktätigen Bauern abgewälzt.
[...] So bedeutet der Young-Pakt, dieses ver-
brecherische Diktat des internationalen Kapitals, unter Zustimmung der deutschen Bourgeoisie und der Sozialdemokraten für die
55 werktätigen Massen Deutschlands eine gewaltige Steigerung der Not, der Entbehrung,
des Hungers und der Knechtschaft, zugleich
aber auch eine außerordentliche Verschär-
fung der Klassengegensätze und eine Zuspit-
60 zung des Klassenkampfes. [...]

Verhandlungen des Reichstags, Bd. 427 (Stenographische
Berichte), S. 4391 ff.

## M11 Gustav Stresemanns letzte Rede vor dem Völkerbund am 9. September 1929

Was erscheint denn an Europa, an seiner
Konstruktion vom wirtschaftlichen Gesichtspunkte aus so außerordentlich grotesk?
Es erscheint mir grotesk, daß die Entwick-
5 lung Europas nicht vorwärts, sondern rück-
wärts gegangen zu sein scheint [...] Ist es
nicht grotesk, daß Sie auf Grund neuer praktischer Errungenschaften die Entfernung von
Süddeutschland nach Tokio um 20 Tage ver-
10 kürzt haben, sich aber in Europa selbst stun-
denlang mit der Lokomotive irgendwo auf-
halten lassen müssen, weil eine neue Grenze
kommt, eine neue Zollrevision stattfindet,
als wenn das Ganze ein Kleinkrämergeschäft
15 wäre, das wir in Europa innerhalb der gesamten Weltwirtschaft noch führen dürfen? [...]
Wo bleibt in Europa die europäische Münze,
die europäische Briefmarke? Sind diese aus
nationalem Prestige heraus geborenen Ein-
20 zelheiten nicht sämtlich Dinge, die durch die
Entwicklung der Zeit längst überholt wurden

und diesem Erdteil einen außerordentlichen
Nachteil zufügen? [...]
Man hat bei der Erörterung der Politik des
25 letzten Jahrzehnts vielfach die Frage offen ge-
lassen, oder ich möchte sie wenigstens offen
lassen, ob die Vorwärtsentwicklung des Ver-
ständigungswillens der letzten Jahre durch
den Völkerbund unmittelbar oder mittelbar
30 beeinflußt wurde. Es ist sehr schwer, hier zu
entscheiden, wo Ursache und wo Wirkung
lag. Freuen wir uns jedenfalls dessen, daß es
eine Vorwärtsentwicklung gegeben hat, denn
das Vorwärtsschreiten dieser Entwicklung
35 kann nur derjenige bestreiten, nur der leugnen, der entweder blind ist oder sich blind
stellt. Herr Briand hat einmal davon gesprochen, wie außerordentlich schwierig es sei,
für diese Gedanken der Verständigung der
40 Völker und des Friedens die Jugend zu gewinnen, weil der Heroismus des Krieges die Po-
esie bis in die Gegenwart hinein beherrsche.
Unzweifelhaft ist es richtig, und wir wollen
uns klar darüber sein und uns dessen freuen,
45 daß der Heroismus, die Hingabe des Lebens
für ein großes Ideal, niemals in den Völkern
aussterben wird. Aber ich glaube denen, die
in den Erinnerungen leben an den Heroismus
der Jugend aller Völker in der Geschichte der
50 Jahrhunderte und Jahrtausende, das eine zu-
rufen zu dürfen, daß die technischen Kriege
der Zukunft, selbst wenn man von allem anderen absieht, für persönlichen Heroismus
wenig Betätigungsmöglichkeiten geben wer-
55 den. Mich dünkt, daß das weite Gebiet der
Siege der Menschheit über die Natur genügend Möglichkeiten gibt zum Heroismus,
auch zur Hingabe des Lebens für große Ideen,
und daß hier ein enormes Gebiet ist, auf dem
60 in Zukunft vielleicht einmal das ewige Rät-
sel des Verhältnisses des Menschen zum All
weiterdurchforscht und weitergebracht wird,
um dann der Menschheit selbst die größten
Dienste zu leisten.
65 Wir in unserem Kreise, wir haben die nüch-
terne Aufgabe, die Völker einander näher-
zubringen, ihre Gegensätze zu überbrücken.
Zweifeln wir nicht daran: sie sind einander
nicht so nahe, wie es zu wünschen wäre;
70 zweifeln wir nicht daran: es gibt Gegensätze.

Es handelt sich um eine harte Arbeit: vor-
wärtszukommen, diese Gegensätze zu ver-
mindern und uns jenem Zustand zu nähern,
den wir alle erhoffen. […]

Gustav Stresemann, Vermächtnis, hg. von Henry Bernhard,
Bd. III, Berlin 1932, S. 577 ff.

### M12 Aristide Briand, Für eine politische Union Europas, Memorandum vom 1. Mai 1930

Der Vorschlag, der den 27 europäischen Regierungen zur Prüfung vorgelegt war, fand
seine Rechtfertigung in dem sehr deutlichen
Gefühl einer Gesamtverantwortlichkeit an-
5 gesichts der Gefahr, die infolge der im allgemeinen Wirtschaftsleben Europas noch
herrschenden Unausgeglichenheit den europäischen Frieden in politischer wie in wirtschaftlicher und sozialer Hinsicht bedroht.
10 Die Notwendigkeit, ein ständiges System ver-
traglich festgelegter Solidarität für die ratio-
nelle Gestaltung Europas zu schaffen, ergibt
sich schon allein aus den Bedingungen für
die Sicherheit und das Wohl der Völker, die
15 durch ihre geographische Lage berufen sind,
in diesem Erdteil in tatsächlicher Solidarität
miteinander zu stehen.
Niemand zweifelt heutzutage daran, daß der
Mangel an Zusammenhalt in der Gruppie-
20 rung der materiellen und moralischen Kräfte
Europas praktisch das ernsteste Hindernis
für die Fortentwicklung und die Wirksamkeit aller politischen und rechtlichen Institutionen darstellt, auf die man die ersten An-
25 fänge einer weltumspannenden Organisation
des Friedens zu gründen sucht. Diese Zersplitterung der Kräfte beschränkt in Europa
nicht minder bedenklich die Möglichkeiten
für eine Erweiterung des Wirtschaftsmark-
30 tes, die Intensivierungs- und Verbesserungs-
versuche auf dem Gebiet der industriellen
Produktion und dadurch auch alle Garantien
gegen die Krisen auf dem Arbeitsmarkt, welche Quellen politischer wie sozialer Schwan-
35 kungen sind. Die Gefahr einer solchen Zer-
stückelung wird noch vermehrt durch die
große Ausdehnung der neuen Grenzen (mehr

als 20 000 km Zollschranken), die durch die
Friedensverträge geschaffen werden mußten, damit den nationalen Bestrebungen in 40
Europa Genüge getan wurde. […]
Das Werk der Zusammenfassung Europas
entspricht Notwendigkeiten, die dringend
und lebenswichtig genug sind, um dieser Zusammenfassung ihren Selbstzweck in wahr- 45
haft positiver Arbeit zu geben, die sich niemals gegen irgend jemand richten kann und
richten läßt. Ganz im Gegenteil, dieses Werk
muß in vollem freundschaftlichen Vertrauen,
oft sogar in Zusammenarbeit mit allen an- 50
deren Staaten oder Staatengruppen betrieben werden, die an der universalen Gestaltung des Friedens genug aufrichtiges Interesse
haben, um zu erkennen, wie wichtig es ist,
daß in Europa eine größere Einheitlichkeit 55
geschaffen wird; die ferner die heutigen Gesetze der internationalen Wirtschaft klar genug verstehen, um die Stabilität, die für die
Entwicklung ihres eigenen wirtschaftlichen
Austausches unerläßlich ist, in der besseren 60
Gestaltung eines vereinfachten Europa zu suchen, das eben dadurch der ständigen Gefahr
von Konflikten entrückt wird. […]
Die Verständigung zwischen europäischen
Staaten muß auf dem Boden unbedingter 65
Souveränität und völliger politischer Unabhängigkeit erfolgen. Es wäre übrigens unvorstellbar, im Rahmen einer Organisation, die
nach reiflicher Erwägung unter die Aufsicht
des Völkerbundes gestellt ist, im geringsten 70
an politische Beherrschung zu denken, denn
die beiden Grundprinzipien des Völkerbundes sind gerade die Souveränität der Staaten
und die Gleichheit ihrer Rechte. Und kann
nicht, wenn die Souveränitätsrechte gewahrt 75
bleiben, jede Nation gerade Gelegenheit finden, sich in der Mitarbeit am gemeinsamen
Werk noch bewußter auszuwirken, in einem
Bundessystem, das mit der Achtung vor den
Überlieferungen und der Eigenart eines jeden 80
Volkes voll vereinbar ist? […]

Aristide Briand, Für eine politische Union Europas. Memorandum über die Organisation eines Systems europäischer
föderativer Union vom 1.5.1930, in: Europäische Gespräche, B. Jg. (1930), Heft 7, S. 372–384.

## 2.3 Weltwirtschaftskrise: Autarkie oder Weltwirtschaft?

Mit dem Beginn der Weltwirtschaftskrise war die erste Phase der Globalisierung endgültig gescheitert. Verantwortlich dafür war weder ein Nachlassen der Innovationskraft der Wirtschaft noch ein Ende jener Revolution in den Informationstechnologien und der Verkehrsinfrastruktur, die die Weltmärkte immer weiter zusammenrücken ließ. Entscheidend war vielmehr die Unfähigkeit der wichtigsten Nationalstaaten, sich weiterhin auf Spielregeln zu verständigen, die von allen akzeptiert und eingehalten werden konnten. Wirtschaftlich unsinnige Regelungen des Friedensvertrages von Versailles, ein schwer handhabbares Geflecht internationaler Nachkriegsschulden und der Primat der Binnenwirtschaft angesichts des neuen Phänomens der Massenarbeitslosigkeit machten einen Konsens nahezu unmöglich. Großbritannien, das vor 1914 eine hegemoniale Rolle für die Regelung der Weltwirtschaft innehatte, war nicht länger dazu in der Lage. Den USA, deren wirtschaftliches Gewicht die Nachfolge nahe legte, fehlte der politische Wille, Verantwortung für die Weltwirtschaft zu übernehmen. So kam es zur Flucht der großen Handelsstaaten in ihre jeweiligen Großwirtschaftsräume. Der Goldstandard brach endgültig zusammen, die Zollmauern wuchsen in den Himmel und die Illusion der nationalen Autarkie gewann an Boden. Selbst überzeugte Anhänger der Weltmarktorientierung mussten sich wohl oder übel damit abfinden, dass der Weltmarkt nicht mehr funktionsfähig war.

**M1** Der amerikanische Präsident Herbert Hoover in seinen Erinnerungen über den Beginn der Weltwirtschaftskrise im Winter 1928/29

Man hat behauptet, daß der Kurssturz auf dem amerikanischen Aktienmarkt die Welt mitgerissen habe. Aber das entspricht nicht den Tatsachen.
5 Eine Untersuchung des amerikanischen Amtes für Wirtschaftsforschung stellt fest: „Mehrere Länder traten 1927 und 1928 in die Phase wirtschaftlichen Niedergangs ein, also lange vor dem Zeitpunkt, der für ge-
10 wöhnlich als Zeichen der Krise in den Vereinigten Staaten angenommen wird, nämlich dem Börsenkrach in der Wall Street vom Oktober 1929."
In dem Bericht werden Bolivien, Australien,
15 Deutschland, Brasilien, Indien und Bulgarien als diejenigen Länder aufgeführt, die vor dem amerikanischen Börsenkrach in das Stadium der Depression eingetreten waren.
Der Generalkommissar für Reparationszah-
20 lungen stellt in seinem Bericht in bezug auf Deutschland fest: „Seit Beginn des Jahres 1929 ist die Zahl der in Schwierigkeiten geratenen geschäftlichen Unternehmungen erheblich gewachsen. In den ersten fünf Monaten des Jahres waren Geschäftszusammenbrüche 25 um ungefähr 20 Prozent höher als in dem entsprechenden Zeitraum des Jahres 1928."

Herbert Hoover, Memoiren. Bd. III: Die große Wirtschaftskrise 1929–1941, Mainz 1954, S. 31.

**M2** James P. Warburg über den „Schwarzen Freitag" am 25. Oktober 1929

Während des Zusammenbruchs des Aktienmarktes arbeiteten wir Tag und Nacht und versuchten, so viele Kunden wie möglich zu halten. Tag für Tag wurden weitere Maklerfirmen zahlungsunfähig. Zweimal habe ich 5 Männer aus Fenstern der Wall Street springen sehen. Andere erschossen sich, hatten Nervenzusammenbrüche oder Herzattacken.

James P. Warburg, The Long Road Home : The Autobiography of a Maverick, New York 1964, S. 87. Zit. nach: Deutschland in der Weltwirtschaftskrise in Augenzeugenberichten, hg. von Wilhem Treue, Düsseldorf 1967, S. 63.

**M 3** Der „Schwarze Freitag" an der New Yorker Börse vom 25. Oktober 1929. Presseberichte über die Auswirkungen in der deutschen Bankenwelt, Oktober bis Dezember 1929

a) Die „Deutsche Allgemeine Zeitung" schreibt am 29. Oktober 1929 über die Ereignisse an der Berliner Börse unter dem Titel „Börsenbaisse in Berlin":

5 Die Berliner Börse ist durch die gestrigen Kursstürze von New York und Amsterdam, wie zu erwarten war, heftig in Mitleidenschaft gezogen worden. An schweren Werten [gemeint sind Eisen und Stahl] traten neue
10 Kursverluste bis zu 10 Prozent ein. […] Man könnte die Weltbaisse auf eine einzige Formel bringen, wenn man sie im letzten Grunde als Auswirkung der ungesunden und künstlichen Verhältnisse auffaßt, die im politischen Deli-
15 rium des Jahres 1919 über die Welt verhängt worden sind.

b) Die „Deutsche Allgemeine Zeitung" berichtet am 30. Oktober 1929 über den „Selbstmord eines Kasseler Bankiers":

20 Der Mitinhaber des alten, soliden Privatbankhauses André und Herzog in Kassel, das fast 100 Jahre besteht, Bankier Julius Zinn, hat sich heute abend im Walde an der Prinzenquelle in Wilhelmshöhe erschossen.
25 Der Grund zu dieser Tat liegt in geschäftlichen Schwierigkeiten des Bankhauses. Das Bankhaus konnte heute mittag auf der Reichsbank bei der Abrechnung den Ausgleich nicht herbeischaffen und mußte sich
30 als in Zahlungsschwierigkeiten befindlich erklären.

c) Am 2. November 1929 berichtet das „Göttinger Tageblatt" über den Selbstmord eines Berliner Bankiers:

35 Der Bankier Max Cunow aus Berlin wurde Montag früh mit einem Kopfschuß in seinem Schlafzimmer tot aufgefunden. Die polizeilichen Ermittlungen haben ergeben, daß unzweifelhaft Selbstmord vorliegt.
40 Es wurde ein Brief gefunden, aus dem eindeutig hervorgeht, daß Cunow wegen finanzieller Schwierigkeiten den Tod gesucht hat.

d) Die „Deutsche Allgemeine Zeitung" vom 19. November 1929 berichtet unter der Überschrift „Berliner Börse – geschäftslos. Abga- 45 beneingang überwiegt":

Der Börse fehlte es auch heute an jeder Anregung. Eine hochgradige Geschäftsunlust war das hervorragendste Moment. Sie hing zum Teil mit der durch den Bußtag beding- 50 ten Unterbrechung des Verkehrs, zum anderen Teil mit dem Fehlen jeder Aufträge zusammen. Die durch den Ausfall der Wahlen hervorgerufene Verstimmung hat sich durch die Meldungen über neue Zahlungseinstel- 55 lungen, die teilweise von einschneidender Bedeutung sind, noch vertieft. In diesem Zusammenhang wurde auch auf die weitere Insolvenz [*Zahlungsunfähigkeit*] einer amerikanischen Maklerfirma verwiesen. Der wieder 60 überwiegend schwächere Verlauf der New Yorker Börse war in seiner Wirkung durch die bereits gestern gemeldeten Regierungsmaßnahmen eskomptiert [*erwartet*]. Andererseits wurde die Stimmung durch die über- 65 wiegend schwache Tendenz der Westbörsen, wie Amsterdam, Brüssel und Paris, ungünstig beeinflußt.

e) Bereits am 21. November ist der nächste Bankzusammenbruch zu melden. Die „Deut- 70 sche Allgemeine Zeitung" vom 21. November 1929 berichtet über den Millionenkonkurs eines Freiburger Bankhauses:

Die Freiburger Privatbank Otto Bürkle & Co, die sich seit einiger Zeit in Schwierigkei- 75 ten befand, hat gestern ihre Zahlungen eingestellt. Über die Höhe der Verpflichtungen ist noch nichts bekannt. Zu den Kunden der Bank gehörten in der Hauptsache kleinere Geschäftsleute und Handwerker. 80
Von den beiden Inhabern, Otto Bürkle und Karl Herling, ist Antrag auf Eröffnung des Konkursverfahrens gestellt worden. Sie wurden wegen Depotunterschlagung in Haft genommen und haben angegeben, daß sie 85 Depotunterschlagungen in umfangreichem Maße begangen und auch die Spareinlagen angegriffen haben. Sie geben weiter an, daß bei einem Abwarten der Gläubiger diese mit einer Befriedigung von 40 bis 50 Prozent ihrer 90 Forderungen rechnen könnten. Zu den Haupt-

geschädigten gehören auch der Deutsche Caritasverband und das Kloster St. Trudbert.

f) Am 30. November berichtet das „Göttinger Tageblatt":

Ein Ende der Kursstürze an der Börse und auch der Insolvenzen im Bankgewerbe ist noch lange nicht da. In Berlin beginnt jetzt die Beunruhigung der Einleger und Kunden der Privatbanken. Ein Massenansturm hat an den Schaltern eingesetzt. Hieraus erklärt sich auch, daß die Börse immer neue Namen von Privatbanken nennt, die in Schwierigkeiten sich befinden. Kennzeichnend für die ganze Wirtschaftslage ist, daß z. B. eine einzige Depositenkasse in Berlin-Moabit heute früh für fast 100 000 RM Aktienverkäufe tätigen sollte, denen nicht einmal für 2 000 RM Ankäufe gegenüberstanden. Bei dieser Sachlage wird auch die gewaltige Bankintervention keine grundlegende Wendung an der Börse mehr bringen können.

Deutschland in der Weltwirtschaftskrise in Augenzeugenberichten, hg. von Wilhelm Treue, Düsseldorf 1967, S. 63–66.

### M4 Friedrich Stampfer, Weltwirtschaftskrise und Bankenkrach, 1929–1931

Schon im Jahre 1928 hatten sich nach einer kurzen Periode des Aufstiegs in der Weltwirtschaft Niedergangserscheinungen gezeigt. Im Oktober 1929 brach die Überspekulation in den Vereinigten Staaten mit einem furchtbaren Börsenkrach zusammen. Es war ein Fieberanfall, der eine schwere Erkrankung anzeigte. Die Prosperity war zu Ende, der Abruf der angehäuften Konsumgüter stockte, ein Preissturz auf allen Rohstoffmärkten setzte ein. So fiel der Weltmarktpreis für Weizen im Laufe des Jahres 1930 um nicht weniger als 48 v. H., der für Rohzucker um 38 v. H. Der englische Großhandelsindex sank um 19.2 v. H., der amerikanische um 14.8 v. H., der deutsche um 11 v. H., In Deutschland wurde Steinkohle um 8.7 v. H. billiger, Schrott um 30.6, Roheisen um 2.4, Wolle um 21.1 v. H. usw. Die Unternehmer versuchten, durch Monopole und Kartelle die Preise festzuhalten, die Löhne dagegen zu senken. Die Arbeitnehmer forderten umgekehrt Schutz der Löhne und Gehälter und Verbilligung durch staatliche Eingriffe in die Monopol- und Kartellwirtschaft. Die Agrarkrise verschärfte sich. Trotz zollpolitischer Absperrung sanken auf dem Binnenmarkt die Preise namentlich für die Erzeugnisse der bäuerlichen Produktion, weil mit abnehmender Kaufkraft die Nachfrage sank. Die verzweifelten Landwirte konnten Steuern und Zinsen nicht mehr erschwingen und waren bereit, jeder Demagogie nachzulaufen, die ihnen Steuererleichterungen und „Brechung der Zinsknechtschaft" versprach. Ihre geschwächte Kaufkraft machte sie zu schlechten Kunden auf dem Markt der Industrieprodukte. Das wirkte wieder auf den Beschäftigungsgrad der Industrie zurück.

Infolge der Reparationszahlungen und durch die falsche Politik der Wirtschaftsführer, die zum Zweck der Rationalisierung gewaltige Kapitalien investierten, war Deutschland gegenüber dem Ausland stark verschuldet. Der große Bedarf und die gute Verzinsung hatten seit 1924 viel ausländisches Kapital ins Land gelockt. Nach den Septemberwahlen von 1930, die als Vorläufer noch größerer politischer Unruhen erkannt wurden, begannen Auslandskapitalien in großen Mengen abzuwandern, und unter den deutschen Kapitalbesitzern setzte eine heftige Kapitalfluchtbewegung ein. Die Folge der Kapitalverknappung war dann wieder ein Hinaufsetzen der Zinssätze, während sonst in Krisenzeiten die Zinssätze zu sinken pflegen. Ein natürlicher Heilfaktor, der bei früheren Krisen wirksam zu sein pflegte, war damit ausgeschaltet. Dieser unheilvolle Prozeß setzte sich im Jahre 1931 in verstärktem Maße fort. In diesem Jahre waren nur 800 Millionen Reparationen an das Ausland zu zahlen, aber 1.5 Milliarden Zinsen, und nicht weniger als 4.9 Milliarden kurzfristiger Anleihen wurden aus Deutschland zurückgezogen. Daraus ergab sich dann wieder ein gewaltiger Abfluß von Gold und Devisen aus der Reichsbank. In der Zeit von Mitte 1930 bis Anfang 1932 sank der Gold- und Devisenbestand um 2 Milliarden: von 3078 auf 1077 Millionen.

Der Durchschnittskurs der an der Berliner Börse notierten Aktien betrug im Jahre 1929 150 Prozent, im Jahre 1930 120 Prozent, im September 1931 56 Prozent.

75 Vor dem Kriege hatten namhafte Nationalökonomen die Theorie verfochten, daß der Übergang der kapitalistischen Privatwirtschaft vom freien Wettbewerb zur Kartell- und Monopolwirtschaft zu einer Beseitigung 80 der Krisen, mindestens zu ihrer Milderung führen müsse. Die Ereignisse des Jahres 1931 haben diese Theorie widerlegt. Am 11. Mai brach die Österreichische Kreditanstalt zusammen. Am 18. Juni folgte in Norddeutsch- 85 land der Krach des Nordwolle-Konzerns. Ein neuer Ansturm der Auslandsgläubiger setzte ein und führte zu einer vollkommenen Katastrophe des deutschen Bankwesens. Auch die Bekanntgabe des sogenannten Hoover-Fei- 90 erjahres, des einjährigen Moratoriums, vermochte die Panik nicht mehr aufzuhalten, und am 13. Juli stellte die Darmstädter- und Nationalbank (Danatbank) ihre Zahlungen ein. Ein Run der Einleger folgte, am 14. und 15. Juli wurden auf Anordnung der Regie- 95 rung die Schalter aller deutschen Banken und Sparkassen geschlossen und erst am 16. die Zahlungen in beschränktem Maß wieder aufgenommen. Noch zu Ende des Monats aber erwies sich für eine weitere deutsche Groß- 100 bank, die Dresdner Bank, eine staatliche Stützungsaktion als notwendig. Der Reichsbankdiskont stieg in den Krisentagen auf 15, der Lombardsatz auf 20 Prozent.

Der Bankenkrach blieb nicht auf Österreich 105 und Deutschland beschränkt. Er ergriff die ganze Welt und erreichte besonders in Amerika ungeheure Maße. Selbst die Bank von England sah sich genötigt, die Goldeinlösung ihrer Noten einzustellen, wodurch das Pfund 110 30 Prozent seines Wertes verlor.

Friedrich Stampfer, Die ersten 14 Jahre der deutschen Republik, Prag 1936, hier zit. nach 2. Aufl. Offenbach/Darmstadt 1947, S. 585–588.

**M 5** Kurse an der New Yorker Aktienbörse 1926–1939

Standard Statistics Index; 1929 = 100

**M 6** Schrumpfung des Welthandels Januar 1929 bis März 1933

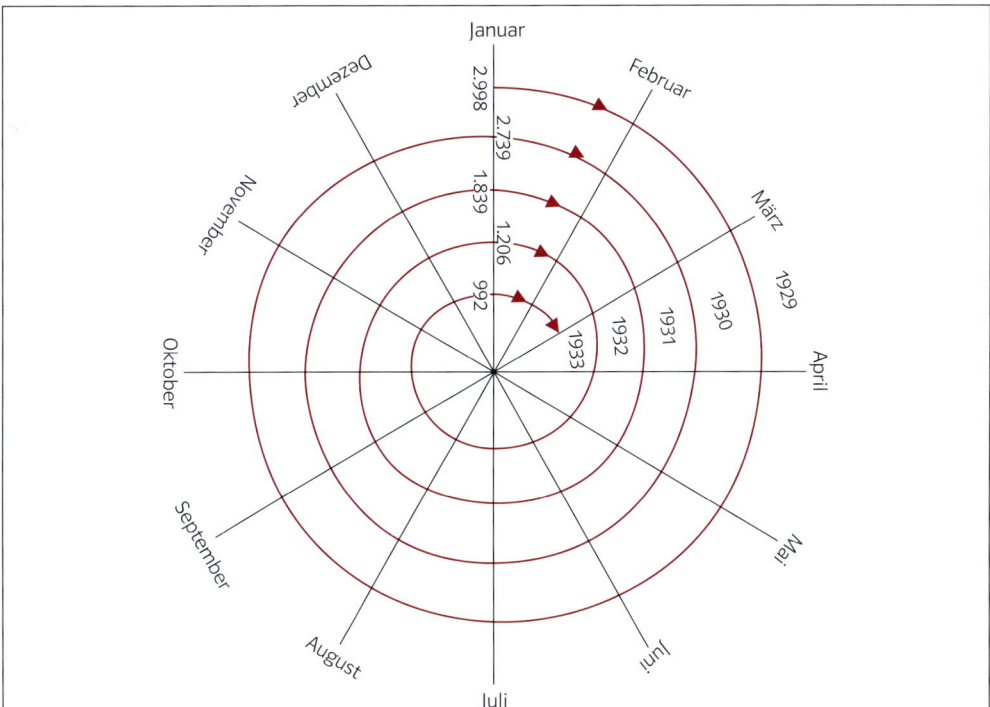

Erläuterung: Gesamtimporte von 75 Ländern (Monatswerte in Millionen Dollar)

League of Nations, Monthly Bulletin of Statistics, Februar 1934, S. 51.

**M 7** Das zyklische Wachstum der Industrieproduktion in Deutschland 1901–1938

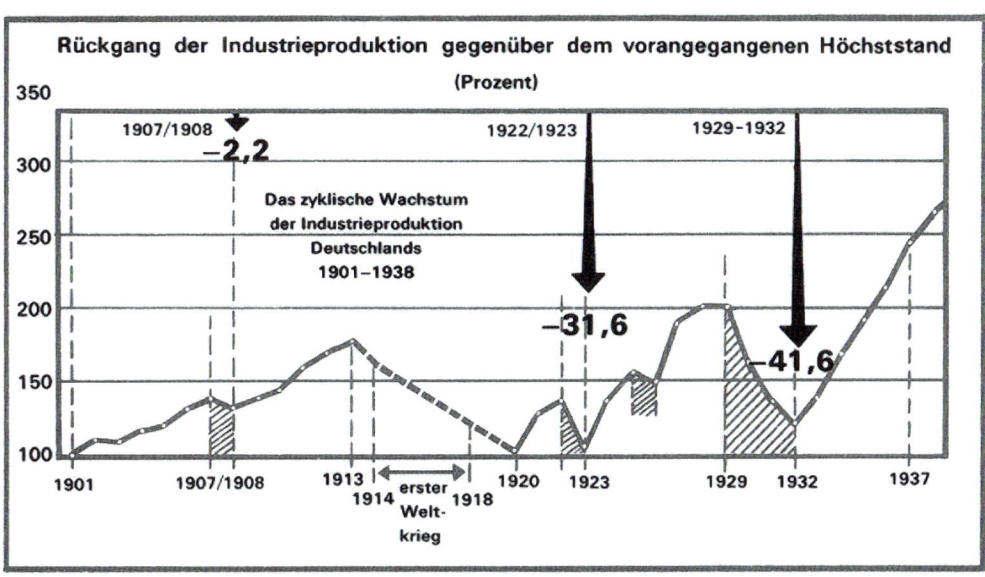

Politische Ökonomie: Anschauungsmaterial. Kapitalismus, Berlin 1971, S. 91.

**M8** Industrieproduktion der Welt 1929–1937 (Veränderungen in Prozent)

| | 1929 bis 1932 | 1932 bis 1937 | 1929 bis 1937 |
|---|---|---|---|
| Deutsches Reich | −40 | +97 | +18 |
| USA | −48 | +98 | +3 |
| Vereinigtes Königreich | −18 | +55 | +27 |
| Frankreich | −26 | +17 | −13 |
| Japan | −5 | +78 | +70 |
| Welt | −29 | +80 | +27 |

League of Nations 1948, S. 134.

**M9** Smoot-Hawley Tariff Act von 1930

The Smoot-Hawley Tariff Act of June 1930 raised U.S. tariffs to historically high levels. The original intention behind the legislation was to increase the protection afforded by
5 domestic farmers against foreign agricultural imports. Massive expansion in the agricultural production sector outside of Europe during World War I led, with the postwar recovery of European producers, to massive ag-
10 ricultural overproduction during the 1920s. This in turn led to declining farm prices during the second half of the decade. During the 1928 election campaign, Republican Presidential candidate Herbert Hoover pledged
15 to help the beleaguered farmer by, among other things, raising tariff levels on agricultural products. But once the tariff schedule revision process got started, it proved impossible to stop. Calls for increased protection
20 flooded in from industrial sector special interest groups and soon a bill meant to provide relief for farmers became a means to raise tariffs in all sectors of the economy. When the dust had settled, Congress had agreed to ta-
25 riff levels that exceeded the already high rates established by the 1922 Fordney-McCumber Act and represented among the most protectionist tariffs in U.S. history.

The Smoot-Hawley Tariff was more a con-
30 sequence of the onset of the Great Depression than an initial cause. But while the tariff might not have caused the Depression, it certainly did not make it any better. It provoked a storm of foreign retaliatory measu-
35 res and came to stand as a symbol of the 'beggar-thy-neighbor' policies (policies designed to improve one's own lot at the expense of that of others) of the 1930s. Such policies contributed to a drastic decline in internati-
40 onal trade. For example, U.S. imports from Europe declined from a 1929 high of $1,334 million to just $390 million in 1932, while U.S. exports to Europe fell from $2,341 million in 1929 to $784 million in 1932. Overall,
45 world trade declined by some 66% between 1929 and 1934. More generally, Smoot-Hawley did nothing to foster trust and cooperation among nations in either the political or economic realm during a perilous era in in-
50 ternational relations.

The Smoot-Hawley tariff represents the high-water mark of U.S. protectionism in the twentieth century. Thereafter, beginning with the 1934 Reciprocal Trade Agreements
55 Act, American commercial policy generally emphasized trade liberalization over protectionism. The United States generally assumed the mantle of champion of free international trade, as evidenced by its support for
60 the General Agreement on Tariffs and Trade (GATT), the North American Free Trade Agreement (NAFTA), and the World Trade Organization (WTO).

U.S. Departement of State http://www.state.gov/r/pa/ho/time/id/17606.htm.

**M 10** US Tariff Rates 1821–1981, Tarifsätze für zollpflichtige Importe von 1821–1981
Verhältnis der Zollabgaben zum Wert der zollpflichtigen Importe

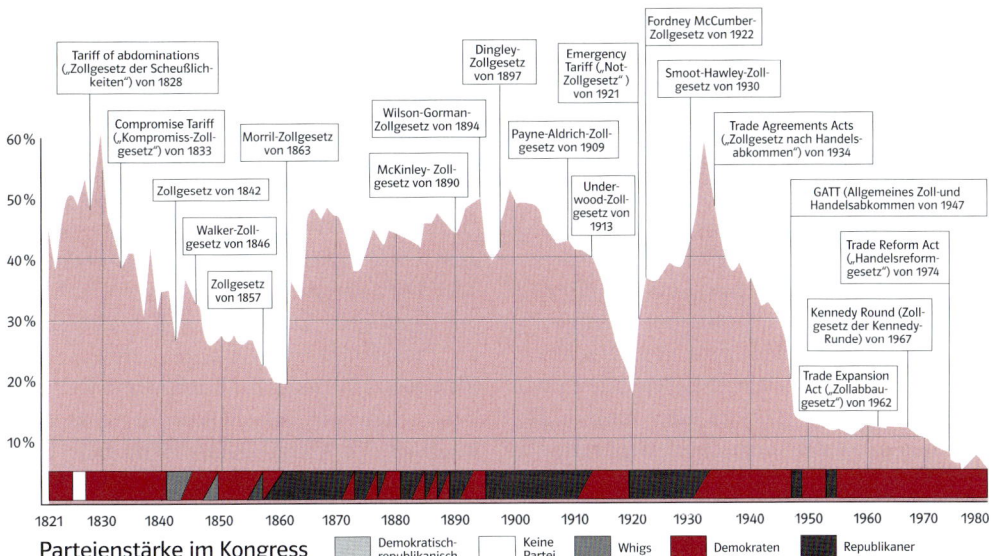

Aus: Hammond United States Atlas, Gemini Edition, Maplewood, New Jersey 1984, U-36.

**M 11** Das Hoover-Moratorium: Erklärung des amerikanischen Präsidenten Herbert Hoover vom 20. Juni 1931

Die amerikanische Regierung schlägt einen einjährigen Aufschub aller Zahlungen auf Schulden der Regierungen, Reparationen und Wiederaufbauschulden vor, und zwar sowohl
5 bezüglich des Kapitals wie der Zinsen, ausgenommen natürlich Schuldverpflichtungen der Regierungen, die sich in Privathänden befinden. Vorbehaltlich der Zustimmung des Kongresses ist die amerikanische Regierung
10 bereit zu einem Aufschub aller ihr seitens fremder Regierungen geschuldeten Zahlungen während des am 1. Juli 1931 beginnenden Etatsjahres unter der Bedingung, daß die wichtigeren Gläubigerstaaten ebenfalls alle
15 ihnen geschuldeten Zahlungen auf Regierungsschulden für ein Jahr aufschieben. […] Zweck dieses Schrittes ist, das kommende Jahr der wirtschaftlichen Erholung der Welt zu widmen und die Kräfte in den Vereinigten
20 Staaten, die bereits am Wiederaufbau arbeiten, von den von außen kommenden verzögernden Faktoren zu befreien.
Die über die ganze Welt verbreitete Depression hat die europäischen Staaten mehr in Mitleidenschaft gezogen als uns. Einige je- 25 ner Staaten fühlen die Verminderung ihrer wirtschaftlichen Stabilität durch diese Depression in ernstem Maße. Das Gewicht der Regierungsschulden, das in normalen Zeiten tragbar wäre, drückt inmitten dieser Depres- 30 sion schwer auf die Völker.
Aus einer Reihe von Gründen, die aus der Depression resultierten, beispielsweise der Preissturz fremder Waren und das mangelnde Vertrauen in die wirtschaftliche und politische 35 Stabilität im Ausland, begann eine abnorme Zuwanderung von Gold nach den Vereinigten Staaten, wodurch die Kreditfähigkeit vieler fremder Staaten vermindert wurde. Diese und andere Schwierigkeiten im Ausland ver- 40 ringern die Kaufkraft für unsere Exportwaren und sind daher in gewissem Umfang schuld an unserer fortdauernden Arbeits-

losigkeit und den fortdauernd niedrigen Prei-
45 sen für unsere Farmprodukte.
Rechtzeitige Maßnahmen sind daher geboten, um den Druck dieser ungünstigen Faktoren im Ausland zu lindern, zur Wiederherstellung des Vertrauens beizutragen und
50 dadurch den politischen Frieden und die
wirtschaftliche Stabilisierung in der Welt zu
fördern. [...]
Der Kern des Vorschlages ist, den Schuld-
nern Zeit zur Wiedererlangung ihrer natio-
55 nalen Prosperität zu geben, und ich empfehle
dem amerikanischen Volke, im eigenen Interesse gute Gläubiger und gute Nachbarn
zu sein. Ich möchte diese Gelegenheit dazu
benutzen, meine Ansicht über unsere Be-
60 ziehungen zu den deutschen Reparationen
und den uns von den europäischen alliierten
Regierungen geschuldeten Summen offen zu
äußern: Unsere Regierung hat sich nicht an
der Auferlegung der Reparationen beteiligt,
65 noch sich irgendwie bezüglich ihrer Festset-
zung geäußert. [...] Daher ist die Reparationsfrage notwendigerweise ein rein europäisches Problem, mit dem wir nichts zu tun
haben.
70 Ich billige nicht im entferntesten die Streichung der uns geschuldeten Summen. Das
Weltvertrauen würde durch einen derartigen
Schritt nicht gefördert werden. Keiner unserer Schuldner hat das je vorgeschlagen, aber
75 da die Basis der Fundierung dieser Schulden
die Zahlungsfähigkeit des Schuldners unter
normalen Verhältnissen war, so führen wir
nur konsequent unsere eigenen Prinzipien
durch, wenn wir die gegenwärtigen anorma-
80 len Verhältnisse in der Welt in Rechnung ziehen. [...]
Diese Haltung entspringt vollkommen unserer bisher befolgten Politik. Wir werden
dadurch nicht in die Diskussion rein euro-
85 päischer Probleme, zu denen die Reparationsfrage gehört, hineingezogen, wir wollen
lediglich unsere Bereitschaft ausdrücken, zur
baldigen Erholung der Weltprosperität, an
der unser Volk so stark interessiert ist, unsern
90 Teil beizutragen. [...]

Europäische Gespräche, 9. Jahrgang (1931), S. 353 ff.

**M12** **Deutsche Antwort auf das Hoover-
Moratorium: Aus der Rede des Reichskanzlers Dr. Heinrich Brüning im Deutschlandsender vom 23. Juni 1931**

Alle Völker der Erde stehen unter dem tiefen
Eindruck des historischen Schrittes, den am
Sonntag der Präsident der Vereinigten Staaten unternommen hat, um der ungeheuren
Krise, die über fast alle Völker hereingebro- 5
chen ist, zu steuern und um Hilfe zu bringen
denen, die ihr zu erliegen drohen. Das deutsche Volk und die deutsche Regierung haben
mit herzlicher Dankbarkeit die Vorschläge
des Präsidenten Hoover angenommen. 10
Eine neue Hoffnung für Europa und Deutschland sehen wir aus diesem Vorschlage er-
wachsen. Er bringt Deutschland eine Hilfe
in einem entscheidenden Augenblick seiner
Geschichte, in dem Schwierigkeiten bis zum 15
äußersten sich aufgetürmt haben. Der erste
wirksame Anfang für eine bessere Zukunft
ist erfolgt.
Aber warnen muß die Reichsregierung vor
dem Glauben, als ob durch diesen Vorschlag 20
des amerikanischen Präsidenten, wenn er von
allen in Frage kommenden Nationen angenommen wird, wir über die Gesamtheit der
uns bedrängenden Nöte hinweg seien. [...]
Das vorgeschlagene Feierjahr soll nach der 25
Proklamation des Herrn Präsidenten der
Vereinigten Staaten nicht nur der Wiederherstellung des internationalen Vertrauens
auf wirtschaftlichem Gebiet und damit dem
wirtschaftlichen Wiederaufbau der Welt die- 30
nen, es verfolgt gleichzeitig den Zweck, die
politischen Beziehungen zwischen den Ländern von störenden Spannungen zu befreien
und eine auf Zusammenarbeit der Staaten
beruhende friedliche Weiterentwicklung zu 35
fördern und zu festigen. Beides steht in einem notwendigen Wechselverhältnis. Ohne
Gesundung der Wirtschafts- und Finanz-
beziehungen ist keine Beruhigung der politischen Lage, ohne außenpolitische Beruhi- 40
gung keine Beseitigung der Wirtschaftsnot
denkbar. [...]
Die deutsche Regierung ist sich bewußt, daß
bei alledem der zukünftigen Gestaltung der
Beziehungen zwischen Deutschland und 45

Frankreich eine besonders wichtige Rolle zufällt. […] Weil ich davon überzeugt bin, daß eine wirklich ausgeglichene und fruchtbare Zusammenarbeit unter den Völkern Europas
50 und die für den lebendigen Wirtschaftsaustausch mit der Neuen Welt notwendige Stabilisierung des europäischen Friedens, erst an dem Tage gesichert erscheint, wo zwischen den beiden großen Nachbarvölkern das
55 Vergangene seelisch überwunden ist und der Blick sich gemeinsam der Zukunft und ihrer geistigen und politischen Gestaltung zuwendet, gerade deshalb ist das Bestreben der von mir geführten Regierung, über Verstimmun-
60 gen des Augenblicks hinauszudenken und alles sachlich Verantwortbare zu tun, um die großmütige Aktion des Präsidenten Hoover ihrem verdienten und im Interesse Europas und der Welt notwendigen Erfolge zuzufüh-
65 ren. […]

Deutsche Allgemeine Zeitung, Nr. 281, 24. Juni 1931.

**M13  Carl Driever, Die Irrlehre von der Autarkie, Kölnische Volkszeitung vom 20. März 1932**

Nur die Erfolge in der Weltwirtschaft haben es Deutschland ermöglicht, seine seit 100 Jahren immer stärker zunehmende Bevölkerung noch besser und ausreichender zu ernähren
5 als vorher. Zu den jetzigen Rückschlägen ist festzustellen, daß die Prosperität des Welthandels vor einigen Jahren und das stürmische Aufholen Deutschlands am Weltmarkt bis zum Jahre 1930 ungesund und unter poli-
10 tischem Druck überzüchtet war. Diese Treibhauserfolge halten jetzt bei rauherem Klima nicht stand und erliegen den Krisenstürmen am stärksten. Die Rückschläge zerstören ungeheure Werte; aber ist das ein Grund zur
15 Zurückziehung vom Weltmarkt, zur Selbstbeschränkung auf unsere karge, gemäßigte Zone? Soll man arm bleiben, weil dann keine Möglichkeit für Verluste gegeben ist. […] Wenn das Abendland in den Zustand orien-
20 talischer Staaten zurückfallen will, so wäre das der richtige Weg.
Aus dem Sprachschatz der theoretischen Nationalökonomie – in der Praxis hat man sich noch nie viel damit abgegeben – hat man das Wort „Autarkie" zu Hilfe gezogen und es mit 25 neuen Vorstellungen und Deutungen verbunden. […] Was ist Autarkie? Wirtschaftliches Selbstgenügen, Selbstversorgung eines Landes. Die Deckung aller wirtschaftlichen Bedürfnisse des Landes aus eigenen Mitteln soll 30 sichergestellt sein. Wirtschaftlicher Lebensraum und politischer Wirkungsraum müssen in Einklang gebracht werden. Ein Paradoxon ist es gerade heute in Zeiten ausgebildeter Verkehrstechnik, zur Zeit des beginnenden 35 transozeanischen Flugverkehrs, wo zur Bedarfsdeckung jedes Europäers alle Kontinente beisteuern müssen, in solche Vorstellungsweise zurückzufallen. Wenn man die „goldene Zeit" Friedrichs des Großen zum Beweis 40 heranzieht, so kann man dagegen ebensowenig etwas sagen, als wenn sich jemand in seine Kindheit zurückwünscht. Wenn wir wieder in eine Zeit wachsender politischer Räume kämen, z. B. Mitteleuropa oder Paneuropa, so 45 würden friderizianischer Zeit entsprechend neumerkantilistische Gedankengänge einsetzen, um den neuen Großraum für seine Kinderjahre gegenüber Gefahren der Außenwelt stärker abzutrennen. Das hat Friedrich der 50 Große getan; er hat sein vergrößertes Preußen nach außen wirtschaftlich abgeschlossen, um es im Innern mehr zusammenzuschließen. Seine Bestrebungen um eine Autarkie waren nur Mittel zum Zweck. Sobald Preu- 55 ßen ein gleichwertiger Partner am Markt mit den Nachbarländern geworden wäre, hätte es den Austausch begonnen. Muß Deutschland noch mal solche Kur mitmachen? Sollen wieder „Kaffeeriecher"[1] von Haus zu Haus 60 ziehen, damit kein Taler ins Ausland fließt? Den Autarkisten schweben solch drakonische Erziehungsmaßnahmen vor. Verbrämt wird ihr Handeln mit dem nationalpolitischen Ziel der völligen Unabhängigkeit. 65

---

1. In den letzten Regierungsjahren Friedrichs II., des Großen, eingesetzte Kommissionen, die vor allem in Berlin kontrollieren sollten, ob die Bevölkerung in den Haushalten unversteuerten Kaffee verbrauchte, was mit hohen Geldstrafen geahndet wurde.

Kölnische Volkszeitung, 20. März 1932.

## M14 Max Victor, Ende der Weltwirtschaft, 1932

„Zerfall der Weltwirtschaft", „Autarkie" als Feststellung eines historischen Prozesses oder handelspolitische Forderung sind im knappen Zeitraum von einem oder zwei Jahren zu
5 Schlagwörtern der wirtschaftspolitischen Tagesdiskussion geworden. Der Hinweis auf einige offensichtliche Tatbestände scheint die Richtigkeit der These hinreichend zu belegen. Der Welthandel und der deutsche Au-
10 ßenhandel haben – außer in den Kriegs- und unmittelbaren Nachkriegsjahren – niemals einen so starken und langdauernden Rückschlag erfahren wie nach 1929. Seit Mitte des Jahres 1931 befinden sich die zwischenstaat-
15 lichen Kreditbeziehungen in einer schweren Krisis, der sich auch die Gläubigerländer nicht entziehen konnten. Die erschwerte Kredit- und Währungssituation hat ihrerseits krisenverschärfend gewirkt. Ein Land mit so
20 hohen Schuldverpflichtungen wie Deutschland wurde dadurch zu Forcierung der Ausfuhr und Drosselung der Einfuhr in einem Zeitpunkt gezwungen, in dem die wichtigsten Abnehmerstaaten selbst ihre wirtschaft-
25 liche Situation durch Absperrung ihrer Grenzen zu verbessern suchten. Die Entwertung des englischen Pfundes und der Übergang Großbritanniens zum Schutzzoll gelten als Symbol einer endenden weltwirtschaftlichen
30 Epoche. Die Skepsis gegenüber einer internationalen Verständigungspolitik liefert ein weiteres Argument zu einer pessimistischen Beurteilung der Chancen der zwischenstaatlichen Wirtschaftsbeziehungen.
35 „War es vor kurzer Zeit mindestens noch gewagt, vom Zerfall der Weltwirtschaft zu sprechen, so ist er heute schon eine klar belegbare Tatsache. Der Welthandelsumsatz ist 1931 wertmäßig um 40 % mengenmäßig um
40 ungefähr 20 % geringer als 1929 […]. Wir erleben die Umstellung der großen Provinzen der Weltwirtschaft auf ein neues, vorwiegend nationalwirtschaftlich bestimmtes ökonomisches Gleichgewicht"(G. Wirsing). Und noch
45 grundsätzlicher: „die Weltwirtschaft des endenden neunzehnten und des beginnenden zwanzigsten Jahrhunderts aber war errichtet auf geistigen und politischen Fundamenten von solcher Brüchigkeit, daß der erste Ansatz gestaltenden oder zerstörenden Geschehens
50 sie in Staub auflösen und leichter als Flugsand verwehen konnte" (Salin).
[…] Die gegenwärtige Situation ist nicht unzutreffend als „Zwangsautarkie" bezeichnet worden. Sie ist als Tatsachenfeststellung
55 kaum bestreitbar. Die Meinungen teilen sich erst dann, wenn aus diesem Zustand Folgerungen über die künftige Entwicklung und die notwendige Wirtschaftspolitik gezogen werden. […] Denn zwischen der Anerken-
60 nung der gegebenen Situation und der freiwilligen Forderung und Verherrlichung der Autarkie liegt ein wesentlicher Schritt. Es geht ja heute in Deutschland schon lange nicht mehr um die Möglichkeit einer radikalen Freihan-
65 delsposition, sondern auf der einen Seite um die Behauptung einer gegebenen Zwangslage zur Vermeidung größerer Schäden, auf der andern Seite um ein umfassendes Programm mit dem Anspruch auf durchgreifende Ver-
70 besserung gegenüber der heutigen Situation. Dieses Programm ist nach seiner Zielsetzung und nach dem Kreis seiner Vertreter hochpolitischer Natur; da aber politische Ziele durch wirtschaftspolitische Mittel erreicht werden
75 sollen, werden die Autarkisten nicht auf eine wirtschaftliche Begründung ihrer Pläne verzichten können. Sie werden es sich dabei nicht so leicht machen dürfen wie F. Fried in der „Tat", der auf Grund einer großzügigen Be-
80 rechnung die Hälfte der deutschen Einfuhr und $^2/_3$ der deutschen Ausfuhr des Jahres 1931 für entbehrlich hält, und eine volkswirtschaftliche Schädigung leugnet, weil Autarkie „überhaupt eine Ausgestaltung des ge-
85 samten Binnenmarkts ermöglicht, die für die Ausfuhrverluste mindestens einen Ausgleich herbeiführen kann". Es ist dabei nicht die Frage, ob die deutschen Mädchen französische Spitzenkragen tragen, oder ob der Mann
90 schottischen Whisky trinken muß, sondern es geht darum, ob auf der Einfuhrseite alle Posten gestrichen werden sollen, in denen das Ausland Produktionskostenvorteile besitzt, und deren Bezug eine volkswirtschaftliche
95 Ersparnis bedeutet. […] Es geht damit auch

um die entscheidende Frage der künftigen außenpolitischen Orientierung Deutschlands und um die Abwicklung der politischen und
100 privaten Verschuldung. Es handelt sich weiter darum, ob man mit der sog. Befreiung von den internationalen Konjunkturschwankungen auch auf die Teilnahme an einem künftigen Konjunkturaufschwung verzichten will.
105 Und schließlich bleibt als Kardinalpunkt das organisatorische, markttechnische, innenpolitische und soziologische Problem der *Planwirtschaft*, dessen Durchführbarkeit kaum zur Diskussion gestellt wird, obwohl sich die
110 Wissenschaft und insbesondere die sozialistische Theorie schon jahrzehntelang darüber den Kopf zerbricht. Weder ist der Ausgleich der binnenwirtschaftlichen Konjunkturschwankungen, noch die preismäßige Anpas-
115 sung von Angebot und Nachfrage, noch die Funktion der unvermeidlichen Binnenwährung, noch der Konflikt von privaten und staatlichen Zielen, von Interesse und Eigentum in den neuerdings so häufigen Planwirt-
120 schaftsprojekten irgendwie geklärt. So lange diese Fragen nicht beantwortet sind, müssen die begeisterten Anhänger der Autarkie entweder andere – nicht wirtschaftliche – Argumente vorbringen, wie etwa die Notwen-
125 digkeit der Rüstungsbereitschaft für einen nahenden Krieg, oder sie müssen sich gefallen lassen, daß ihnen – trotz ihres angeblichen nur gesamtwirtschaftlichen Zieles – bewußte oder unbewußte interessenpolitische
130 Motive untergelegt werden. Denn so lange Autarkie gegenüber dem gegenwärtigen Zustand nur eine Verschlechterung bedeutet, scheint es im Interesse des volkswirtschaftlichen und staatspolitischen Ganzen zu liegen,
135 aus der gegebenen „Zwangsautarkie" nicht eine freiwillige Verherrlichung, sondern die prinzipielle Anerkennung des Zwangs zur Weltwirtschaft zu folgern.

Max Victor, Das sogenannte Gesetz der abnehmenden Außenhandelsbedeutung, in: Weltwirtschaftliches Archiv, 36 (1932) Heft 1, S. 59 f. u. 84 f.

### M15 Ludwig Erhard, Herrn Schachts „Grundsätze", 1932

Der frühere Reichsbankpäsident Hjalmar Schacht (1923–1930 und dann wieder von 1933–1939) hatte sich 1931 mit Adolf Hitler und Alfred Hugenberg in der „Harzburger Front" zusammengeschlossen und war 5 demonstrativ in das Lager der „nationalen Opposition" gewechselt. Im Stalling-Verlag veröffentlichte er 1932 die Schrift »Grundsätze deutscher Wirtschaftspolitik«. In der kritischen Auseinandersetzung mit dem Buch 10 rückt Ludwig Erhard die politischen Intentionen Schachts in den Mittelpunkt seiner Analyse.

Verantwortlich für alles Übel ist nach Schacht die Mißwirtschaft aller Nachkriegs- 15 regierungen, die – man höre – dem Schicksal des verlorenen Krieges nichts anderes entgegenzusetzen gewußt hätten als Dulden, Entbehren und Selbst-Entäußerung; während ein Volk sich doch nur durch Betätigung ei- 20 nes unbändigen Lebenswillens vor dem Untergang bewahren könne. Diesen instinkthaften Selbsterhaltungstrieb kann das deutsche Volk natürlich nur „unter einer vom nationalen Willen getragenen Regierung" gewin- 25 nen, und da wir die ja jetzt glücklich haben, stünde dieser tiefsinnigen Erkenntnis- und Ursachenforschung zufolge dem Wiederaufschwung der deutschen Wirtschaft eigentlich nichts mehr im Wege. [...] Das eigent- 30 liche Problem, wie die deutsche Wirtschaft wieder auf eine gesunde Kapitalbasis zu stellen sei, ist nicht mit einer Zinssenkung, die geheimnisvollerweise niemand Vorteile und niemand Nachteile bringen soll, aus der Welt 35 geschafft. Dieses ganze Kapitel über den Zins besteht aus allgemeinen, nichtssagenden Redensarten. Es ist ein Bastard aus dem widernatürlichen Gebuhle sowohl mit Hitler wie mit Hugenberg, in der Weise, daß man, da 40 die vollständige Brechung der Zinsknechtschaft nicht in der ganzen Harzburger Front Anklang findet, vorläufig mal die halbe Brechung propagiert.

Schließlich steuert Schacht der ihm beson- 45 ders am Herzen liegenden Frage der Autarkie zu. Wie bei allem, was er sagt, wimmelt es auch hier von Widersprüchen. Zwar behauptet er gleich an zwei Stellen mit besonderer Betonung, „daß es ein unausrottbarer Irrtum sei, zu glauben, daß ein Volk auf die Dauer mehr verkaufen könne, als es kauft". Aber was gerade den deutschen Export anbelangt, ist Schacht doch der Ansicht, daß wir trotz scharfer Drosselung der Einfuhr auf Mehrexport nicht zu verzichten brauchten. Die besten Köpfe bemühen sich um eine Lösung, auf welche Weise die gestörten Weltmarktbeziehungen wieder gefestigt werden könnten, und dabei ist es doch so einfach. Es gehört vor allem „eine entschlossene Wehrhaftigkeit und ein entschlossener Wehrwille dazu, um unsere Lebensrechte zu verteidigen". Auch müssen wir dem Ausland zeigen, daß es auf die Konsumkraft eines hochentwickelten Siebzigmillionenvolkes nicht verzichten kann. Dies beides getan, wird es wundervoll gehen. Ausgerechnet Deutschland, dessen Industrie weitgehend, bis zu 70%, als exportorientierend gelten muß, ausgerechnet dieses Deutschland, dessen wirtschaftliche Schwäche zu schildern sich Schacht nicht genug tun kann, soll also das reiche und mächtige Ausland, die ganze „interalliierte Konkurrenz", wie Schacht so schön sagt, durch Repressalien zur Vernunft bringen können. Man muß wahrlich schon sehr national sein, um diesem Wahn verfallen zu können. Mit zunehmender Isolierung der Märkte wird zudem das Problem aktuell, wie die einseitigen Exporte überhaupt bezahlt werden könnten, da doch Schacht selber, wenn er von den Reparationen spricht, nicht oft genug betont, daß es von Land zu Land überhaupt keine andere Bezahlung als in Waren gibt. Da hilft, will uns scheinen, auch kein Wehrwille, und man erkennt zur Evidenz, daß Autarkie für Deutschland nicht einmal ein Kampfmittel ist! Es stünde uns besser an, zu fragen, ob wir nicht selbst durch eine sinnlose Zollpolitik den gegenwärtigen Zustand herbeiführen halfen. Autarkiebestrebungen sind von Deutschland, aus welchen Gründen sie auch immer gefordert werden, unter allen Umständen abzulehnen. Wir wüten in der deutschen Wirtschaft wie der Elefant im Porzellanladen, wenn wir das jetzt noch produktive Kapital der deutschen Industrie durch solche sinnlosen Manöver zu einem weiteren Teil bewußt entwerten wollen. Wir nehmen weiteren Arbeitern die Arbeitsplätze, demgegenüber es ein schwacher Trost ist, daß der Landwirtschaft und insbesondere dem Großgrundbesitz bei autarker Ernährung des deutschen Volkes, ohne Rücksicht auf die Kosten, der Weizen blüht. [...]

Ein solches Buch kann man im üblichen Sinn überhaupt nicht besprechen, nicht einmal kritisieren, es ist jenseits des Diskutablen, man kann es nur hinwerfen, ergrimmt und erbittert über solche Notzüchtigung des Gedankens an sich, des ökonomischen Gedankens insbesondere, zu Zwecken politischer Karriere.

In: Karl Hohmann (Hg.), Ludwig Erhard, Gedanken aus fünf Jahrzehnten. Reden und Schriften, Düsseldorf, Wien, New York 1988, S. 30–36.

### M16 Aus der Rede des Reichsbankpräsidenten Dr. Hjalmar Schacht auf der Schlusstagung der Londoner Weltwirtschaftskonferenz am 27. Juli 1933

Die am 12. Juni 1933 in London eröffnete Weltwirtschaftskonferenz musste am 27. Juli 1933 ergebnislos abgebrochen werden.

Als vor einem Jahre in Lausanne die Einberufung dieser Konferenz beschlossen wurde, lag das Programm in den Hauptzügen bereits fest, nämlich die Währungen wieder auf eine gesunde Grundlage zu stellen, die Devisen- und Transferschwierigkeiten zu beseitigen und die Wiederbelebung des internationalen Handels zu fördern [...]. Nach mehr als sechs Wochen anstrengender Arbeit ist leider festzustellen, daß kaum ein Punkt des Programms zu Abmachungen geführt hat. [...]

Auf dem Gebiete der Bekämpfung des indirekten Protektionismus sollte die Konferenz nach der Auffassung des vorbereitenden Ausschusses „alle zweckmäßig erscheinenden Maßnahmen ergreifen, damit diese verschiedenen Fragen so schnell wie möglich einer vernünftigen Lösung zugeführt werden". Die Konferenz hat eine solche Lösung nicht ge-

funden. [...] Auch auf dem Gebiete der Handelspolitik hat sich gezeigt, wie groß die Ge-
25 gensätze sind, die zwischen den Auffassungen
der verschiedenen Delegationen klaffen. Ein
Vergleich unseres Berichtes mit dem des vorbereitenden Ausschusses vom Januar d. J. ergibt sogar, daß wir inzwischen einander nicht
30 nähergekommen sind, sondern daß die Anschauungen, beispielsweise über Meistbe-
günstigung und deren Ausnahmen, voneinander weiter entfernt sind als zuvor.
Es würde abwegig sein, irgendeinem einzel-
35 nen die Schuld für diesen Ausgang der Konferenz zuzuschreiben. Der Fehler liegt im
System. Der Gedanke, durch generelle Emp-
fehlungen oder Beschlüsse gleichzeitig die
Lage von 64 völlig verschieden gearteten
40 Ländern bestimmen zu können, hat sich als
undurchführbar erwiesen. Wir haben gesehen, daß nicht einmal auf dem Gebiet der
Währungsstabilität eine Einheitlichkeit hergestellt werden konnte, seitdem einzelne Län-
45 der die Stabilität ihrer Währungen bewußt
aufgegeben haben und durch Änderung der
Währungsunterlagen ihre Wirtschaft zu be-
einflussen suchen. [...]
Solange die einzelnen Nationen nicht in sich
50 ein gewisses wirtschaftliches Gleichgewicht
wiedergefunden haben, wird der Erfolg einer
neuen Weltwirtschaftskonferenz zweifelhaft
bleiben.
Das ist die große Lehre, die uns diese Konfe-
55 renz mitgibt. Internationale Zusammenarbeit
wird erst dann zur praktischen Wirklichkeit
werden, wenn sich nicht mehr der eine auf
den anderen verläßt, sondern wenn jeder zunächst aus eigener Kraft alles daran setzt, um
60 der Wirtschaftskrise Herr zu werden. Die bisher leider gebräuchliche ungesunde Methode,
durch internationale Kreditanspruchnahme
die Wirtschaftslage für den Augenblick zu
erleichtern, muß dem Willen weichen, aus ei-
65 gener Kraft eine gewisse wirtschaftliche Stabilität herzustellen. [...]
Die Deutsche Regierung wird auch in Zukunft jede internationale Zusammenarbeit
zu fördern bereit sein. Wir glauben aber, daß
70 diese Arbeit erst dann Erfolg haben wird,
wenn die einzelnen Länder in ihrer eigenen

Wirtschaft und in ihren nachbarlichen Beziehungen einen festen Grund dazu gelegt haben. Das Ziel freilich wird immer das gleiche bleiben: die Bereinigung der Welt von den  75
wirtschaftlichen und finanziellen Schlacken
des Krieges, d. h. einen neuen Start zu gewinnen für eine bessere Zukunft.

Berliner Börsen-Zeitung Nr. 346 vom 27. Juli 1933. Zit.
nach: Ursachen und Folgen, Bd. IX., S. 678 ff.

### M17 Charles P. Kindleberger, Eine Erklärung der Depression von 1929

Was rief die weltweite Depression von 1929
hervor, weshalb war sie so weitverbreitet, so
tief, so lang? Wurde sie von realen oder mone-
tären Faktoren verursacht? Ging sie von den
USA aus, von Europa, von den Rohstofflän-  5
dern der Peripherie, oder entwickelte sie sich
aus den gegenseitigen Beziehungen dieser Regionen? War die verhängnisvolle Schwäche
in der Natur des kapitalistischen Systems der
Weltwirtschaft begründet oder lag es an der  10
Steuerung dieses Systems, d. h. an der Politik der Regierungen? War diese Politik, insofern sie von Bedeutung war, die Folge von Ig-
noranz, Kurzsichtigkeit oder Böswilligkeit?
Reflektierten Tiefe und Länge der Krise die  15
besonders starke Erschütterung eines an sich
relativ stabilen Systems oder die Instabilität
des Systems im Fall einer oder mehrerer Erschütterungen von durchschnittlicher Stärke
(wie auch immer gemessen)? Oder war [...]  20
die Krise von 1929 eine Folge der amerikanischen Geldpolitik oder einer Reihe historischer Zufälle? [...]
Es wird hier die Deutung vertreten, daß die
Krise von 1929 so allgemein, so schwer, so  25
anhaltend war, weil das internationale Wirtschaftssystem destabilisiert wurde durch die
Unfähigkeit Englands und die Abgeneigt-
heit der USA, die Verantwortung für seine
Stabilisierung in drei besonderen Punkten  30
zu übernehmen: Erhaltung eines relativ offenen Marktes für Krisenprodukte, antizyklische Bereitstellung langfristigen Kapitals
und Diskontgewährung bei Krisen. Die Erschütterungen des Systems durch die Über-  35
produktion mancher Rohstoffe wie Weizen,

durch die 1927 erfolgte Herabsetzung der Zinssätze in den USA (sofern diese überhaupt ein Schock war), durch den Stopp der Anleihen an Deutschland (1928) oder den Börsenkrach von 1929 waren nicht von solcher Bedeutung. Erschütterungen von ähnlicher Stärke wie dem Kurseinbruch an der Aktienbörse im Frühjahr 1920 und der Rezession von 1927 in den USA war standgehalten worden. Das weltwirtschaftliche System war instabil, solange es nicht stabilisiert wurde, wie England dies im 19. Jahrhundert und bis 1913 getan hatte. 1929 waren die Briten dazu nicht in der Lage und die Amerikaner, nicht dazu bereit. Als jedes Land sich auf die Wahrnehmung seiner nationalen Privatinteressen beschränkte, ging das Gemeinwohl der Staatengemeinschaft in die Binsen und mit ihm die nationalen Belange aller. [...]

In den zwanziger Jahren war der amerikanische Kapitalexport positiv korreliert mit den Inlandsinvestitionen. Die Hochkonjunktur der zwanziger Jahre ging einher mit Auslandskrediten, die Depression der dreißiger Jahre erlebte eine Umkehr des Kapitalstroms. [...]

Das Offenhalten eines Marktes für Krisenprodukte kann als eine andere Form der Finanzierung betrachtet werden. Der Freihandel hat zwei Dimensionen: die Anpassung der inländischen Ressourcen an Veränderungen der Produktionskapazität im Ausland und die Aufrechterhaltung eines offenen Importmarktes in Zeiten der Anspannung. Die erste Aufgabe wird von einer schnell wachsenden Wirtschaft leichter erfüllt, da sie ohnehin ihre Produktionsfaktoren aus weniger produktiven Beschäftigungen abziehen muß und auch bereit ist, den Wettbewerb mit den Importen aufzunehmen. Wenn während der Krise am Prinzip des Freihandels festgehalten wird – unter Inkaufnahme einer kurzfristigen Belastung für die Produktionsfaktoren in import-konkurrierenden Branchen –, bietet die zweite Dimension einen Markt für die im Ausland angesammelten Überschüsse. Großbritannien hielt von 1846 (oder vielleicht einem späteren Jahr wie 1860, als alle Zölle bis auf die Finanzzölle abgebaut waren) bis 1916 dem Freihandel die Treue. Nach 1873 verlangsamte sich das Wachstum, doch fuhr man fort, dem Freihandel anzuhängen, da die schrumpfenden Industrien eher Exportgüter herstellten, als mit Importen konkurrierten. Das zähe Festhalten Englands am Freihandel während der Depression war wohl eher durch eine kulturelle Phasenverschiebung und die Freihandelstradition seit Adam Smith bedingt, als einem bewußten Dienst an der Weltwirtschaft entsprungen.

Das Gegenbeispiel bietet das Smoot-Hawley-Zollgesetz von 1930. Trotz einer Empfehlung der Weltwirtschaftskonferenz von 1927 zum Abschluß eines weltweiten Zoll-Stillhalteabkommens griff Hoover beim ersten Anzeichen von Schwierigkeiten in der Landwirtschaft nach dem Hausmittel der Republikaner, wie Schumpeter es bezeichnete. Diese Tat war weniger wegen ihrer Auswirkungen auf die amerikanische Zahlungsbilanz oder wegen ihrer Unschicklichkeit für eine Gläubigernation von Bedeutung, als wegen ihrer Verantwortungslosigkeit. Ein wildgewordener Haufen von Kongreßabgeordneten dehnte die Schutzzölle von der Landwirtschaft auf Rohstoffe und Fertigwaren aller Art aus, und trotz mehr als dreißig formeller Proteste anderer Staaten und entgegen dem Ratschlag von tausend Ökonomen, verlieh Hoover durch seine Unterschrift dem Gesetz Rechtskraft. Dies war Anlaß oder zumindest keine Barriere für eine wilde, kopflose Flucht in Protektionismus und Importbeschränkungen, wobei jedes Land versuchte, den Deflationsdruck der Importe zu parieren, und alle zusammen aber durch die wechselseitige Behinderung der Exporte gerade diesen hervorriefen. Wie bei einer Abwertung mit dem Ziel, das Preisniveau im Land anzuheben, war der Gewinn für ein Land ein Verlust für die Gesamtheit. [...]

Daß kein Land die Führung in die Hand nahm und für Diskontmöglichkeiten, antizyklische Kredite oder einen offenen Markt für Güter sorgte, ließ das System instabil werden. Das gilt auch für die Hinterlassenschaft des Krieges und besonders für die Kombination von Reparationen, Kriegsschulden, Überbewer-

135 tung des Pfundes und Unterbewertung des
französischen Franc. Vermutlich muß man
hier auch noch die deutsche Inflation von
1923 anführen, die das wahnwitzige Festhalten der Deutschen an der Deflation zur Folge
140 hatte. Die strukturellen Verwerfungen durch
den Krieg in Form der Überproduktion von
Weizen, Zucker und Wolle, sowie im Schiff-
bau, bei Baumwolltextilien und Kohle waren weniger folgenreich und wären durch das
145 Preissystem relativ leicht korrigiert worden,
wenn die gesamtwirtschaftliche Stabilität be-
wahrt worden wäre. Die Verzerrungen des Fi-
nanzgefüges machten aber die Erhaltung einer solchen Stabilität schwierig, wenn nicht
150 unmöglich. Bei einer weitblickenden Führung der USA wäre es vielleicht gelungen,
die ersatzlose Streichung der Kriegsschulden durchzusetzen, so schwierig es auch war,
den amerikanischen Wähler vom Nutzen solcher Politik zu überzeugen, insbesondere so- 155
lange Großbritannien und Frankreich Reparationen einstrichen. England war bereit, auf
Reparationen zu verzichten, insoweit ihm
Kriegsschulden erlassen würden – eine Haltung begrenzter Selbstverleugnung –, aber 160
die Vorstellung, daß Frankreich die Reparationen abschreiben könnte, nachdem es 1871
und 1819 solche gezahlt und vier furchtbare
Kriegsjahre durchgemacht hatte, heißt; zuviel
von der Geschichte zu verlangen. […]            165

Charles P. Kindleberger, Die Weltwirtschaftskrise (Geschichte der Weltwirtschaft im 20. Jahrhundert Bd. 4), München 1973, S. 304–308.

## 2.4 NS-Großraumwirtschaft und Zweiter Weltkrieg

Bis zum Beginn der Weltwirtschaftskrise
lag das Autarkieprogramm der Nationalsozialisten in der närrischen Randzone der
deutschen Politik. Es erschien verantwor-
tungslos und gegen die Interessen der deutschen Wirtschaft gerichtet, die ein Viertel
ihrer Erträge im Ausland erwirtschaftete.
Seit 1931, als die Weltwirtschaft zusammen-
brach, änderte sich diese Perspektive. Mit
dem Abschluss des US-Binnenmarktes, des
britischen Commonwealth und des französischen Kolonialreiches vom Weltmarkt rückte
der Autarkiegedanke wenigstens als zweit-
beste Lösung und als Ausweg für eine Übergangszeit in den Bereich des Denkbaren.
Außenwirtschaftlich bot sich die Intensivie-
rung des Handels mit einigen Ländern Südamerikas, mit Skandinavien und dem süd-
osteuropäischen Raum auf der Grundlage
bilateraler Verträge an. Vor diesem Hintergrund gewann die alte Idee eines mitteleuropäischen Großwirtschaftsraumes wieder an Anziehungskraft. Ursprünglich von
Liberalen wie Friedrich List oder Friedrich
Naumann als innere Entwicklungspolitik propagiert, war sie freilich inzwischen zu einer
Denkfigur konservativer Kreise geworden,
die Deutschland ein wirtschaftliches Hinterland verschaffen wollten.
In Adolf Hitlers Weltbild spielte Mitteleuropa freilich eine nur geringe Rolle. Er sah
den „Lebensraum" des Reiches vielmehr im
Osten, wo er sich zum Nachfolger der in seinen Augen morschen und langfristig nicht
lebensfähigen Sowjetunion berufen fühlte.
Hier sah er die endgültige Bestimmung seiner Außenpolitik in der Sicherstellung der
Unabhängigkeit der nationalen Wirtschaft
durch Lebensraum im Osten. Für ihn stellte
der „Neue Plan" eines Reichsmark-Blocks im
Südosten Europas lediglich ein notwendi-
ges Übel dar, um die Rohstoffversorgung der
Rüstungswirtschaft für eine Übergangszeit
sicherzustellen.

**M1 Aus Adolf Hitlers geheimer Broschüre für Industrielle, 1927**

Ich sehe somit die Aufgabe der deutschen Politik, die werdende Geschichte sein soll, kurz in folgendem:

Jedes Volk braucht zur Entfaltung seines ei-
5 genen Ichs den nötigen Raum auf dieser Welt. Die Aufgabe der Politik ist es, dafür zu sorgen, daß einer veränderlichen Zahl der starre Raum stets angepaßt und angeglichen wird. Da ein Volk nur dann als gesund bezeichnet
10 werden darf, wenn es am allgemeinen Lebenskampf teilnimmt, dieser aber als Voraussetzung die Vermehrung eines Volkes hat, muß die Politik es als ihre höchste Aufgabe betrachten, diesem natürlichen Imperialismus
15 die ebenso natürliche Befriedigung zu geben. Damit ist in höchstem Sinne genommen die Politik die Aufgabe, den Lebenskampf einer Nation zu ermöglichen durch die laufende Anpassung der Ernährungsgrundlage an die
20 Volkszahl.

Ein Volk, dessen politische Leitung von diesem Grundsatz abweicht, kann sicherlich für den Augenblick leben, ist aber dennoch in einer näheren oder ferneren Zukunft dem Tode
25 geweiht.

Um diese Mission zu erfüllen, braucht man aber neben der Größe der Einzelperson die zu einer gemeinsamen Interessengemeinschaft eng zusammengeschlossene Nation. Und da-
30 bei sind drei große, wesentliche Grundsätze zu beachten. Der Bestand und die Zukunft von Völkern auf dieser Erde liegen
1. in ihrem eigenen rassischen Wert;
2. in der Einschätzung, die sie der Bedeutung
35 der Persönlichkeit zollen;
3. in der Erkenntnis, daß alles Leben in diesem Universum Kampf heißt.

Den Niedergang der heutigen Zeit sehe ich aber gerade in der Ableugnung dieser drei
40 großen Gesetze und keineswegs in den kleinen mißglückten Aktionen unserer augenblicklichen politischen Leitung.

Anstelle des Volks- und Rassenwertes huldigen Millionen von Menschen unseres Volkes
45 heute dem Gedanken der Internationalität. Anstatt der Kraft und Genialität der Persönlichkeit setzt man, nach dem Wesen einer wi-
dersinnigen Demokratie, die Majorität der Zahl, also tatsächlich Schwäche und Dummheit.
50

Und anstatt die Notwendigkeit des Kampfes zu erkennen und zu bejahen, predigt man die Theorie des Pazifismus, der Völkerversöhnung und des ewigen Weltfriedens.

Diese drei Frevel an der Menschheit, die wir 55
überall in der Geschichte als die wahren Verfallzeichen an Völkern und Staaten erkennen können und deren eifrigster Propagandist der internationale Jude ist, sind die charakteristischsten Merkmale des unser Volk immer 60 mehr beherrschenden Marxismus. Ich sage unser Volk; denn so sehr der Marxismus als Organisation umrissen und begrenzt ist, so sehr hat er heute bereits als geistige Seuche, wenn auch vielen unbewußt, fast unser ge- 65 samtes Volk ergriffen. Wenn aber ein Volk erst einmal diesen Lastern verfällt, dann kann man von einem „Wiederaufstieg" nicht mehr sprechen. Und daher ist auch die Stabilisierung des derzeitigen Staates in Wahrheit nur 70 die langsame Abgewöhnung des Volkes an die allgemeine Korruption und Verschlampung. Die Zeichen des allgemeinen Verfalls sind demgemäß zahllose und springen auf allen Gebieten des Lebens in das Auge des auf- 75 merksamen und aufrichtigen Beobachters. Neben der Vernichtung der unabhängigen Wirtschaft, der Zerstörung der politischen Grundlagen, ja des natürlichen Instinktes des Volkes, läuft die Vernarrung unserer Kunst, 80 die Verzerrung unserer Sprache, die Zersetzung unserer Seele, die Vergiftung unserer allgemeinen Kultur. Die Zwergenhaftigkeit der politischen Leiter des Volkes paßt in dieses allgemeine Milieu, weil es ihm entspringt. 85 Und deshalb lehne ich den leichtsinnigen Optimismus des großen Haufens und seiner derzeitigen Führer ab.

Adolf Hitler, Der Weg zum Wiederaufstieg, München 1927, aus: Henry Ashby Turner, Faschismus und Kapitalismus in Deutschland: Studien zum Verhältnis zwischen Nationalsozialismus und Wirtschaft, Göttingen 1972, S. 51 ff.

## M2 Die Hoßbach-Niederschrift vom 10. November 1937

Niederschrift über die Besprechung in der Reichskanzlei am 5.11.1937 von 16.15 bis 20.30 Uhr.

*Anwesend*: Der Führer und Reichskanzler,
5 der Reichskriegsminister Generalfeldmarschall *von Blomberg*,
der Oberbefehlshaber des Heeres Generaloberst *Freiherr von Fritsch*,
der Oberbefehlshaber der Kriegsmarine
10 Generaladmiral *Dr. h. c. Raeder*,
der Oberbefehlshaber der Luftwaffe Generaloberst *Göring*,
der Reichsminister des Auswärtigen *Freiherr von Neurath*,
15 Oberst *Hoßbach*
Der Führer stellte einleitend fest, daß der Gegenstand der heutigen Bcsprechung von derartiger Bedeutung sei, daß dessen Erörterung in anderen Staaten wohl vor das Forum des
20 Regierungskabinetts gehörte, er – der Führer – sähe aber gerade im Hinblick auf die Bedeutung der Materie davon ab, diese in dem großen Kreise des Reichskabinetts zum Gegenstand der Besprechung zu machen. Seine
25 nachfolgenden Ausführungen seien das Ergebnis eingehender Überlegungen und der Erfahrungen seiner viereinhalbjährigen Regierungszeit; er wolle den anwesenden Herren seine grundlegenden Gedanken über die
30 Entwicklungsmöglichkeiten und -notwendigkeiten unserer außenpolitischen Lage auseinandersetzen, wobei er im Interesse einer auf weite Sicht eingestellten deutschen Politik seine Ausführungen als seine testamenta-
35 rische Hinterlassenschaft für den Fall seines Ablebens anzusehen bitte. [...] Der Führer führte sodann aus:
Das Ziel der deutschen Politik sei die Sicherung und die Erhaltung der Volksmasse und
40 deren Vermehrung. Somit handele es sich um das Problem des Raumes.
Die deutsche Volksmasse verfüge über 85 Millionen Menschen, die nach der Anzahl der Menschen und der Geschlossenheit des Sied-
45 lungsraumes in Europa einen in sich so fest geschlossenen Rassekern darstelle, wie er in keinem anderen Land wieder anzutreffen sei

und wie er andererseits das Anrecht auf größeren Lebensraum mehr als bei anderen Völ-
50 kern in sich schlösse. Wenn kein dem deutschen Rassekern entsprechendes politisches Ergebnis auf dem Gebiet des Raumes vorläge, so sei das eine Folge mehrhundertjähriger historischer Entwicklung und bei Fortdauer die-
55 ses politischen Zustandes die größte Gefahr für die Erhaltung des deutschen Volkstums auf seiner jetzigen Höhe. [...] Die deutsche Zukunft sei daher ausschließlich durch die Lösung der Raumnot bedingt, eine solche
60 Lösung könne naturgemäß nur für eine absehbare, etwa 1–3 Generationen umfassende Zeit gesucht werden.
Bevor er sich der Frage der Behebung der Raumnot zuwende, sei die Überlegung an-
65 zustellen, ob im Wege der Autarkie oder einer gesteigerten Beteiligung an der Weltwirtschaft eine zukunftsreiche Lösung der deutschen Lage zu erreichen sei.
*Autarkie*: Durchführung nur möglich bei
70 straffer nationalsozialistischer Staatsführung, welche die Voraussetzung sei, als Resultat der Verwirklichungsmöglichkeit sei festzustellen:
A. Auf dem Gebiet der Rohstoffe nur be-
75 dingte, nicht aber totale Autarkie.
1. Soweit Kohle zur Gewinnung von Rohprodukten in Betracht komme, sei Autarkie durchführbar.
2. Schon auf dem Gebiet der Erze Lage viel
80 schwieriger.
Eisenbedarf = Selbstdeckung möglich und Leichtmetall, bei anderen Rohstoffen – Kupfer, Zinn dagegen nicht.
3. Faserstoffe – Selbstdeckung, soweit Holz-
85 vorkommen reicht. Eine Dauerlösung nicht möglich.
4. Ernährungsfette möglich.
B. Auf dem Gebiet der Lebensmittel sei die Frage der Autarkie mit einem glatten „nein"
90 zu beantworten.
Mit der allgemeinen Steigerung des Lebensstandards sei gegenüber den Zeiten vor 30 bis 40 Jahren eine Steigerung des Bedarfs und ein gesteigerter Eigenkonsum auch der Produzen-
95 ten, der Bauern, Hand in Hand gegangen. Die Erlöse der landwirtschaftlichen Produktions-

steigerung seien in die Deckung der Bedarfs-
steigerung übergegangen, stellten daher keine
absolute Erzeugungssteigerung dar. Eine wei-
100 tere Steigerung der Produktion unter Anspannung des Bodens, der infolge der Kunst-
düngung bereits Ermüdungserscheinungen
aufweise, sei kaum noch möglich und daher
sicher, daß selbst bei höchster Produktions-
105 steigerung eine Beteiligung am Weltmarkt
nicht zu umgehen sei. Der schon bei guten
Ernten nicht unerhebliche Ansatz von Devisen zur Sicherstellung der Ernährung durch
Einfuhr steigere sich bei Mißernten zu ka-
110 tastrophalem Ausmaß. Die Möglichkeit der
Katastrophe wachse in dem Maße der Bevöl-
kerungszunahme, wobei der Geburtenüber-
schuß von jährlich 560 000 auch insofern einen erhöhten Brotkonsum im Gefolge habe,
115 da das Kind ein stärkerer Brotesser als der
Erwachsene sei.
Den Ernährungsschwierigkeiten durch Sen-
kung des Lebensstandards und durch Rationalisierung auf die Dauer zu begegnen, sei
120 in einem Erdteil annähernd gleicher Lebenshaltung unmöglich. Seitdem mit Lösung des
Arbeitslosenproblems die volle Konsumkraft
in Wirkung getreten sei, wären wohl noch
kleine Korrekturen unserer landwirtschaft-
125 lichen Eigenproduktion, nicht aber eine tatsächliche Änderung der Ernährungsgrundlage möglich. Damit sei die Autarkie sowohl
auf dem Ernährungsgebiet als auch in der To-
talität hinfällig.
130 *Beteiligung an der Weltwirtschaft*: Ihr seien
Grenzen gezogen, die wir nicht zu beheben
vermöchten. Einer sicheren Fundierung der
deutschen Lage ständen die Konjunkturschwankungen entgegen, die Handelsver-
135 träge böten keine Gewähr für die praktische
Durchführung insbesondere sei grundsätzlich
zu bedenken, daß seit dem Weltkrieg eine Industrialisierung gerade früherer Ernährungs-
ausfuhrländer stattgefunden habe. Wir leb-
140 ten im Zeitalter wirtschaftlicher Imperien,
in welchem der Trieb zur Kolonisierung sich
wieder dem Urzustand nähere; bei Japan und
Italien lägen dem Ausdehnungsdrang wirtschaftliche Motive zu Grunde ebenso wie
145 auch für Deutschland die wirtschaftliche

Not den Antrieb bilden würde. Für Länder
außerhalb der großen Wirtschaftsreiche sei
die Möglichkeit wirtschaftlicher Expansion
besonders erschwert. 150
Der durch die Rüstungskonjunkturen verur-
sachte Auftrieb in der Weltwirtschaft könne
niemals die Grundlage zu einer wirtschaftlichen Regelung für einen längeren Zeitraum bilden, welch letzterer vor allem auch 155
die vom Bolschewismus ausgehenden Wirt-
schaftszerstörungen im Wege stünden. Es sei
eine ausgesprochene militärische Schwäche
derjenigen Staaten, die ihre Existenz auf dem
Außenhandel aufbauten. Da unser Außen- 160
handel über die durch England beherrschten
Seegebiete führe, sei es mehr eine Frage der
Sicherheit des Transportes als eine solche der
Devisen, woraus die große Schwäche unserer Ernährungssituation im Kriege erhelle. 165
Die einzige, uns vielleicht traumhaft erschei-
nende Abhilfe läge in der Gewinnung eines
größeren Lebensraumes, ein Streben, das
zu allen Zeiten die Ursache der Staatenbildungen und Völkerbewegungen gewesen sei. 170
Daß dieses Streben in Genf und bei den ge-
sättigten Staaten keinem Interesse begegne,
sei erklärlich. Wenn die Sicherheit unserer
Ernährungslage im Vordergrund stände, so
könne der hierfür notwendige Raum nur in 175
Europa gesucht werden, nicht aber ausgehend von liberalistisch-kapitalistischen Auffassungen in der Ausbeutung von Kolonien.
Es handele sich nicht um die Gewinnung von
Menschen, sondern von landwirtschaftlich 180
nutzbarem Raum. Auch die Rohstoffgebiete
seien zweckmäßiger im unmittelbaren An-
schluß an das Reich in Europa und nicht in
Übersee zu suchen, wobei die Lösung sich für
ein bis zwei Generationen auswirken müsse. 185
Was darüber hinaus in späteren Zeiten notwendig werden sollte, müsse nachfolgenden
Geschlechtern überlassen bleiben. Die Entwicklung großer Weltgebilde gehe nun einmal langsam vor sich, das deutsche Volk mit 190
seinem starken Rassekern finde hierfür die
günstigsten Voraussetzungen inmitten des
europäischen Kontinents. Daß jede Raum-
erweiterung nur durch Brechen von Widerstand und unter Risiko vor sich gehen könne, 195

habe die Geschichte aller Zeiten – Römisches Weltreich, Englisches Empire – bewiesen. Auch Rückschläge seien unvermeidbar. Weder früher noch heute habe es herrenlo-
200 sen Raum gegeben, der Angreifer stoße stets auf den Besitzer. Für Deutschland laute die Frage, wo größter Gewinn unter geringstem Einsatz zu erreichen sei.

Die deutsche Politik habe mit den beiden Haß-
205 gegnern England und Frankreich zu rechnen, denen ein starker deutscher Koloß inmitten Europas ein Dorn im Auge sei, wobei beide Staaten eine weitere deutsche Erstarkung sowohl in Europa als auch in Übersee ablehn-
210 ten und sich in dieser Ablehnung auf die Zustimmung aller Parteien stützen könnten. In der Errichtung deutscher militärischer Stützpunkte in Übersee sähen beide Länder eine Bedrohung ihrer Überseeverbindungen, eine
215 Sicherung des deutschen Handels und rückwirkend eine Stärkung der deutschen Position in Europa. […]

Zur Lösung der deutschen Frage könne es nur den Weg der Gewalt geben, dieser niemals
220 risikolos sein. Die Kämpfe Friedrichs d. Gr. um Schlesien und die Kriege Bismarcks gegen Österreich und Frankreich seien von unerhörtem Risiko gewesen und die Schnelligkeit des preußischen Handelns 1870 habe
225 Österreich vom Eintritt in den Krieg ferngehalten. Stelle man an die Spitze der nachfolgenden Ausführungen den Entschluß zur Anwendung von Gewalt unter Risiko, dann bleibe noch die Beantwortung der Fragen
230 „wann" und „wie". Hierbei seien drei Fälle zu entscheiden:

*Fall 1*: Zeitpunkt 1943–1945. Nach dieser Zeit sei nur noch eine Veränderung zu unseren Ungunsten zu erwarten. Die Aufrüs-
235 tung der Armee, Kriegsmarine, Luftwaffe sowie die Bildung des Offizierkorps seien annähernd beendet. Die materielle Ausstattung und Bewaffnung seien modern, bei weiterem Zuwarten läge die Gefahr ihrer Veraltung vor.
240 […] Sollte der Führer noch am Leben sein, so sei es sein unabänderlicher Entschluß, spätestens 1943/45 die deutsche Raumfrage zu lösen. Die Notwendigkeit zum Handeln vor 1943/45 käme im Fall 2 und 3 in Betracht.

*Fall 2*: Wenn die sozialen Spannungen in 245 Frankreich sich zu einer derartigen innenpolitischen Krise auswachsen sollten, daß durch letztere die französische Armee absorbiert und für eine Kriegsverwendung gegen Deutschland ausgeschaltet würde, sei der 250 Zeitpunkt zum Handeln gegen die Tschechei gekommen.

*Fall 3*: Wenn Frankreich durch einen Krieg mit einem anderen Staat so gefesselt ist, daß es gegen Deutschland nicht „vorgehen" kann. 255
[…]

Zur Verbesserung unserer militärpolitischen Lage müsse in jedem Fall einer kriegerischen Verwicklung unser 1. Ziel sein, die Tschechei und gleichzeitig Österreich nie- 260 derzuwerfen, um die Flankenbedrohung eines etwaigen Vorgehens nach Westen auszuschalten. […]

Für die Richtigkeit:
Oberst d. G.
gez. Hoßbach

http://www.ns-archiv.de/krieg/1937/hossbach/#top.

## M3 Werner Abelshauser, Der Mythos „Mitteleuropa", 1994

Für die deutsche Außenwirtschaftspolitik ist „Mitteleuropa" weder zum Schauplatz kurzfristiger Erfolge, noch zum regionalen Fokus säkularer Expansion geworden. Gerade in langfristiger Betrachtung verliert der vielzitierte deutsche „Drang nach Südosten" viel an konkreter Substanz. 5

Deutsche Imperialisten drängten, wie ihre Kollegen in Westeuropa, auf die Hauptbühne des kapitalistischen Welttheaters, nur wenige gaben sich mit Auftritten in der südöstlichen Provinz zufrieden. Aus wirtschaftlicher Per- 10 spektive lohnte sich das mitteleuropäische Engagement nur in Zwangslagen, in denen die Handlungsspielräume der staatlichen und privaten Akteure eng begrenzt waren.

Dessenungeachtet führte die mitteleuropäi- 15 sche Option seit der Mitte des 19. Jahrhunderts in Deutschland ein Eigenleben. Die Befürworter einer expansiven deutschen Mitteleuropapolitik waren aber nicht vorrangig in den Quartieren der Wirtschaft zu suchen. 20

Ihre Motive können vielmehr charakterisiert werden als eine Mischung aus

25 • nostalgischer Sehnsucht nach den Zeiten des Heiligen Römischen Reiches Deutscher Nation, das eines seiner Machtzentren in Wien hatte;

30 • darwinistischen Auffassungen vom Wesen des Nationalstaates, der in geopolitischer Perspektive paradoxerweise seine Souveränität langfristig nur innerhalb eines kontinentalen oder kolonialen Großwirtschaftsraums aufrechterhalten konnte;

35 • einer defensiven Haltung gegenüber einer realen oder eingebildeten französischen Politik Deutschland von den Staaten des „Neuen Mitteleuropa" zu isolieren;

• spontanen Reaktionen auf die Katastro-
40 phen des Weltkrieges und der Weltwirtschaftskrise, die dem archaischen Motto folgten: „Rette sich, wer kann".

Diese Motive einer deutschen Mitteleuropapolitik lassen sich weder aus einer rati-
45 onalen Analyse der deutschen nationalen Interessen im allgemeinen noch aus den Gesetzmäßigkeiten des modernen Kapitalismus im besonderen ableiten. Vor diesem Hintergrund war „Mitteleuropa" zweifellos und
50 vor allem ein Mythos. Das Konzept „Mitteleuropa" konnte reale Züge nur in Zwangslagen entwickeln, wie sie der Weltkrieg und die Weltwirtschaftskrise schufen. Während die Handlungsspielräume für rationales wirt-
55 schaftliches Kalkül immer enger wurden, konnte sich jene objektlose Disposition zur gewaltsamen Expansion, die Schumpeter für den zeitlosen Kernbestand staatlichen Imperialismus hält vorübergehend durchsetzen.
60 „Mitteleuropa" war für die deutsche Außen- und Außenwirtschaftspolitik deshalb immer nur zweite Wahl. Das Konzept war erstrangigen Zielen, wie Weltpolitik und Weltmarktorientierung, ja sogar zweitrangigen Zielen,
65 wie der deutsch-französischen Zusammenarbeit oder dem europäischen Einigungsprozeß nachgeordnet.

Werner Abelshauser, „Mitteleuropa" und die deutsche Außenwirtschaftspolitik, in: Zerrissene Zwischenkriegszeit. Wirtschaftshistorische Beiträge, hg. von Christoph Buchheim, Michael Hutter und Harold James, Baden-Baden 1994, S. 285f.

## M4  Arno Sölter, Das Großraumkartell, 1941

Das Problem der Großraumwirtschaft ist wirtschaftswissenschaftliches Neuland.

Seit Naumanns berühmtem „Mitteleuropa"(1915) sind zwar eine ganze Reihe von Untersuchungen über die Voraussetzungen 5 und Möglichkeiten eines europäischen Wirtschaftsblocks erschienen, aber allen diesen Arbeiten haften entscheidende Mängel an, wenn man zu ihrer Beurteilung die heutige Konzeption von der Großraumwirtschaft zu- 10 grunde legt. Der wesentlichste Nachteil dieser Publikationen ist der der einseitigen Betrachtungsweise großraumwirtschaftlicher Zusammenhänge und Zusammenarbeit. So werden z. B. die Möglichkeiten einer euro- 15 päischen Zollunion erörtert, ohne daß die Autarkieprobleme dieses Großraumes untersucht werden. Oder es werden Betrachtungen über die währungspolitische Zusammenarbeit in Europa angestellt, ohne daß auf die 20 Marktordnungsfragen eingegangen wird. Es entstanden so allenfalls Abhandlungen über einen „Handelsgroßraum" oder einen „Währungsgroßraum" u. a., also über Teilprobleme der „totalen Großraumwirtschaft". „Soll 25 [aber] von einer Großraumwirtschaft gesprochen werden können, muß sich die Zusammenarbeit auf alle Gebiete der Wirtschaft erstrecken. Nicht bloß eine Außenhandels-, eine Währungs- oder Verkehrsgemeinschaft 30 ist das Ziel; erst alle diese zusammen und eine Gemeinschaft der übrigen Leistungsarten ergeben eine vollkommene Großraumwirtschaft. Fehlt eine Gemeinschaft in irgendeiner Leistungsart oder mehrere, so ist 35 der auf dem übrigen Gebiet zustande gekommene Zusammenschluß nur als eine Vorstufe zu einer wahren Großraumwirtschaft zu betrachten. Bei je niederrangigeren Leistungsarten der Zusammenschluß erfolgt, um so 40 loser und weniger wirkungsvoll wird dieser sein. Auch wird man ihn nicht als einen gesamtwirtschaftlichen, sondern bloß als einen teilwirtschaftlichen bezeichnen, der von richtiger Großraumwirtschaft noch weit entfernt 45 ist. In dieser Arbeit wird der Versuch einer „ganzheitlichen Lehre von der Großraum-

wirtschaft" gemacht. Es wird ein geschlossenes Bild von den ideellen und materiellen
50 Voraussetzungen einer Großraumwirtschaft gegeben.

Vor allen Dingen werden aber die Grundlagen und Methoden für ein zweckmäßiges Zusammenwirken der produktiven Großraumkräfte
55 entwickelt. Das Ergebnis wird das Idealbild einer großräumigen Marktordnung sein, in der eine sinnvolle zwischenstaatliche Arbeitsteilung die bis zum Überdruß diskutierten sog. Handelshemmnisse Währungsschwie-
60 rigkeiten, Prohibitivzölle, Kontingente, Einfuhrverbote usw.) überwinden helfen, ja, ihnen sogar die inneren Voraussetzungen ihrer Existenz nehmen wird.

Um die Großraum-Marktordnung prak-
65 tisch verwirklichen zu können, bedarf es einer Marktorganisation. Die weitere Aufgabe dieser Arbeit wird es daher sein, die organisatorischen Grundlagen der Großraumwirtschaft herauszuarbeiten. Die deutsche Wirt-
70 schaftsorganisation wird zwangsläufig den Ausgangspunkt der Betrachtungen bilden müssen. Hier ergibt sich nun die Schwierigkeit, daß der deutsche Organisationsapparat bei weitem noch nicht diejenige Gestal-
75 tung aufweist, die den Erfordernissen einer sinnvollen Wirtschaftsordnung entspricht oder, wie es einmal ausgedrückt wurde, die „den wahren deutschen Wirtschaftsstil ausmacht". Wir befinden uns zur Zeit teils aus
80 organisatorischen Fehlleistungen, teils aus Kriegsnotwendigkeiten heraus in einem Zustand, der von einer totalen Planwirtschaft nicht mehr weit entfernt ist. Die dringendste Zukunftsaufgabe wird die Auflockerung
85 der Wirtschaftsverwaltung und die Ausrichtung auf ihre eigentlichen Führungsfunktionen sein. Es gilt, die zweckmäßigste Synthese zwischen Freiheit und Bindung zu finden, damit jene gesunde Wechselbeziehung zwischen
90 Mensch und Gemeinschaft entsteht, die beiden zu höchstem Nutzen gereicht. Die Gemeinschaft ist kein Abstraktum, sondern eine Verbindung von lebenden Menschen. Wenn die Gemeinschaft durch den auf die Spitze ge-
95 triebenen Individualismus vernichtet zu werden drohte, kann umgekehrt das Individuum in einer überspitzten Gemeinschaftsordnung, sprich Überorganisation, ebenso zugrunde gehen; damit würde aber wiederum die Gemeinschaft als Verbindung der Individuen 100 vernichtet werden.

Arno Sölter, Das Großraumkartell: Ein Instrument der industriellen Marktordnung im neuen Europa, Dresden 1941, S. 7 ff.

## M5 Der „Generalplan Ost" 1940–1943: Aus einer Ausstellung der Deutschen Forschungsgemeinschaft, 2006

Ziel des Generalplans Ost war eine ethnische Homogenisierung des von verschiedenen Völkern bewohnten Osteuropa – vor allem unter Ausschluss des jüdischen Bevölkerungsanteils. Mit diesem Projekt einer gewaltsamen 5 „Umvolkung" verband sich die Hoffnung, einen deutsch besiedelten Osten zum Ausgangspunkt einer Erneuerung des deutschen „Volkes" zu machen.

Solche Visionen entsprangen einer langen Vor- 10 geschichte. Bereits um 1900 griff die Sorge um sich, dass die wirtschaftliche und kulturelle Modernisierung zu einer „Deformation" des „deutschen Wesens" beitragen werde. Daher plädierten namhafte Bildungsbürger für eine 15 Wiederbesinnung auf die „ewigen Werte" eines bodenständigen „Volkstums".

In der Diskussion um die Kriegsziele des Ersten Weltkriegs wurden solche Konzepte auch von liberalen Wissenschaftlern auf „den Os- 20 ten" bezogen. Weite Teile des Baltikums sollten von deutschen Bauern besiedelt und dadurch „germanisiert" werden. Ziel war die Schaffung eines beständigen deutschen „Volksbodens". 25

Schon vor dem Zweiten Weltkrieg hatten verschiedene Institutionen Pläne für eine Erweiterung des Deutschen Reiches nach Osten entworfen. Die Richtung hatte Adolf Hitler in seinem Buch „Mein Kampf" vorgege- 30 ben. Die Deutschen, so hieß es dort, hätten die Pflicht, sich den „Lebensraum" kulturell und „rassisch minderwertiger" Völker anzueignen. Diese, auf den Ostraum gerichteten Überlegungen waren ein Novum. Groß- 35 räumige Planungen hatte es bis dahin nur für

überseeische Kolonien gegeben. Nun wurden diese kolonialen Vorstellungen auf Europa übertragen und konsequent radikali-
40 siert. Neu waren vor allem der umfassende Anspruch und die Detailliertheit der Pläne. Man wollte nicht nur Land und Rohstoffe einer Region in Besitz nehmen und die dort lebenden Menschen als billige Arbeitskräfte
45 nutzen, vielmehr sollte der verplante Raum gestalterisch erobert werden. Das schloss die Deportation und Umsiedlung von Millionen Menschen ein. Mit der Eroberung Polens im September 1939 übernahm die SS die Schlüs-
50 selrolle in Planung und Ausführung der Umsiedlungen. Unmittelbar nachdem Hitler in einer Reichstagsrede eine umfassende „ethnische Neuordnung" Osteuropas angekündigt hatte, übertrug er Himmler die Verantwor-
55 tung für die „Germanisierung" der annektierten polnischen Westgebiete. Diese Kompetenz wurde später auch auf die anderen eroberten Gebiete ausgedehnt.
Zwischen 1940 und 1943 ließ Heinrich
60 Himmler insgesamt fünf Varianten zur gewaltsamen Umgestaltung Osteuropas entwerfen. Zusammen bildeten sie den Planungskomplex „Generalplan Ost". Vier dieser Entwürfe stammten aus dem Apparat des Reichskom-
65 missars für die Festigung des deutschen Volkstums (RKF), einer aus dem Reichssicherheitshauptamt (RSHA). Im Zentrum der Arbeiten stand die Hauptabteilung Planung und Boden des RKF, die seit 1939 von Konrad Meyer ge-
70 leitet wurde. Hinsichtlich der Dimension des verplanten Territoriums wurden die Pläne wiederholt den raumgreifenden Eroberungen der Wehrmacht angepasst. Sie eilten diesen aber auch voraus.
75 Schließlich wurden die Pläne zum „Generalsiedlungsplan" ausgeweitet, in den nun auch westeuropäische Regionen als deutsche Siedlungsgebiete einbezogen wurden. Selbst im Angesicht der absehbaren militärischen Nie-
80 derlage wurden die Planungen mit großem Aufwand weiterbetrieben. An diesen Planungen war eine Vielzahl von Institutionen beteiligt. Neben dem RKF und dem RSHA wirkten das Rasse- und Siedlungsamt der
85 SS, das Reichsministerium für die besetzten

Ostgebiete, die von Konrad Meyer geleitete Reichsstelle für Raumordnung und sein Institut für Agrarwesen und Agrarpolitik der Berliner Universität mit. Daneben konnten die Planer auf Statistiken, Karten und Lite-
90 ratur zurückgreifen, die seit langem von verschiedenen Organisationen der Ostforschung und Volkstumswissenschaft sowie von Interessenverbänden gesammelt worden waren.
Der Generalplan Ost wurde nie Realität. Er war eine Vision der Nationalsozialisten für
95 die Zeit nach dem „Endsieg".
Dennoch wurden bereits während des Krieges konkrete Schritte unternommen. Im besetzten Polen, das den Schwerpunkt der „völkischen Flurbereinigung" bildete, schuf man
100 die ersten Grundlagen des geplanten Ostimperiums.
So wurden zwischen 1940 und 1944 über 700 000 Deutsche in den vom Deutschen Reich annektierten Gebieten Westpreußen,
105 „Warthegau" und Oberschlesien angesiedelt. Um für die deutschen Siedler Platz zu schaffen, wurden 800 000 nicht-jüdische Polen aus ihren Wohnorten vertrieben. 1,7 Millionen Menschen wurden als Zwangsarbeiter „ins
110 Reich" verschleppt und zwischen 20 000 und 50 000 Kinder ebenfalls dorthin deportiert, um sie als Deutsche aufwachsen zu lassen.
In ganz Polen wurden drei Millionen Menschen jüdischer Herkunft zunächst in Ghet-
115 tos eingepfercht und schließlich ermordet. Es waren nicht die wissenschaftlichen Experten selbst, die umsiedelten, deportierten und ermordeten. Aber ihre Denkschriften und Vorträge halfen den Tätern, sich als Vollstrecker
120 eines großen Plans zu sehen, der den Deutschen eine glänzende Zukunft bescheren würde. Dies erleichterte es den Tätern, moralische Hemmschwellen zu überwinden.

Text zusammengestellt nach: „WISSENSCHAFT – PLANUNG – VERTREIBUNG. Der Generalplan Ost der Nationalsozialisten", Eine Ausstellung der Deutschen Forschungsgemeinschaft © 2006
http://www.dfg.de/aktuelles_presse/ausstellungen_veranstaltungen/generalplan-ost/planung_2.html.

**M6** Generalplan Ost: Die Ostplanungen der verschiedenen SS-Ämter im Überblick

Nach: „WISSENSCHAFT – PLANUNG – VERTREIBUNG. Der Generalplan Ost der Nationalsozialisten",
Eine Ausstellung der Deutschen Forschungsgemeinschaft © 2006

**M7** Die Atlantik-Charta: Gemeinsame Erklärung von Winston S. Churchill und Franklin D. Roosevelt bei ihrer Zusammenkunft auf dem Atlantik vom 14. August 1941

Der Präsident der Vereinigten Staaten und Premierminister Churchill, als Vertreter von Seiner Majestät Regierung in dem Vereinigten Königreich, erachteten es bei ihrem Zu-
5 sammentreffen für richtig, gewisse allgemeine Grundsätze der nationalen Politik ihrer beiden Länder bekanntzumachen, von denen sie eine bessere Zukunft für die Welt erhoffen. Erstens, ihre Länder streben nach keiner Ver-
10 größerung, weder auf territorialem Gebiet noch anderswo.

Zweitens, sie wünschen keine territorialen Änderungen, die nicht mit dem frei zum Ausdruck gebrachten Wunsch der betreffenden Völker übereinstimmen. 15
Drittens, sie achten das Recht aller Völker, sich die Regierungsform zu wählen, unter der sie leben wollen. Sie wünschen die obersten Rechte und die Selbstregierung der Völker wiederhergestellt zu sehen, denen sie mit Ge- 20
walt genommen wurden.
Viertens, sie werden, unter gebührender Achtung ihrer bestehenden Verpflichtungen, darnach streben, daß künftig alle Staaten, große und kleine, Sieger und Unterlegene, gleicher- 25
weise Zugang zum Handel und den Rohma-

**105**

terialien der Welt haben, die sie für das Gedeihen ihrer Wirtschaft benötigen.

Fünftens, sie wünschen die engste Zusam-
30 menarbeit aller Nationen auf wirtschaftlichem Gebiet, um bessere Löhne, wirtschaftlichen Fortschritt und soziale Sicherheit zu gewährleisten.

Sechstens, nach der endgültigen Vernichtung
35 der Nazityrannei hoffen sie auf einen Frieden,
der allen Nationen die Möglichkeit bietet, innerhalb der eigenen Grenzen sicher zu leben,
und der allen Menschen die Sicherheit gibt,
in ihren Ländern frei von Not und Furcht zu
40 leben.

Siebentens, ein solcher Friede würde allen
Menschen gestatten, ungehindert die Meere
und Ozeane zu überqueren.

Achtens, sie glauben, daß alle Nationen der
45 Welt, sowohl aus praktischen wie aus sittli-
chen Gründen, dazu kommen werden, auf
Gewaltanwendung zu verzichten. Da kein
künftiger Friede aufrecht zu erhalten ist, so
lange die Rüstungen zu Land, zur See und in
50 der Luft von Nationen weiterhin zum Angriff
außerhalb der Grenzen eingesetzt werden,
glauben sie auch, daß es wesentlich ist, diese
Nationen zu entwaffnen, bis ein umfassende-
res und dauerndes System der allgemeinen Si-
55 cherheit geschaffen wurde. Ebenso werden sie
jeden Schritt, der dazu dient, friedliebenden
Völkern die erdrückende Last der Rüstung zu
erleichtern, unterstützen und fördern.

W. S. Churchill, Reden, Zürich 1946, S. 325 f.

### M 8 Wendell L. Willkie, „One World"-Kon-
### zeption der USA, 1943

Wendell L. Willkie, der republikanische
Gegenkandidat von F. D. Roosevelt in der
Präsidentschaftswahl von 1940, unternahm
im Spätsommer 1942 eine politische Welt-
5 reise. In Absprache mit dem Präsidenten traf
er sich mit den führenden Politikern seiner
Zeit und veröffentlichte im Jahre 1943 seine
Ergebnisse und Vorschläge. Das Buch wurde
zum Bestseller – eine Million verkaufte Ex-
10 emplare innerhalb von sieben Wochen.

Wir brauchen Rußland nicht zu fürchten.
Wir müssen lernen, vereint gegen unseren
gemeinsamen Feind, Hitler, zu kämpfen. Wir
müssen lernen, vereint mit Rußland in der
Nachkriegswelt zusammenzuarbeiten. Denn 15
Rußland ist ein dynamisches Land, eine vi-
tale neue Gesellschaft, eine Kraft, die in der
Welt der Zukunft nicht übergangen werden
kann. [...]

Die Erklärung von Herrn Stalin[1] und die At- 20
lantik-Charta scheinen mir einer gemeinsamen Fehleinschätzung zu unterliegen. Sie
gehen von der Wiedererrichtung Westeuropas in seiner alten Aufteilung in Kleinstaa-
ten aus. Jeder Staat mit seiner eigenen poli- 25
tischen, wirtschaftlichen und militärischen
Souveränität. Aber es war gerade dieses ver-
altete System, das Millionen in Europa in die
Arme von Hitlers Entwurf einer neuen Ordnung trieb. Selbst angesichts Hitlers Tyrannei 30
hatten sie die Hoffnung auf die Errichtung
eines so großen Territoriums, daß in ihm die
moderne Wirtschaft erfolgreich funktionieren könne. Durch schmerzliche Erfahrungen
mußten sie einsehen, daß viele kleine durch 35
Handelshemmnisse abgeschottete und den
Einflüssen der Machtpolitik unterworfene
nationale Märkte unweigerlich zu Krieg und
Armut führten.

Die Wiederherstellung der kleinen europäi- 40
schen Staaten als politische Einheiten: ja; ihre
Wiederherstellung als wirtschaftliche und
militärische Gebilde: nein – falls wir wirklich hoffen, Westeuropa Stabilität zu bringen,
sowohl zu seinem eigenen Nutzen, als auch 45
für den Frieden und die ökonomische Sicherheit der Welt. [...]

Falls unser Rückzug aus der Weltpolitik nach
dem letzten Krieg tatsächlich mit zu dem jetzigen Krieg und der wirtschaftlichen Instabili- 50
tät der vergangenen Jahre beigetragen hat –
und dies scheint ganz offensichtlich –, dann
wäre ein Zurückweichen vor den Problemen
und der Verantwortung in dieser Nachkriegswelt verhängnisvoll. Noch nicht einmal un- 55

1. Erklärung zu den russischen Kriegszielen vom 6. 11. 1942;
sie betont die „Befreiung von versklavten Nationen und die
Wiederherstellung ihrer souveränen Rechte" und „das Recht
aller Nationen, ihre Angelegenheiten nach ihren eigenen
Vorstellungen zu gestalten".

sere relative geographische Isolation besteht noch. [...]

Amerika muß sich für die Zeit nach dem Krieg für eine von drei Alternativen entschei60 den: Ein eng definierter Nationalismus, der unvermeidlich letzten Endes zum Verlust unserer eigenen Freiheit führen würde; ein internationaler Imperialismus, der für andere Nationen bedeuten würde, ihre eigene Freiheit 65 zu opfern; oder die Schaffung einer Welt, in der für jede Rasse und jede Nation Chancengleichheit bestehen wird. Ich bin überzeugt davon, daß das amerikanische Volk sich mit überwältigender Mehrheit für die letzte die70 ser Möglichkeiten entscheiden wird. Um diese Entscheidung umzusetzen, müssen wir nicht nur den Krieg gewinnen, sondern auch den Frieden – und wir müssen jetzt damit beginnen.

75 Um den Frieden zu gewinnen, erscheinen uns drei Dinge notwendig: Erstens, wir müssen den Frieden auf einer weltweiten Grundlage planen. Zweitens, die Welt muß frei sein, politisch und wirtschaftlich, um den Frieden 80 zu ermöglichen. Drittens, Amerika muß eine aktive und konstruktive Rolle bei der Befreiung der Welt und der Erhaltung des Friedens übernehmen. [...] Durch bloße Absichtserklärungen unserer politischen Führer, wie 85 z. B. in der Atlantik-Charta, kann dies nicht erreicht werden. Die Verwirklichung einer solchen Politik hängt primär von ihrer Akzeptanz durch die Völker der Welt ab. Denn wenn das Scheitern einer internationalen Ver90 ständigung nach dem letzten Krieg uns etwas gelehrt hat, dann ist es dies:

Selbst wenn Kriegsführer sich während der Kriegshandlungen scheinbar auf allgemeine Prinzipien und Slogans geeinigt haben, so 95 interpretieren sie ihre früheren Erklärungen doch ganz anders, sobald sie am Verhandlungstisch sitzen. Die Völker der Vereinigten Staaten, Großbritanniens, Rußlands und Chinas und der anderen Vereinten Nationen[2] 100 müssen sich grundsätzlich über ihre Absichten und Ziele einig sein. Sonst werden die so schönen und idealistischen Hoffnungen, wie

sie z. B. in der Atlantik-Charta zum Ausdruck gebracht werden, das klägliche Schicksal von Mr. Wilsons „Vierzehn Punkten" erleiden. 105 Die „Vier Freiheiten"[3] können nicht erreicht werden durch Deklarationen jener, die momentan an der Macht sind. Sie werden nur verwirklicht, wenn die Völker der Welt sie in die Tat umsetzen. 110

Wirtschaftliche Freiheit ist ebenso wichtig wie politische Freiheit. Die Menschen müssen nicht nur Zugang zu dem haben, was andere Völker produzieren, sondern ihre eigenen Produkte müssen eine Chance haben, die 115 Menschen auf der ganzen Welt zu erreichen. Es wird keinen Frieden geben, keine wirkliche Entwicklung, keine wirtschaftliche Stabilität, wenn wir nicht einen Weg finden, die unnötigen Handelsbarrieren niederzureißen, 120 die den Warenstrom behindern. [...]

---

3. Präsident Franklin D. Roosevelt stellte im Januar 1941 in seiner Jahresbotschaft an den Kongress als Hauptziele seiner Politik die Doktrin der vier fundamentalen Freiheiten überall in der Welt auf: Freiheit der Meinungsäußerung, Freiheit der Religionsausübung, Freiheit von materieller Not, Freiheit von Furcht.

Wendell L. Willkie: One World (1943), in: Daniel J. Boorstin (ed.), An American Primer, The University of Chicago Press, Chicago 1966, pp. 877–880. Übersetzung v. B. Obermann und R. D. Theis

**M9** Der Widerstand gegen Hitler muß zu einer Europäischen Föderation führen. Genfer Deklaration europäischer Widerstandsbewegungen vom 20. Mai 1944

Im März und April 1944 kam ein Kreis europäischer Widerstandskämpfer aus Frankreich, Holland, Italien, Norwegen, Polen, der Tschechoslowakei, Jugoslawien und auch Deutschland auf Initiative des Generalsekre5 tärs des ökumenischen Weltkirchenrats, Willem Visser't Hooft (1900–1985) in Genf zusammen. Das parteipolitische Spektrum der Mitglieder reichte von Linkssozialisten bis zu christlichen Demokraten. 10

Der Widerstand gegen die nationalsozialistische Unterdrückung, der die Völker Europas in einem gemeinsamen Kampf verbindet, hat zwischen ihnen eine Solidarität sowie eine

2. gemeint ist die „Anti-Hitler-Koalition"

15 Gemeinschaft der Ziele und Interessen geschaffen, die ihre ganze Bedeutung und ihre
ganze Tragweite in der Tatsache sich nieder-
schlagen lassen, daß die Delegierten der europäischen Widerstandsbewegungen sich
20 zusammengefunden haben, um die gegenwärtige Deklaration zu formulieren, in der
sie ihre Hoffnungen und ihre Absichten im
Hinblick auf die Zivilisation und den Frieden zum Ausdruck bringen wollen. Die freien
25 Menschen, die heute in den Widerstandsbewegungen sich zusammengefunden haben,
sind sich dessen bewußt, daß der Kampf, der
unermüdlich trotz Terror gegen die feindliche Kriegsmaschine auf der inneren Wider-
30 standsfront geführt wird, einen wesentlichen
positiven Beitrag zu dem Kampf darstellt, den
die Vereinten Nationen führen. Gleichzeitig
rechtfertigt dieser Kampf die Teilnahme ihrer
Länder am Aufbau des Friedens und am Wie-
35 deraufbau Europas in voller Gleichberechtigung mit den anderen siegreichen Ländern.
Indem sie die wesentlichen Bestimmungen
der Atlantik-Charta sich zu eigen machen,
erklären sie, daß das Leben der Völker, die
40 sie vertreten, auf die Achtung der Person, die
Sicherheit, die soziale Gerechtigkeit, die umfassende Nutzung der wirtschaftlichen Hilfsquellen zugunsten der Gemeinschaft in ihrer
Gesamtheit und die autonome Entfaltung des
45 nationalen Lebens begründet sein muß.
Diese Ziele können nur erreicht werden, wenn
die verschiedenen Länder der Welt sich bereit
erklären, das Dogma der absoluten Staats-
souveränität abzustreifen, indem sie sich ei-
50 ner gemeinsamen Bundesorganisation ein-
gliedern. […]
Der Frieden in Europa stellt den Schlüssel
zum Frieden in der Welt dar. Tatsächlich ist
Europa im Zeitraum einer einzigen Genera-
55 tion das Auslösezentrum zweier Weltkriege
geworden, wobei hierfür wesentlich maßge-
bend war, daß auf diesem Kontinent 30 sou-
veräne Staaten existieren. Es ist unerläßlich,
gegen diese Anarchie anzugehen, indem eine
60 föderale Union für die europäischen Völker
geschaffen wird.
Nur ein föderativer Zusammenschluß wird
die Teilnahme des deutschen Volkes am eu-

ropäischen Leben gestatten, ohne daß es wieder zur Gefahr für andere Völker wird. 65
Nur ein föderativer Zusammenschluß wird
es gestatten, die Probleme der Grenzziehung
in Gebieten mit gemischter Bevölkerung zu
lösen, und zwar dadurch, daß diese Gebiete
aufhören, Gegenstand irrer nationalistischer 70
Begehrlichkeit zu sein, vielmehr zu reinen
Fragen der territorialen Abgrenzung der Ver-
waltungszuständigkeiten werden.
Nur ein föderativer Zusammenschluß wird
die Erhaltung der demokratischen Institutio- 75
nen in solcher Weise gestatten, daß die politisch noch nicht voll gereiften Völker die allgemeine Ordnung nicht gefährden können.
Nur ein föderativer Zusammenschluß wird
den wirtschaftlichen Wiederaufbau des Kon- 80
tinents und die Ausschaltung der Monopole
sowie der nationalen Autarkie gestatten.
Nur ein föderativer Zusammenschluß wird
logische und natürliche Lösungen finden für
das Problem des Zuganges zum Meer für Völ- 85
ker, die im Binnengebiet des Kontinents ge-
legen sind, für das Problem einer rationellen
Verwendung der Ströme, die verschiedene
Staatsgebiete durchfließen, für das Problem
der Kontrolle der Meerengen und schließlich 90
überhaupt ganz allgemein für die Mehrzahl
der Fragestellungen, die während der letzten
Jahre die internationalen Beziehungen ge-
trübt haben.
Es ist nicht möglich, schon jetzt die geogra- 95
phischen Grenzen einer föderalen Union vor-
zusehen, die den europäischen Frieden gewährleisten soll. Jedoch ist es angebracht
festzustellen, daß diese Föderation von Anfang an stark und umfassend genug sein muß, 100
um der Gefahr zu entgehen, nur die Einfluß-
zone eines fremden Staates zu sein oder das
Instrument für die Hegemonie-Politik eines
Mitglieds. Darüber hinaus muß sie von Anfang an allen Ländern offenstehen, deren Ge- 105
biet ganz oder teilweise in Europa liegt und
die Mitglieder werden können und wollen.
Die Föderation muß sich auf eine Deklaration
der Menschenrechte, der persönlichen, der
politischen und der wirtschaftlichen, grün- 110
den, die die freie Entwicklung der menschlichen Person und das normale Funktionieren

der demokratischen Institutionen gewährleistet. Darüber hinaus muß sie sich auf eine De-
klaration der Minderheitenrechte stützen, die eine autonome Existenz dieser Minderheiten insoweit sicherstellt, wie dies mit der Integrität der Nationalstaaten vereinbar ist, auf deren Staatsgebiet sie sich befinden.

Die Föderation darf nicht das Recht eines jeden Mitgliedstaates einschränken, die ihm eigenen Probleme in Übereinstimmung mit seinen völkischen und kulturellen Eigenarten zu lösen. Jedoch werden die Staaten, in Erinnerung an die Erfahrungen und Fehlschläge des Völkerbundes, unwiderruflich an den Bund diejenigen Kompetenzen ihrer Souveränität abtreten müssen, die die Verteidigung des Territoriums, die Beziehungen mit Mächten außerhalb des Bundes, die Wirtschaftsbeziehungen und die internationalen Verbindungswege zum Gegenstand haben. [...]

Kreis europäischer Widerstandskämpfer um Willem Visser't Hooft, Entwurf einer Erklärung, zit. nach: Vogt, Friedenssicherung, S. 235–239.

# Orts- und Sachregister

14-Punkte-Programm (Wilson)   **68, 70, 71, 73, 107**

## A

Alldeutscher Verband   **46, 54**
Alleinschuld, deutsche (Erster Weltkrieg)   **62**
Allgemeiner Deutscher Verband → Alldeutscher Verband
Anti-Corn-Law-League   **21, 22**
Atavismus   **37, 38**
Atlantik-Charta   **105–108**
Auslandsinvestitionen, europäische (1913)   **44, 45**
Außenhandel (Übersicht Großmächte 1923)   **49**
Auswanderungs- u. Einwanderungsquoten (Übersicht 1871–1910)   **44**
Autarkie/Autarkiebestrebungen   **58, 83, 91–94, 97, 102**

## B

Bankenkrach (1929–1931)   **83–86**
Berufszählung (1895)   **40**
Bevölkerungswachstum   **10**
Bretton Woods (Konferenz)   **7, 58**
Bund der Völker für Gewerbe und Handel   **14, 15**

## C

Containment-Politik (USA) 74

## D

Dawes-Plan (1924)   **74–77, 79–81**
Depression (1929)   **58, 88, 89, 95, 96**
Deutsche Demokratische Partei (DDP)   **65**
Deutscher Bund   **12, 26**
Deutsch-französischer Krieg (1870/71)   **27**
Douanenlinie (Zollgrenze)   **11, 24**

## E

Eisen- und Stahlproduktion (Übersicht 1890–1938)   **45**
Eisenbahn(bau)   **7, 14–19**
Erster Weltkrieg   **7, 58–74, 103**
Europäische Union (EU) 7
Expansion, imperialistische   **30–39**

## F

Feierjahr → Hoover-Moratorium
Finanzkreislauf, internationaler (Übersicht 1924–1931/32)   **79**
Flotten(aufrüstung)   **34, 35, 62, 64**
Flottenvorlage (1899)   **34**
Französische Revolution   **27**

Freihandel   **56, 96**
Friedensresolution des Deutschen Reichstages (1917)   **69, 70**

## G

Generalplan Ost (1940–1943)   **103–105**
Genfer Deklaration (1944)   **107–109**
Genossenschaften   **9, 29**
Gewerkschaften   **29, 78**
Giovine Italia (nationalistischer italienischer Geheimbund)   **19**
Goldstandard   **7, 42, 43, 58, 74, 83**
Große Depression (1873–1896)   **27, 28, 30**
Großraumkonzept, deutsches 40
Großraumwirtschaft (Nationalsozialismus)   **97–109**
Gründerkrise (1873)   **28, 42**

## H

Haager Konferenzen (1929/1930)   **80**
Handelskrieg (1914)   **63, 64**
Harzburger Front   **93**
Hausindustrie   **49, 50**
Hoover-Moratorium (1931)   **86, 89–91**
Hoßbach-Niederschrift (1937)   **99–101**

## I

Imperialismustheorien   **30–38**
Industrielle Revolution   **7, 9, 10, 26**
Industriepotential (Übersicht 1880–1938)   **45**
Industrieproduktion (Übersicht Welt 1929–1937)   **88**
Industrieproduktion (Übersicht zyklisches Wachstum in Deutschland 1901–1938)   **87**
Inflation (1920–1923)   **76**
Isolationismus   **33**
Italienischer Krieg (1859)   **27**

## J

Junges Europa (Bund)   **19, 20**

## K

Kammern   **7, 9, 27, 29**
Kartelle   **9, 29**
Kolonien/Kolonialismus   **8, 22, 30–34, 37, 56, 62, 65, 104**
Kommunistisches Manifest   **8, 22–24**
Konzerne   **9, 29**
Korporative Marktwirtschaft   **8, 28, 29**
Kriegsziele, deutsche   **60, 61**
Krimkrieg (1853–1856)   **27**

## L

Lebensraum → Großraumwirtschaft
Londoner Weltwirtschaftskonferenz (1933)   **94**

## M

Manufaktur   **22**
Massenarbeitslosigkeit (Phänomen)   **83**
Mauten   **11**
Meistbegünstigungsprinzip   **59**
Mobilisierung, staatliche   **28**
Monopole   **36, 37**

## N

New Economy   **7**

## O

Oktoberrevolution (1917)   **59**

## P

Pan-Europa-Bewegung   **74, 78**
Partikularismus   **26**
Pax Britannica   **30–32**
Preußisch-österreichischer Krieg (1866)   **27**
Prinzip der Konkurrenz   **28**
Prinzip der Kooperation   **28**
Produktionsverhältnisse   **23, 24**
Produktionsweise, industrielle   **7, 8**

## R

Reichsgründung (1871)   **8, 9, 13**
Reichsverband der deutschen Industrie (RDI)   **74**
Reparationsforderungen/-zahlungen   **71–76, 83–85, 96, 97**
Rohstoffsicherung   **8**
Ruhrbesetzung   **77**

## S

Schutzzoll → Zoll
Schwarzer Freitag (1929)   **83–85**
Septemberprogramm (1914)   **60, 61**
Smoot-Hawley Tariff Act (1930)   **88, 96**
Sozialimperialismus   **30, 38, 39**
Stabilisierungspolitik, amerikanische   **74–82**
Supplikanten   **21, 22**
Syndikate   **9, 29**

## V

Vereinigte Staaten von Europa   **67, 68**
Vereinte Nationen (UNO)   **7**
Verkehrsrevolution   **16**
Versailler (Friedens-)Vertrag (1919)   **59, 62, 71–73, 77, 83**
Versailler System   **58, 59, 74**
Vier Freiheiten (Roosevelt)   **107**
Völkerbund   **74, 77, 81, 109**

## W

Welthandel   **87**
Weltindustrieproduktion   **25**
Weltkriegsepoche   **58–109**
Weltmarktorientierung   **7, 44**

Weltwirtschaft (Übersicht 1870–1914)   39
Weltwirtschaft   58–109
Weltwirtschaftskrise (1856–1859)   40
Weltwirtschaftskrise (1928/29)   58, 74, 83–86, 97
Wiedergutmachung → Reparationen
Wiener Kongress   13
Wirtschaftsräte   9, 29
Wirtschaftsverbände, deutsche   29, 64, 65

Y
Young-Plan (1929)   74, 80, 81

Z
Zoll/Zollpolitik   11, 29, 30, 46–48, 56, 58, 59, 80, 83, 96
Zollgrenze (Aufhebung)   11, 12
Zollverein, deutscher   8, 12, 13
Zweiter Weltkrieg   7, 59, 62, 97–109
Zwischenkriegszeit   58, 59, 74–97

# Personenregister

A
Abelshauser, Werner (geb. 1944)   28, 101

B
Bebel, August (1840–1913)   29
Bell, Johannes (1868–1949)   71
Bethmann Hollweg, Theobald von (1856–1921)   59–62, 64
Bismarck, Otto von (1815–1898)   9, 56, 65, 77
Bleichröder, Gerson von (1822–1892)   42
Borchardt, Knut (geb. 1929)   41
Brentano, Lujo (1844–1931)   50
Briand, Aristide (1862–1932)   74, 82
Brüning, Heinrich (1885–1970)   74, 90
Bülow, Bernhard Fürst von (1849–1929)   34

C
Caprivi, Leo Graf von (1831–1899)   46
Chamberlain, Sir Joseph Austen (1863–1937)   31
Churchill, Winston S. (1874–1965)   105
Claß, Heinrich (1868–1953)   54
Colbert, Jean-Baptiste (1619–1683)   32
Conant, Charles Arthur (1861–1915)   33
Coudenhove-Kalergi, Richard Nicolas Graf (1894–1972)   74

D
Davis, Norman (geb. 1939)   75
Dawes, Charles Gates (1865–1951)   74
Delbrück, Clemens von (1856–1921)   61
Dietzel, Gottlieb Heinrich Andreas (1857–1935)   50
Disraeli, Benjamin (1804–1881)   27
Driever, Carl (1841–1909)   91

E
Engels, Friedrich (1820–1895)   8, 22, 42
Erhard, Ludwig (1897–1977)   93

F
Ferguson, Niall (geb. 1964)   59, 61
Fischer, Fritz (1908–1999)   59–62
Franz I. (1804–1835)   12
Friedrich II. (der Große) (1740–1786)   91

H
Hanotaux, Gabriel (1853–1944)   32
Hilferding, Rudolf (1877–1941)   77
Himmler, Heinrich (1900–1945)   104
Hitler, Adolf (1889–1945)   62, 93, 97–99, 103, 104, 106, 107
Hobson, John Atkinson (1858–1940)   30, 35
Hooft, Willem Visser't (1900–1985)   107
Hoover, Herbert Clark (1874–1964)   83, 87–91, 96
Hoßbach, Friedrich (1894–1980)   99
Hugenberg, Alfred (1865–1951)   93
Hughes, Charles Evans (1862–1948)   75

K
Kindleberger, Charles P. (1910–2003)   95
Komlos, John (geb. 1944)   9
Krupp, Alfred (1812–1887)   62

L
Lagarde, Paul Anton de (1827–1891)   25
Lenin, Wladimir I. (1870–1924)   30, 36, 67
Lippmann, Walter (1889–1974)   68
List, Friedrich (1789–1846)   9, 11, 16, 28, 97
Ludwig XIV. (1643–1715)   32

M
Marx, Karl (1818–1883)   8, 22
Mazzini, Giuseppe (1805–1872)   19
McLuhan, Herbert Marschall (1911–1980)   42
Metternich, Klemens Fürst von (1773–1859)   12
Meyer, Konrad (1901–1973)   104

Müller, Hermann (1876–1931)   71

N
Napoleon I. Bonaparte (1769–1821)   8
Naumann, Friedrich (1860–1919)   65, 97, 102
North, Michael (geb. 1954)   42

P
Pohle, Ludwig (1869–1926)   51
Porter, Stephen Geyer (1869–1930)   75

Rathenau, Walther (1867–1922)   55, 74
Ricardo, Dave (1772–1823)   50
Richelieu, Armand-Jean du Plessis de (1585–1642)   32
Roosevelt, Franklin Delano (1882–1945)   105–107
Roscher, Max (1888–1940)   53
Rosenberg, Hans (1904–1988)   27, 42
Rothschild, Mayer Carl von (1820–1886)   42
Rotteck, Carl von (1775–1840)   16
Rupprecht von Bayern (1869–1955)   35

S
Schacht, Hjalmar (1877–1970)   93, 94
Schumpeter, Joseph Alois (1883–1950)   30, 37, 39, 96
Silverberg, Paul (1876–1959)   77
Sölter, Arno (1911–1987)   102
Soutou, Georges-Henri (geb. 1943)   61
Stalin, Jossif W. (1879–1953)   106
Stampfer, Friedrich (1874–1957)   85
Stinnes, Hugo (1870–1924)   77
Stresemann, Gustav (1878–1929)   74, 75, 77, 80, 81

T
Tocqueville, Alexis Comte de (1805–1859)   9, 20
Torrens, Robert (1780–1864)   50

W
Wagner, Adolph (1835–1917)   50
Warburg, James Paul (1896–1969)   83
Weber, Alfred (1868–1958)   49
Weber, Max (1864–1920)   38
Wehler, Hans-Ulrich (geb. 1931)   30, 38
Welcker, Karl (1790–1869)   16
Wilhelm II. (1888–1918)   35
Willkie, Wendell L. (1892–1944)   106
Wilson, Thomas Woodrow (1856–1924)   59, 68, 70, 71, 73
Wolff, Theodor (1868–1943)   80

Y
Young, Owen D. (1874–1962)   74

# Literaturtipps:

## Quelleneditionen

Europastrategien des deutschen Kapitals 1900–1945, hg. von Reinhard Opitz, Köln 1977

Quellen zur deutschen Wirtschafts- und Sozialgeschichte im 19. Jahrhundert bis zur Reichs-gründung, hg. von Walter Steitz, Darmstadt 1980

Quellen zur deutschen Wirtschafts- und Sozialgeschichte von der Reichsgründung bis zum Ersten Weltkrieg, hg. von Walter Steitz, Darmstadt 1985

Quellen zur deutschen Wirtschafts- und Sozialgeschichte vom Ersten Weltkrieg bis zum Ende der Weimarer Republik, hg. von Walter Steitz, Darmstadt 1993

Quellen zur deutschen Wirtschafts- und Sozialgeschichte in der Zeit des Nationalsozialismus, 2 Bde., hg. von Walter Steitz, Darmstadt 2000

Sozialgeschichtliches Arbeitsbuch Band III. Materialien zur Statistik des Deutschen Reiches 1914–1945, von Dietmar Petzina, Werner Abelshauser u. Anselm Faust, München 1978

## Sekundärliteratur

Abelshauser, Werner: Kulturkampf. Der deutsche Weg in die Neue Wirtschaft und die ameri-kanische Herausforderung, Berlin 2003

Berghahn, Volker R.: Europa im Zeitalter der Weltkriege. Die Entfesselung und Entgrenzung der Gewalt, Frankfurt 2002

Borchardt, Knut: Globalisierung in historischer Perspektive (Sitzungsberichte der Bayeri-schen Akademie der Wissenschaften, Philosophisch-Historische Klasse), München 2001

Hardach, Gerd: Deutschland in der Weltwirtschaft 1870–1970, Frankfurt 1977

Kindleberger, Charles P.: Die Weltwirtschaftskrise, München 1973 (Geschichte der Weltwirt-schaft im 20. Jahrhundert, Bd. 4)

Neebe, Reinhard: Deutsche Weltmarktstrategien 1900–1945. In: Weichenstellung für die Glo-balisierung. Deutsche Weltmarktpolitik, Europa und Amerika in der Ära Ludwig Erhard, Köln–Weimar–Wien 2004, S. 32–49

Osterhammel, Jürgen/Petersson, Niels P.: Geschichte der Globalisierung, Dimensionen, Pro-zesse, Epochen, München 2003

Schöllgen, Gregor: Das Zeitalter des Imperialismus, (Oldenbourg-Grundriss der Geschichte 15), 3. Aufl., München 1994

Tilly, Richard H.: Globalisierung aus historischer Sicht und das Lernen aus der Geschichte (Kölner Vorträge zur Sozial- und Wirtschaftsgeschichte 41), Köln 1999

Torp, Cornelius: Weltwirtschaft vor dem Weltkrieg. Die erste Welle ökonomischer Globalisie-rung vor 1914. In: Historische Zeitschrift 279 (2004), S. 561–606